中学教科書ワーク　学習カード

ポケットスタディ

Pocket Study

敬語

国語 3 年

・話す

1

けんじょう
謙譲語は？

言う・話す

2

尊敬語は？

行く・来る

3

けんじょう
謙譲語は？

行く・来る

4

尊敬語は？

いる

5

けんじょう
謙譲語は？

いる

6

尊敬語は？

見る

7

けんじょう
謙譲語は？

見る

8

けんじょう
謙譲語は？

聞く

9

尊敬語は？

食べる・飲む

10

けんじょう
謙譲語は？

食べる・飲む

11

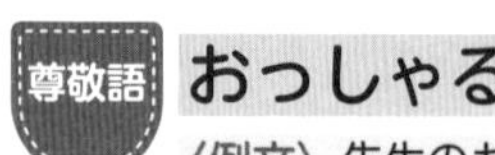

尊敬語 **おっしゃる**

〈例文〉先生のおっしゃるとおりです。

ポイント

謙譲語は，「申す・申し上げる」。

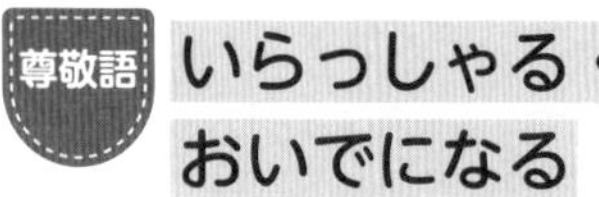

尊敬語 **いらっしゃる・おいでになる**

〈例文〉お客様は五時にいらっしゃる。

ポイント

「いらっしゃる・おいでになる」は「いる」の尊敬語でもある。

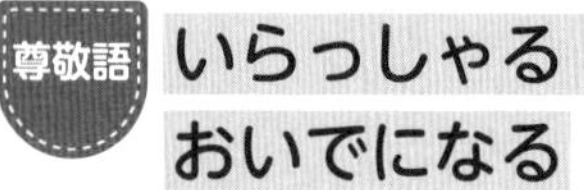

尊敬語 **いらっしゃる・おいでになる**

〈例文〉山田さんはいらっしゃいますか。

ポイント

「おる」は謙譲語。「おられる」としないように注意。

尊敬語 **ご覧になる**

〈例文〉校長先生が絵をご覧になる。

ポイント

謙譲語は「拝見する」。

謙譲語 **伺う・承る**

〈例文〉ご用件を伺います。

ポイント

「伺う」は「行く・来る」の謙譲語でもある。

謙譲語 **いただく**

〈例文〉「何かお飲み物はいかがですか。」「コーヒーをいただきます。」

ポイント

尊敬語は「召しあがる」。

使い方

- ミシン目で切り取り，穴をあけてリングなどを通して使いましょう。
- カードの表面には問題が，裏面には答え・例文・ポイントがあります。

謙譲語 **申す・申し上げる**

〈例文〉母がよろしくと申しております。

ポイント

尊敬語は，「おっしゃる」。

謙譲語 **参る・伺う**

〈例文〉父が学校に伺います。

ポイント

「伺う」は「聞く」の謙譲語でもある。

謙譲語 **おる**

〈例文〉私には兄が二人おります。

ポイント

尊敬語は「いらっしゃる・おいでになる」。

謙譲語 **拝見する**

〈例文〉チケットを拝見します。

ポイント

尊敬語は「ご覧になる」。

尊敬語 **召しあがる**

〈例文〉お客様が紅茶を召しあがる。

ポイント

謙譲語は「いただく」。

尊敬語は？

する

12

謙譲語は？

する

13

尊敬語は？

くれる

14

謙譲語は？

もらう

15

謙譲語は？

与える・やる

16

謙譲語は？

知る・心得る

17

尊敬語は？

出席する

18

謙譲語は？

案内する

19

尊敬語は？

書く

20

謙譲語は？

会う

21

尊敬語は？

選ぶ

22

尊敬語は？

述べる

23

いたす

〈例文〉私が部屋の清掃をいたします。

ポイント

尊敬語は「なさる」。

いただく

〈例文〉旅行のお土産をいただく。

ポイント

「いただく」は「食べる・飲む」の謙譲語でもある。

存ずる

〈例文〉その件については何も存じません。

ポイント

「存ずる」は「考える・思う」の謙譲語でもある。「存じる」ということもある。

ご案内する

〈例文〉お客様，応接室にご案内します。

ポイント

動詞を「ご～する」の形にすると謙譲語になる。

お会いする

〈例文〉明日は先輩にお会いする。

ポイント

動詞を「お～する」の形にすると謙譲語になる。

述べられる

〈例文〉先生が林さんの受賞について述べられる。

ポイント

上一段・下一段・カ行変格活用の動詞に助動詞「られる」を付けると尊敬語になる。

なさる

〈例文〉どうぞ気楽になさってください。

ポイント

謙譲語は「いたす」。

くださる

〈例文〉先生がサインをくださる。

ポイント

対義の「もらう」の謙譲語は「いただく」。

差し上げる

〈例文〉先生に花束を差し上げる。

ポイント

対義の「くれる」の尊敬語は「くださる」。

ご出席になる

〈例文〉市長が卒業式にご出席になる。

ポイント

動詞を「ご～になる」の形にすると尊敬語になる。

お書きになる・書かれる

〈例文〉先生が手紙をお書きになる。

ポイント

動詞を「お～になる」の形にする，「～れる（られる）」を付けると尊敬語になる。

選ばれる・お選びになる

〈例文〉校長先生が本を選ばれる。

ポイント

五段活用とサ行変格活用の動詞に，助動詞「れる」を付けると，尊敬語になる。

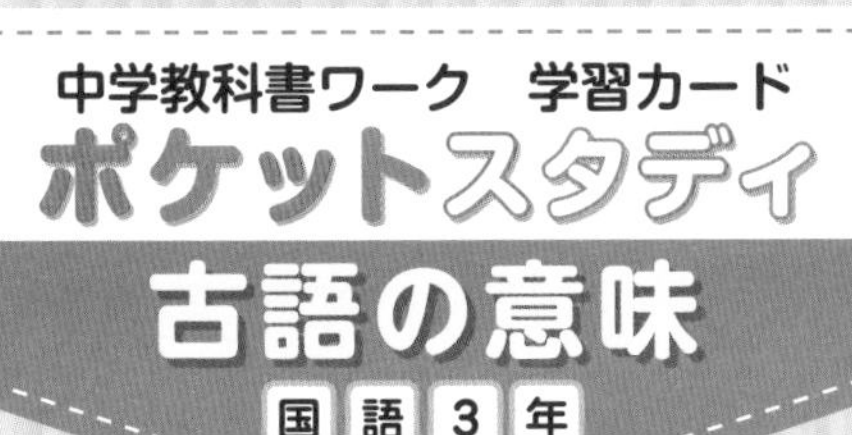

意味は？

☆☆☆

あまた

〈あまた〉

1

意味は？

☆☆

あやし

〈あやし〉

2

意味は？

☆☆☆

ありがたし

〈ありがたし〉

3

意味は？

☆☆☆

いと

〈いと〉

4

意味は？

☆☆☆

いみじ

〈いみじ〉

5

意味は？

☆☆☆

うつくし

〈うつくし〉

6

意味は？

☆☆☆

え〜ず

〈え〜ず〉

7

意味は？

☆☆☆

おどろく

〈おどろく〉

8

意味は？

☆☆☆

おはす

〈おわす〉

9

意味は？

☆☆☆

おぼしめす

〈おぼしめす〉

10

意味は？

☆☆

げに

〈げに〉

11

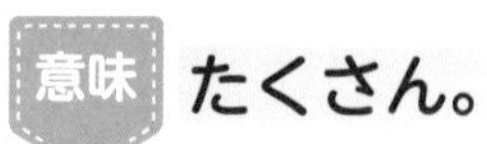

意味 たくさん。

ポイント
漢字では「数多（あまた）」と書き，数量が多い様子を表す。

使い方

- ミシン目で切り取り，穴をあけてリングなどを通して使いましょう。
- カードの表面には問題が，裏面には答え・例文・ポイントがあります。

意味 ①珍（めずら）しい。②優（すぐ）れている。

ポイント
「有り＋難（がた）し」(有ることが難しい)ことから，「珍しい」，めったにないほど「優れている」という意味になった。

意味 ①不思議だ。②粗末（そまつ）だ。

ポイント
「怪（あや）し・奇（あや）し」という字を当てるときは①，「賤（あや）し」を当てるときは②の意味になる。

意味 程度が甚（はなは）だしい。

ポイント
とても「よい」場合にも，とても「ひどい」場合にも使われる。

意味 とても。たいそう。

ポイント
「いと」よりも程度が甚（はなは）だしいときには，「いとど」を使う。

意味 ～できない。

ポイント
下に打ち消しの語(ず・じ・まじ等)を伴（ともな）って，「～できない」という不可能の意味を示す。

意味 かわいらしい。いとしい。

ポイント
現代語の「美しい」と意味が異なるので注意。

意味 いらっしゃる。

ポイント
「行く・来（く）」(行く，来る)，「あり・居（を）り」(いる）の尊敬語。

意味 ①気づく。②目を覚ます。

ポイント
もともとは，物音などにはっとするという意味の語であった。

意味 本当に。なるほど。

ポイント
人の言動などに対して，「なるほど，そのとおりである」と納得（なっとく）すること。

意味 お思いになる。

ポイント
「思ふ」の尊敬語。「おぼす」も「思ふ」の尊敬語だが，「おぼしめす」のほうが高い敬意を表す。

意味は？

☆☆☆

つきづきし

〈つきづきし〉

12

意味は？

☆☆☆

つとめて

〈つとめて〉

13

意味は？

☆☆☆

つれづれなり

〈つれづれなり〉

14

意味は？

☆☆

にほふ

〈におう〉

15

意味は？

☆☆☆

のたまふ

〈のたもう〉
（まう）

16

意味は？

☆☆☆

はづかし

〈はずかし〉

17

意味は？

☆☆☆

やうやう

〈ようよう〉

18

意味は？

☆☆

やむごとなし

〈やむごとなし〉
（ん）

19

意味は？

☆☆☆

ゆかし

〈ゆかし〉

20

意味は？

☆☆☆

わろし

〈わろし〉

21

意味は？

☆☆☆

居(ゐ)る

〈いる〉

22

意味は？

☆☆☆

をかし

〈おかし〉

23

意味 早朝。

ポイント

「翌朝」という意味を表すこともある。類義語は「あした（朝）」。

意味 美しく色づく。

ポイント

「にほふ」の「に」は，赤い色のこと。赤い色が目立つ様子から，「美しく色づく」意味になった。

意味 立派だ。優（すぐ）れている。

ポイント

自分と相手を比べて引け目に感じる気持ちや，こちらが恥（は）ずかしくなるほど相手が「立派だ」という意味を表す。

意味 ①捨てておけない。②尊い。

ポイント

「捨てておけない」の意から，それほど大切な「尊い」ものという意味になった。「やんごとなし」ともいう。

意味 よくない。見劣（みおと）りがする。

ポイント

他と比べてよくないことには「わろし」，本質的に悪いことには「あし」を使う。

意味 趣（おもむき）がある。

ポイント

知的な感動を表す「をかし」に対し，「あはれ」は，心が深く動いたときの感動を表す。あわせて覚えよう。

意味 似つかわしい。ふさわしい。

ポイント

物と物とがぴったり合う感じから，「似つかわしい·ふさわしい」という意味になった。

意味 退屈（たいくつ）である。

ポイント

鎌倉（かまくら）時代の随筆（ずいひつ）『徒然草（つれづれぐさ）』（兼好（けんこう）法師著）の冒頭（ぼうとう）の一節「つれづれなるままに……」は有名である。

意味 おっしゃる。

ポイント

「言ふ」の尊敬語。「言ふ」の尊敬語には，「おほす（仰す）」「おほせらる（仰せらる）」もある。

意味 だんだん。しだいに。

ポイント

平安（へいあん）時代の随筆（ずいひつ）『枕草子（まくらのそうし）』（清少納言（せいしょうなごん）著）の一節に，「春はあけぼの，やうやう白くなりゆく山ぎは」とある。

意味 ①知りたい。②懐（なつ）かしい。

ポイント

そこへ行きたいと思うほど，強く心がひかれる様子を表す。

意味 座（すわ）る。

ポイント

秋の季語「居待ち月」は，旧暦（きゅうれき）十八日の月。満月を過ぎ，出るのが遅（おそ）くなった月を，座って待ったことから名付けられた。

ステージ3　ステージ2　ステージ1

【写真提供】ピクスタ　【イラスト】artbox

確認のワーク　ステージ1

世界はうつくしいと

学習のねらい
- 表現の特徴を捉えて、詩を味わおう。
- 作者の伝えたいことを読み取ろう。

解答 1ページ　予想問題 130ページ

教科書の要点

1 詩の種類　この詩に合うほうに○を付けなさい。　教 見返し

この詩は、用語で分類すると、現代の話し言葉で書かれているので、{ア 文語詩 / イ 口語詩}であり、形式で分類すると、各行の音数に決まりがなく、自由に書かれているので、{ア 定型詩 / イ 自由詩}である。

2 表現　（　）に言葉や漢数字を書き入れなさい。　教 見返し

- 「……はうつくしいと。」という表現を（①　　）回繰り返すことで、印象を強めている。→反復
- 「……はうつくしいと。」の後に続く「（②　　）」という言葉を省略することで、余韻を残している。→省略

3 構成のまとめ　（　）に教科書の言葉を書き入れなさい。　教 見返し

まとまり	内容
一つ目のまとまり	● うつくしいということばを、ためらわず（①　　）ことを、誰もしなくなった。＝会話が貧しくなった。 ▼うつくしいものをうつくしいと言おう。
二つ目のまとまり	● たくさんのうつくしいもの 例・風の（②　　）　・なにげない挨拶 ・過ぎてゆく（③　　） ・さらりと（④　　）人の姿　など
三つ目のまとまり	● ニュースとよばれる日々の破片よりも（⑤　　）にこそ価値がある。 ● （⑥　　）のものはなく、すべてはいつか塵にかえる。 ▼だからこそためらわずにうつくしいものをうつくしいと言おう。

おさえよう

主題　わたしたちの（ア 毎日　イ 過去）は、たくさんのうつくしいものであふれている。うつくしいものに目を向けて、そのあざやかさやはかなさを感じたとき、「うつくしい」と（ア 詩歌　イ ことば）に表そう。

基本問題

次の詩を読んで、問題に答えなさい。

①世界はうつくしいと　長田(おさだ)　弘(ひろし)

②うつくしいものの話をしよう。
いつからだろう。ふと気がつくと、
うつくしいということばを、ためらわず
口にすることを、誰もしなくなった。
そうしてわたしたちの会話は貧しくなった。
うつくしいものをうつくしいと言おう。
風の匂いはうつくしいと。渓谷(けいこく)の
石を伝わってゆく流れはうつくしいと。
午後の草に落ちている雲の影はうつくしいと。
遠くの低い山並みの静けさはうつくしいと。
きらめく川辺の光はうつくしいと。
おおきな樹(き)のある街の通りはうつくしいと。
行き交(か)いの、なにげない挨拶はうつくしいと。
花々があって、奥行きのある路地はうつくしいと。
雨の日の、家々の屋根の色はうつくしいと。
太い枝を空いっぱいにひろげる
晩秋の古寺の、大銀杏(おおいちょう)はうつくしいと。
冬がくるまえの、曇(くも)り日の、
南天の、小さな朱(あか)い実はうつくしいと。
コムラサキの、実のむらさきはうつくしいと。
過ぎてゆく季節はうつくしいと。
さらりと老いてゆく人の姿はうつくしいと。
一体、ニュースとよばれる日々の破片が、
わたしたちの歴史と言うようなものだろうか。
あざやかな毎日こそ、わたしたちの価値だ。
③うつくしいものをうつくしいと言おう。
幼い猫とあそぶ一刻はうつくしいと。
シュロの枝を燃やして、灰にして、撒(ま)く。
何ひとつ永遠なんてなく、いつか
すべて塵(ちり)にかえるのだから、世界はうつくしいと。

教 見返し

1 よく出る　①世界はうつくしいと の後に省略されている言葉を、詩の中から三字で抜き出しなさい。

□□□

2 ②うつくしいもの とは、どのようなものですか。次から一つ選び、記号で答えなさい。

ア　わたしたちの毎日に、あたりまえのようにあるもの。
イ　ニュースに出てくるような、歴史を変えるもの。
ウ　わたしたちの身近にあり、永遠に存在するもの。
エ　手に入れることが難しい、貴重なもの。

（　）

攻略！「うつくしいもの」の例から考えよう。

3 ③うつくしいものをうつくしいと言おう とありますが、作者がこのように呼びかけているのは、なぜですか。

（　）

知識の泉　Q　――線を漢字で書くと？　布のサイ断。花のサイ培。

確認のワーク ステージ1

握手

学習のねらい
●登場人物の言動を表す言葉に着目し、人物の心情を捉えよう。
●場面の展開を踏まえ、登場人物の人物像を捉えよう。

解答 1ページ　スピードチェック 2ページ　予想問題 131ページ

漢字と言葉

1 漢字の読み 読み仮名を横に書きなさい。

＊は新出漢字　▼は新出音訓・◎は熟字訓

❶ 洗＊濯場　❷ ▼代物　❸ ＊鶏舎　❹ 開＊墾
❺ 大日本＊帝国　❻ ＊泥（訓読み）　❼ ＊捜す　❽ 分▼割
❾ ▼遺言　❿ ＊姓名　⓫ 一周＊忌　⓬ ＊腫＊瘍

2 漢字の書き 漢字に直して書きなさい。

❶（ごうまん）な態度。　❷（じょうだん）を言う。
❸ 祖父の（そうしき）。　❹ チームの（かんとく）。
❺（つめ）を切る。　❻（おだ）やかな声。

3 語句の意味 意味を下から選んで、線で結びなさい。

❶ 達者 ・　　・ア 金品を惜しまず出すこと。
❷ 気前がいい ・　　・イ 別れを告げること。
❸ いとまごい ・　　・ウ 巧みである様子。

教科書の要点

1 登場人物 （　）に教科書の言葉を書き入れなさい。　教 p.14〜15

●「（①　　）」……主人公。中学三年の秋から高校卒業までの三年半、光ヶ丘天使園という児童養護施設にいた。

●（②　　）……光ヶ丘天使園の園長を務めていた修道士。

2 あらすじ 正しい順番になるように、番号を書きなさい。　教 p.14〜23

（1）上野の料理店で、「わたし」はルロイ修道士と再会した。
（　）「わたし」の発言を、ルロイ修道士がたしなめた。
（　）修道士との握手から、「わたし」は昔を思い出した。
（　）修道士に、楽しかったこと、悲しかったことを尋ねた。
（　）修道士は、「わたし」に遺言めいた言葉を残した。
（　）死についての修道士の思いを聞いて、二人は別れた。
（　）「わたし」は、修道士にぶたれた思い出を話した。
（8）修道士は仙台の修道院でなくなり、もうすぐ一周忌だ。

ルロイ修道士と「わたし」の関係に注意して読もう。

知識の泉　**A 裁・栽。**　「裁」＝切る・判定を下す。「栽」＝植える・植物の手入れをする。

おさえよう

3 構成のまとめ

（　）に教科書の言葉を書き入れなさい。教p.14〜23

場面	出来事	▼ルロイ修道士の言動・様子／◆「わたし」の言動・心情
再会 教初め〜p.14・⑩	●上野公園にある西洋料理店で、「わたし」はルロイ修道士と再会した。	▼故郷（くに）に帰るので、（①　）を言うために来た。
ルロイ修道士と「わたし」の語らい p.14・⑪〜22・⑲	●ルロイ修道士と出会ったときの握手の思い出。	▼握手 昔 握力が（②　）よりも強く、腕を勢いよく上下させた。 今（③　）の手でも握るようにそっと握手をした。
	●ルロイ修道士のてのひらの思い出。	昔 固いてのひら→畑や鶏舎で子供たちのために食料を作っていた。
	●「わたし」は、戦争中に日本人がした仕打ちをわびた。	▼右の（④　）をぴんと立てて、日本人を代表してものを言うのは傲慢だとたしなめた。→「こら。」「よく聞きなさい。」
	●「わたし」が無断で東京見物をしたときの思い出。	▼両手の人さし指をせわしく交差させ、打ちつける癖。→「おまえは悪い子だ。」 昔（⑤　）を飛ばし、一月間「わたしたち」に口をきかなかった。 今「わたし」の思い出話を聞いて笑っていた。
	●ルロイ修道士の遺言めいた言葉。	◆これはお別れの儀式なのではないか。
	●ルロイ修道士の日本での思い出。	▼天使園で育った子供が、（⑥　）の働きをしているのを見るのが楽しい。
	●別れぎわに「わたし」は思い切って、死ぬのは怖くないかときいた。	▼「（⑦　）へ行くのですから、そう怖くはありませんよ。」 ◆ルロイ修道士の手をしっかりと握り、腕を上下に激しく振った。 …敬愛するルロイ修道士への万感の思い。
ルロイ修道士の死 p.22・⑳〜終わり	●「わたし」と会ってからまもなくして、ルロイ修道士はなくなった。	◆葬式で、両手の（⑧　）を交差させ、せわしく打ちつけていた。 …ルロイ修道士の命を奪った病への怒り・やるせなさ。

主題 国を超えて、子供たちを深く愛し、教え育ててきたルロイ修道士の〔ア 誠実　イ 傲慢〕な生き方と、恩師を〔ア 敬遠　イ 敬愛〕する「わたし」の深い〔ア 哀惜　イ 後悔〕の思いが描かれている。

知識の泉 Q 「尻馬（しりうま）に乗る」の意味に近い四字熟語はどっち？　ア＝付和雷同　イ＝用意周到

握手

★ 次の文章を読んで、問題に答えなさい。

教 p.14・⑧〜16・⑫

「今度故郷へ帰ることになりました。カナダの本部修道院で畑いじりでもしてのんびり暮らしましょう。さよならを言うために、こうして皆さんに会って回っているんですよ。しばらくでした。」

ルロイ修道士は大きな手を差し出してきた。その手を見て思わず顔をしかめたのは、光ヶ丘天使園の子供たちの間でささやかれていた①「天使の十戒」を頭に浮かべたせいである。中学三年の秋から高校を卒業するまでの三年半、わたしはルロイ修道士が園長を務める児童養護施設の厄介になっていたが、そこには幾つかの「べからず集」があった。子供の考え出したものであるから、べつにたいしたべからず集ではなく、「朝のうちに弁当を使うべからず（見つかると、次の日の弁当がもらえなくなるから）。」、「朝晩の食事は静かに食うべからず（ルロイ先生は、園児がにぎやかに食事をしているのを見るのが好きだから）。」、「洗濯場の手伝いは断るべからず（洗濯場主任のマイケル先生は気前がいいから、きっとバター付きパンをくれるぞ）。」といった式の②無邪気な代物で、その中に、「ルロイ先生とうっかり握手をすべからず（二、三日鉛筆が握れなくなっても知らないよ）。」というのがあったのを思い出して、それで少しばかり身構えたのだ。この「天使の十戒」が、さらにわたしの記憶の底から、天使園に収容されたときの光景を引っ張り出した。

風呂敷包みを抱えて園長室に入っていったわたしを、ルロイ修道士は机越しに握手で迎えて、

「③ただいまから、ここがあなたの家です。もう、なんの心配もりませんよ。」

と言ってくれたが、彼の握力は万力よりも強く、しかも腕を勢いよく上下させるものだから、こっちの肘が机の上に立ててあった聖人伝にぶつかって、腕がしびれた。

だが、顔をしかめる必要はなかった。それは実に穏やかな握手だった。ルロイ修道士は病人の手でも握るようにそっと握手をした。それから、このケベック郊外の農場の五男坊は、東京で会った、かつての収容児童たちの近況を熱心に語り始めた。やがて注文した一品料理が運ばれてきた。ルロイ修道士の前にはプレーンオムレツが置かれた。

「おいしそうですね。」

ルロイ修道士はオムレツの皿をのぞき込むようにしながら、両のてのひらを擦り合わせる。だが、彼のてのひらはもうギチギチとは鳴らない。あの頃はよく鳴ったのに。園長でありながら、ルロイ修道士は訪問客との会見やデスクワークを避けていた。たいていは裏の畑や鶏舎にいて、子供たちの食料を作ることに精を出していた。そのために、彼の手はいつも汚れており、てのひらは樫の板でも張ったように固かった。そこで、④あの頃のルロイ修道

30分

自分の得点まで色をぬろう！

100点 80 60 0

/100

解答 1ページ

A ア。「尻馬に乗る」＝無批判に，他人の言動に同調する。

士の汚いてのひらは、擦り合わせるたびにギチギチと鳴ったものだった。

〈井上ひさし「握手」による〉

1 ルロイ修道士が「わたし」に会いに来たのは、何をするためだと言いましたか。（10点）

（　　　）

2 よく出る ①「天使の十戒」を頭に浮かべた　とありますが、このとき「わたし」が思い浮かべたのは、「天使の十戒」のどの項目ですか。文章中から抜き出しなさい。（15点）

（　　　）

3 ②無邪気な代物　という表現から、「天使の十戒」がどういうものだとわかりますか。次から一つ選び、記号で答えなさい。（15点）

ア　子供たちにとってほとんど役に立たないものであること。
イ　子供たちが悪さをするための、自分勝手なものであること。
ウ　子供たちの生活に即した、たわいないものであること。
エ　子供たちの生活を律する、厳格なものであること。（　　）

攻略！「代物」は評価を込めて言う言葉で、あまりよい意味で使われない。

4 よく出る ルロイ修道士の握手は、Ⅰ…「わたし」が天使園に入ったときと、Ⅱ…今とでは、どのように違いましたか。□に当てはまる言葉を、文章中から抜き出しなさい。10点×3（30点）

Ⅰ…「わたし」が天使園に入ったとき

その握力は□、腕を勢いよく上下させるので、こちらの肘が机の上の本に当たって、□。

Ⅱ…今

実に穏やかに、□ようにそっと握手をした。

5 ③ただいまから、ここがあなたの家です。とありますが、この言葉には、ルロイ修道士のどのような気持ちが込められていましたか。次から一つ選び、記号で答えなさい。（10点）

ア　他の子供と助け合って暮らしてほしい。
イ　責任感をもって前向きに暮らしてほしい。
ウ　規律を守って行儀よく暮らしてほしい。
エ　安心してくつろいで暮らしてほしい。（　　）

6 記述 ④あの頃のルロイ修道士の汚いてのひらは、擦り合わせるたびにギチギチと鳴ったものだった　とありますが、ルロイ修道士がそのようなてのひらをしていたのは、なぜですか。（20点）

（　　　）

攻略！ルロイ修道士のてのひらには、その頃の生活が表れている。

1 深まる学びへ

知識の泉 Q（　）の中で正しいのはどっち？　A君を委員長に（押・推）す。

実力判定テストB ステージ3

握手 (1)

次の文章を読んで、問題に答えなさい。

教 p.18・⑰〜20・⑰

「①一度だけ、ぶたれました。」

ルロイ修道士の、両手の人さし指をせわしく交差させ、打ちつけている姿が脳裏に浮かぶ。②これは危険信号だった。この指の動きでルロイ修道士は、「おまえは悪い子だ。」とどなっているのだ。そして次には、きっと平手打ちが飛ぶ。ルロイ修道士の平手打ちは痛かった。

「やはりぶちましたか。」

ルロイ修道士は悲しそうな表情になって、ナプキンを折り畳む。食事はもうおしまいなのだろうか。

「③でも、わたしたちは、ぶたれてあたりまえの、ひどいことをしでかしたんです。高校二年のクリスマスだったと思いますが、無断で天使園を抜け出して東京へ行ってしまったのです。」

翌朝、上野へ着いた。有楽町や浅草で映画と実演を見て回り、夜行列車で仙台に帰った。そして待っていたのがルロイ修道士の平手打ちだった。「あさっての朝、必ず戻ります。心配しないでください。捜さないでください。」という書き置きを、園長室の壁に貼りつけておいたのだが。

「ルロイ先生は一月間、わたしたちに口をきいてくれませんでした。平手打ちよりこっちのほうがこたえましたよ。」

「そんなこともありましたねえ。あのときの東京見物の費用は、どうやってひねり出したんです。」

「それはあのとき白状しましたが……。」

「わたしは忘れてしまいました。もう一度教えてくれませんか。」

「準備に三か月はかかりました。先生からいただいた純毛の靴下だの、つなぎの下着だのを着ないでとっておき、駅前の闇市で売り払いました。鶏舎から鶏を五、六羽持ち出して、焼き鳥屋に売ったりもしました。」

ルロイ修道士は④改めて両手の人さし指を交差させ、せわしく打ちつける。ただしあの頃と違って、顔は笑っていた。

「先生はどこかお悪いんですか。ちっとも召しあがりませんね。」

「少し疲れたのでしょう。これから仙台の修道院でゆっくり休みます。カナダへたつ頃は、前のような大食らいに戻っていますよ。」

「だったらいいのですが……。」

「仕事はうまくいっていますか。」

「まあまあといったところです。」

「よろしい。」

ルロイ修道士は右の親指を立てた。

「仕事がうまくいかないときは、この言葉を思い出してください。『困難は分割せよ。』あせってはなりません。問題を細かく割って、一つ一つ地道に片づけていくのです。ルロイのこの言葉を忘れないでください。」

冗談じゃないぞ、と思った。これでは、遺言を聞くために会っ

30分

自分の得点まで色をぬろう！

100点　80　60　0

/100

解答 2ページ

知識の泉　**A 推。**　押す＝力を加える。推す＝推薦する。

たようなものではないか。そういえば、さっきの握手もなんだか変だった。「それは実に穏やかな握手だった。ルロイ修道士は病人の手でも握るようにそっと握手をした。」というように感じたが、⑤実はルロイ修道士が病人なのではないか。元園長は何かの病にかかり、この世のいとまごいに、こうやって、かつての園児を訪ねて歩いているのではないか。

〈井上ひさし「握手」による〉

1 ①一度だけ、ぶたれました。とありますが、「わたし」がぶたれたのは、なぜですか。（15点）

（　　　　）

2 ②これは危険信号だった。について答えなさい。

(1) 「これ」は、どういうことを指していますか。（　）に当てはまる言葉を、文章中から抜き出しなさい。　5点×2（10点）

ルロイ修道士が、（　　　　）をせわしく交差させ、（　　　　）こと。

(2) 「危険信号」とありますが、この動作はルロイ修道士のどのような気持ちを表していたのですか。次から一つ選び、記号で答えなさい。（10点）

ア　不安　イ　緊張　ウ　怒り　エ　悲しみ（　）

3 レベルUP ③でも、わたしたちは、……ひどいことをしでかしたんです。とありますが、「わたし」はどのような気持ちからこのように言ったと考えられますか。次から一つ選び、記号で答えなさい。（10点）

ア　過去に自分が犯したあやまちを悔やみ切れずにいる気持ち。
イ　気落ちしたルロイ修道士をなぐさめようとする気持ち。
ウ　ルロイ修道士にぶたれたことを今でも恨んでいる気持ち。
エ　今はもう一人前の人間であると主張する気持ち。（　）

4 よく出る ④改めて両手の人さし指を交差させ……顔は笑っていたとありますが、このとき、ルロイ修道士はどのような気持ちだったと思われますか。次から一つ選び、記号で答えなさい。（10点）

ア　「わたし」が同じあやまちを繰り返すことを恐れている。
イ　歳月が過ぎ、すっかり年老いた自分を寂しく感じている。
ウ　当時のことを思い出し、激しい怒りを感じている。
エ　よくない出来事も、思い出としてなつかしんでいる。（　）

5 よく出る ⑤実はルロイ修道士が病人なのではないか　とありますが、「わたし」がそう思ったのは、なぜですか。　10点×3（30点）

① ルロイ修道士が出された料理を（　　　　）から。
② 「わたし」に話した言葉が（　　　　）のようだったから。
③ さっきした握手が、（　　　　）から。

6 「わたし」は、ルロイ修道士が自分を呼び出したのは何のためだと考えましたか。（15点）

（　　　　）

知識の泉　Q「実行をためらう」という意味の慣用句はどっち？　ア＝二の舞　イ＝二の足を踏む

1 深まる学びへ

実力判定テストB ステージ3

握手 (2)

30分

自分の得点まで色をぬろう！

/100

解答 2ページ

次の文章を読んで、問題に答えなさい。

教 p.20・⑱〜22・⑥

「日本でお暮らしになっていて、①楽しかったことがあったとすれば、それはどんなことでしたか。」

先生は重い病気にかかっているのでしょう、そして、これはお別れの儀式なのですねときこうとしたが、さすがにそれははばかられ、②結局は、平凡な質問をしてしまった。

「それはもう、こうやっているときに決まっています。天使園で育った子供が世の中へ出て、一人前の働きをしているのを見ると、何よりもうれしい。そうそう、あなたは上川一雄君を知っていますね。上川一雄君ですよ。」

③もちろん知っている。ある春の朝、天使園の正門の前に捨てられていた子だ。捨て子は春になるとぐんと増える。陽気がいいから、発見されるまで長くかかっても風邪を引くことはあるまいという、母親たちの最後の愛情が春を選ばせるのだ。捨て子はたいてい姓名がわからない。そこで、中学生、高校生が知恵を絞って姓名をつける。だから、忘れるわけはないのである。

「あの子は今、市営バスの運転手をしています。それも、天使園の前を通っている路線の運転手なのです。そこで、月に一度か二度、駅から上川君の運転するバスに乗り合わせることがあるのですが、そのときは楽しいですよ。まずわたしが乗りますと、こんな合図をするんです。」

ルロイ修道士は右の親指をぴんと立てた。

「わたしの癖をからかっているんですね。そうして、わたしに運転の腕前を見てもらいたいのでしょうか、バスをぶんぶん飛ばします。最後に、バスを天使園の正門前に止めます。停留所じゃないのに止めてしまうんです。④上川君はいけない運転手です。けれども、そういうときがわたしにはいっとう楽しいのですね。」

「⑤いっとう悲しいときは……？」

「天使園で育った子が世の中に出て結婚しますね。子供が生まれます。ところがそのうちに、夫婦の間がうまくいかなくなる。別居します。離婚します。やがて子供が重荷になる。そこで、天使園で育った子が、自分の子を、またもや天使園へ預けるために長い坂をとぼとぼ上ってやって来る。それを見るときがいっとう悲しいですね。なにも、父子二代で天使園に入ることはないんです。」

ルロイ修道士は壁の時計を見上げて、

「汽車が待っています。」

と言い、⑥右の人さし指に中指をからめて掲げた。これは「幸運を祈る」「しっかりおやり」という意味の、ルロイ修道士の指言葉だった。

〈井上ひさし「握手」による〉

知識の泉 A イ。「二の舞」＝前の人の失敗を繰り返すこと。

1 よく出る ①楽しかったこと とありますが、ルロイ修道士はどのようなときがいちばん楽しいと述べていますか。文章中から一文で抜き出し、初めの五字を書きなさい。 （10点）

2 ②結局は、平凡な質問をしてしまった とありますが、このとき「わたし」が本当にききたかったのは、どのようなことですか。 （15点）

3 記述 ③もちろん知っている。とありますが、「わたし」が上川君をよく知っているのは、なぜですか。四十五字以内で書きなさい。 （20点）

4 ④上川君はいけない運転手です。けれども、そういうときがわたしにはいっとう楽しいのですね。とありますが、ここから読み取れるルロイ修道士の気持ちに当てはまらないものを次から一つ選び、記号で答えなさい。 （15点）

ア 一人前の運転手として立派に働いている上川君の成長を心から喜ぶ気持ち。

イ 決まりに縛られない自由な心をもっている上川君を羨ましく思う気持ち。

ウ ルロイ修道士に仕事ぶりを見てもらおうと張り切る上川君をほほ笑ましく思う気持ち。

エ 大人になっても変わらない親しみを見せる上川君をうれしく思う気持ち。

5 よく出る ⑤いっとう悲しいとき とありますが、ルロイ修道士がいちばん悲しいのは、どのようなときですか。 （15点）

6 ⑥右の人さし指に中指をからめて掲げた とありますが、ルロイ修道士のこのしぐさにはどのような意味があるのですか。文章中から抜き出しなさい。 （15点）

7 レベルUP この場面からわかるルロイ修道士の人物像として適切なものを次から一つ選び、記号で答えなさい。 （10点）

ア 教え子の仕事や生活に対し助言を与える、心配性な人物。

イ 教え子の成長と幸福を切に願う、愛情あふれる人物。

ウ 教え子の間違いを決して許そうとしない、厳しい人物。

エ 教え子に注意をすることができない、気の弱い人物。

知識の泉 Q 「普遍（ふへん）」の類義語はどっち？ ア＝一般 イ＝本質

確認のワーク ステージ1

学びて時に之を習ふ——「論語」から

解答 3ページ　スピードチェック 16ページ　予想問題 132ページ

学習のねらい
- 漢文の決まりや特有の言い回しを確かめよう。
- 「論語」のものの考え方を捉えよう。

教科書の要点

1 作品 「論語」について、教科書の言葉を書き入れなさい。 教 p.28

- 「論語」は、（①　　）とその弟子たちの言行の記録である。
- 「論語」に収められた短い言葉の中には、（②　　）についての鋭い観察や深い思索が込められている。

2 漢文 後の［　］から言葉を選び、（　）に書き入れなさい。 教 p.31

- 漢文…漢字だけで書かれた中国の文章。

白文（はくぶん）	・（①　　）のみで書かれた原文。 例 学 而 時 習 之
訓読文（くんどくぶん）	・白文に（②　　）や句読点、返り点を補い、日本語として読めるようにした文。 例 学（ビテ） 而 時（ニ） 習（フ）レ 之（これヲ）、
書き下し文（かきくだしぶん）	・訓読文を、（③　　）の文章に書き改めたもの。 例 学びて時に之を習ふ、

［送り仮名　漢字仮名交じり　漢字］

3 訓読の方法 後の［　］から言葉を選び、書き入れなさい。 教 p.31

送り仮名	・片仮名で漢字の（①　　）に補う。 ・歴史的仮名遣いを用いる。 例 或（あルヒト） 曰（いハク）（或るひと曰はく）
返り点	・読む順序を表す。漢字の左下に添える。 ・（②　　）…すぐ下の一字から返って読む。 例 習（フ）レ 之（ヲ）（之を習ふ） ・（③　　）…二字以上を隔てて、上に返って読む。 例 思（フ）二 故 郷（ヲ）一（故郷を思ふ） ・上・下点…一・二点を挟んで、さらに上に返って読む。 例 有（リ）下 朋（とも） 自（より）二 遠 方一 来（タル）上（朋遠方より来たる有り） ・レ…一点とレ点の組み合わせ。先にレ点に従って読む。
句読点	・「、」「。」を付けて、句や文の切れ目を示す。

［右下　左下　一・二点　レ点］

知識の泉 **A** ア。「普遍（ふへん）」は，全てのものに共通していること。対義語は「特殊」。

4 **書き下し文**　次の漢文（訓読文）を書き下し文に直しなさい。

① 歳月不レ待レ人ヲ
（　　　　　　）

② 家書抵ル二万金一ニ
（　　　　　　）

③ 勿カレ施スコト二於人一ニ
（　　　　　　）

書き下し文への直し方

・**返り点に従って読んだ順に書く。**
・送り仮名は、歴史的仮名遣いのままで**平仮名**に直す。
・「不」のような助動詞は平仮名に直す。
・「而」や「矣」のような読まない字（**置き字**）は、書き下し文には書かない。

5 **「論語」の名言**　後の□から言葉を選び、（　）に書き入れなさい。
教 p.29〜30

学びて時に……	●自分自身で学ぶことや友と学問について語り合うことには喜びがあり、学問には自分の①（　　）を高めるという意義がある。
故きを温めて新しきを知れば……	●過去の事柄や学説を繰り返し研究して、そこから新しい②（　　）を発見できれば、人の師となる資格がある。
学びて思はざれば……	●③（　　）ことと考えることはどちらも重要であり、どちらが欠けてもいけない。
之を知る者は、之を好む者に如かず。……	●物事には知る・好む・楽しむという段階があり、④（　　）ことが最上である。

学ぶ　意義　楽しむ　人格

1 深まる学びへ

おさえよう

主題　孔子は、〔ア 韓国　イ 中国〕古代の思想家で、人格や〔ア 知識　イ 道徳〕を高めることで世を治めることを説いた。「論語」には、人間の生き方についての鋭い観察や深い思索が込められているため、現代を生きる私たちが学べることも多くある。

知識の泉　Q（　）に合うのはどっち？　日直を（交換・交代）する。

実力判定テストA ステージ2

学びて時に之を習ふ――「論語」から

30分

自分の得点まで色をぬろう!
100点 合格! 80 60 0
/100

解答 3ページ

1 次の文章を読んで、問題に答えなさい。 教 p.29・①〜30・③

A　子曰はく、「ⓐ学びて時に之を習ふ、①亦説ばしからずや。[　　　]、亦楽しからずや。人知らずして慍みず、亦君子ならずや。」と。

子曰ハク、「ⓑ学ビテ而時ニ習フレ之ヲ、不ニ亦説バシカラ一乎ヤ。有リ下朋自リ二遠方一来タル上、不ニ亦楽シカラ一乎。人不シテレ知ラ而不レ慍ミ、不ニ亦君子ナラ一乎ト。」（学而）

B　子曰はく、「③故きを温めて新しきを知れば、以て師為るべし。」と。

子曰ハク、「温メテレ故キヲ而知レバレ新シキヲ、可ベシ二以テ為ルレ師矣。」（為政）

C　子曰はく、「④学びて思はざれば則ち罔し。[　　　]。」と。

子曰ハク、「学而不思則罔。⑤思ヒテ而不ざレバレ学バ則チ殆フシト。」（為政）

〈「学びて時に之を習ふ――『論語』から」による〉

1 よく出る　A〜Cに共通している「子」とは誰のことですか。名前を漢字で書きなさい。（6点）
（　　　）

2 ⓐ学びて時に之を習ふ、ⓑ学而時習フレ之ヲ について答えなさい。

(1) ⓐは、ⓑを書き下し文に直したものです。ⓑのような文を何といいますか。（6点）
（　　　）

(2) 「学而時ニ習フレ之ヲ」に用いられている返り点を何といいますか。（6点）
（　　　）

(3) 「学而時ニ習フレ之ヲ」の中の読まない漢字を抜き出しなさい。（6点）
（　　　）

(4) よく出る　「学びて時に之を習ふ」の意味を次から一つ選び、記号で答えなさい。（6点）
（　　　）

ア　学習したことを機会があるたびに人に教えていく
イ　勉強をしたいときに勉強をする
ウ　学びたいことはすぐに習うように心がける
エ　学習し、機会があるたびに復習して体得する

3 ①亦説ばしからずや の意味を次から一つ選び、記号で答えなさい。（6点）
（　　　）

知識の泉　A　交代。「交代」＝役や場所を入れかえること。「交換」＝ものを取りかえること。

ア なんとうれしいことではないか
イ あまりうれしいことではない
ウ 再びうれしいことがあるだろうか
エ きっとうれしいことがあるだろう

4 (1)「有朋自遠方来」について答えなさい。
この部分に用いられている返り点は何ですか。全て答えなさい。（6点）

(2)「有朋自遠方来」を書き下し文に直しなさい。（6点）

(3)「朋」とは、この場合どのような友人のことですか。次から一つ選び、記号で答えなさい。（6点）
ア 幼い頃から親しんできた友人。
イ 師として尊敬している友人。
ウ 同じ学校で学ぶ友人。
エ 共に学問の道を志す友人。

5 よく出る ②人知らずして慍みず の意味を書きなさい。（6点）

6 ③故きを温めて新しきを知れば とは、どういう意味ですか。次から一つ選び、記号で答えなさい。（8点）

ア 過去の学んだ知識を全て忘れ、新たな気持ちで取り組めば
イ 過去の学説を深く学び、新しいものに惑わされない心をもてば
ウ 過去の失敗を反省して、異なった手法を新たに編み出せれば
エ 過去の事柄を研究して、新しい意義が発見できるようになれば

攻略！「温故知新」という四字熟語はここからできた言葉。

7 ④学びて思はざれば則ち罔し。と読めるように、次の白文に送り仮名や返り点を補いなさい。（6点）

学而不思則罔。

8 ⑤思而不学則殆 について、答えなさい。
(1)「思而不学則殆」を書き下し文に直しなさい。（6点）

(2)「殆」は「危険である」という意味ですが、どのようなことが危険なのですか。（　）に当てはまる言葉を、考えて書きなさい。（8点）
先人から学ばずに（　）だけに頼り、独断に陥ること。

攻略！「先人から学ぶ＝広く学ぶこと」と逆の内容を答えよう。

2 返り点に従い、読む順に番号を書きなさい。完答6点×2（12点）

① □レ□二□□レ□レ□□
② □下□二□一□□上□

知識の泉 Q「塞翁が馬」の意味は？

確認のワーク ステージ1

情報整理のレッスン 情報の信頼性
文章の種類を選んで書こう 修学旅行記を編集する

解答 4ページ　スピードチェック 2ページ

学習のねらい
- 情報の信頼性を確認する方法を知ろう。
- 伝えたい内容に合わせて文章の種類を選び、工夫して編集しよう。

漢字

1 漢字の読み 読み仮名を横に書きなさい。

*は新出漢字 ▼は新出音訓・◎は熟字訓

❶ *匿名

2 漢字の書き 漢字に直して書きなさい。

❶（とくめい）で投書する。

教科書の要点 情報整理のレッスン

1 情報の信頼性 情報の信頼性についてまとめた次の文章の（　）に当てはまる言葉を□から選び、書き入れなさい。 教p.32

情報に接するときは、それが①（　）として正しいか、裏づける②（　）はあるかなど、信頼性を確かめる必要がある。
特に情報の③（　）を確かめることが大切である。

受信先　発信元　根拠　検索　事実

基本問題 情報整理のレッスン

1 ある市へドライブに行くときに、通る予定の道路が通行止めかどうかをインターネットで調べました。その場合、情報の信頼性が高いのはどちらですか。記号で答えなさい。

ア 日本道路交通情報センターのホームページを開き、県道15号の▲▲町入口付近で通行止めという情報を得た。

イ SNSの検索機能で「●●市　道路　通行止め」で検索して、「友達から、県道15号の▲▲町入口付近で通行止めと聞いた」という情報を得た。

（　）

攻略！ 情報の発信元に着目しよう。より確実な情報はどちらだろう。

2 よく出る インターネットで信頼性の高い情報を調べるときに、確認すべきことを次から二つ選び、記号で答えなさい。

ア その情報を今までに何人が見たかということ。
イ どんな目的で誰に向けて公開されたかということ。
ウ 他のサイトよりも情報量が豊富かということ。
エ 鮮明な動画や画像が掲載されているかということ。
オ その情報を誰が、いつ発信したかということ。

（　）（　）

知識の泉 A **人の幸不幸は予測がつかないこと。** 「禍福はあざなえる縄のごとし」が類義。

基本問題　文章の種類を選んで書こう

★ 大石さんと中島さんは、修学旅行記を作ろうと、次のような文章を書きました。それぞれの文章を読んで、問題に答えなさい。

●大石さんの文章

国宝の宝庫　東大寺（とうだいじ）

修学旅行二日目の午前十時、東大寺の南大門（なんだいもん）に着いた。

南大門からまっすぐ進んだところに、世界最大級の木造建築、大仏殿（だいぶつでん）がある。中に入ると、巨大な大仏が目に飛び込んできた。「盧舎那（るしゃな）大仏」というその大仏は、高さが約十五メートルもあり、国宝に指定されている。

そこから東に歩いていくと、三月堂（さんがつどう）と二月堂（にがつどう）が見えてくる。……

●中島さんの文章

［　　　］

田んぼの中にぽつんとある蘇我入鹿（そがのいるか）の首塚（くびづか）。はるか太古の昔には権力争いがあったわけだが、今はのどかな感じである。

大化の改新で敗れた入鹿は、せっかく築き上げた権力者の座を奪われて、さぞかし無念だっただろう。考えただけで、胸がぎゅっと苦しくなる。今、そんな場所に自分が立っているのが不思議だ。僕は今回の修学旅行で、いにしえの人々の歴史が積み重なって今の時代があるのだと、改めて思った。

---

1 大石さんと中島さんの文章の特徴を次から一つずつ選び、記号で答えなさい。また、文章の種類を［　］から選び、書きなさい。

ア　自分が見た事実を臨場感あふれる文章で伝えている。
イ　場面の様子や人物の気持ちを創造し、生き生きと伝えている。
ウ　自分が行った場所で感じたことや考えたことを伝えている。

［物語　随筆　報道文］

① 大石さんの文章　特徴…（　　）　種類…（　　）
② 中島さんの文章　特徴…（　　）　種類…（　　）

2 よく出る　編集の段階で、大石さんと中島さんはそれぞれ次のような工夫をしました。（　）に当てはまる言葉を［　］から選び、書きなさい。

大石さんは、東大寺の境内をどのように回ったのかがわかるように、（①　　）を入れることにした。中島さんは、蘇我入鹿の首塚の外観がわかるように、（②　　）を入れることにした。

［表　案内図　写真　日付　編集者の名前］

3 中島さんは、［　　］に入る見出しを「蘇我氏の首塚を見て」から「はるかなる太古の世界へ」と変えました。その理由を考えて、簡潔に書きなさい。

（　　　　　　）

攻略！ 見出しの役割を思い出そう。

Q「忄」の基になっている漢字はどっち？　ア＝心　イ＝水

確認のワーク ステージ1

漢字1 熟語の読み方
漢字に親しもう1

漢字 1 漢字の読み　読み仮名を横に書きなさい。

＊は新出漢字 ▼は新出音訓・◎は熟字訓

❶整＊頓　❷＊頒布　❸長＊袖　❹外＊堀
❺＊枕元　❻両＊脇　❼別＊棟　❽＊峡▼谷
❾＊錦絵　❿＊瞳（訓読み）　⓫＊謁見　⓬＊硫酸
⓭報＊酬　⓮＊却下　⓯管＊轄　⓰高＊騰
⓱＊酌量　⓲＊沙＊汰　⓳＊漏電　⓴側＊溝

2 漢字の書き　漢字に直して書きなさい。

❶（わくない）に書く。　❷（ばいしょうきん）の支払い。
❸（じゅんすい）な気持ち。　❹急病の（かんじゃ）。
❺（こうずい）の被害。　❻川の（あさせ）。

基本問題　漢字1

1 熟語は、音と訓をさまざまに組み合わせて読みます。次の熟語の読みを、音読みは片仮名、訓読みは平仮名で書きなさい。

音と音	例 喫茶（キッ・サ）　着陸（チャク・リク） 傾向→①（　） 話題→②（　）
訓と訓	例 身近（み・ぢか）　居間（い・ま） 内側→③（　） 浅瀬→④（　）
重箱読み 上を音、下を訓で読む	例 本物（ホン・もの）　地主（ジ・ぬし） 仕事→⑤（　） 錠前→⑥（　）
湯桶（ゆとう）読み 上を訓、下を音で読む	例 夕刊（ゆう・カン）　見本（み・ホン） 荷物→⑦（　） 雨具→⑧（　）

解答 5ページ　スピードチェック 2ページ

学習のねらい
●熟語の読み方の原則、重箱読み・湯桶（ゆとう）読みについて正しく理解しよう。
●熟字訓や複数の読み方をする熟語を覚えよう。

知識の泉 A ア。「忄」のよび名は「りっしんべん」。

2 次の熟字訓の読み仮名を書きなさい。

① 土産（　　　）
② 今年（　　　）

熟字訓▼漢字一字ごとに音や訓で読むのではなく、一つのまとまりとして特別な読み方をする熟語。
例 木綿（もめん）・相撲（すもう）・五月雨（さみだれ）

3 次の複数の読み方をする熟語の、全ての読み仮名を平仮名で書きなさい。

① 色紙（　　　）（　　　）
② 上手（　　　）（　　　）（　　　）

攻略！ 複数の読み方をする熟語には、読み方によって意味が異なるものがある。

4 次の熟語の読み方が、音と音で読むならA、訓と訓で読むならB、重箱読みならC、湯桶読みならDと書きなさい。

① 生水（　　　）
② 干物（　　　）
③ 喪中（　　　）
④ 消印（　　　）
⑤ 硫酸（　　　）
⑥ 味方（　　　）
⑦ 相性（　　　）
⑧ 碁石（　　　）
⑨ 窓枠（　　　）
⑩ 素直（　　　）
⑪ 切符（　　　）
⑫ 拝謁（　　　）

5 よく出る 次の――線の熟語を、意味に注意して読み分けなさい。

① 川の下手にある村に住む。（　　　）
② 交渉が成立するように下手に出る。（　　　）
③ 私の絵など、下手の横好きです。（　　　）
④ ごみを正しく分別する。（　　　）
⑤ 彼は分別をわきまえている。（　　　）

6 よく出る 次の熟字訓の読み仮名を横に書きなさい。

① 吹雪　② 雪崩　③ 二十歳　④ 田舎
⑤ 笑顔　⑥ 叔父　⑦ 太刀　⑧ 心地
⑨ 乙女　⑩ 白髪　⑪ 足袋　⑫ 梅雨

攻略！ 熟字訓は、小学校で三十余語、中学校で五十余語学習する。数は多くないので、まとめて読み方を覚えよう。

知識の泉 Q 対義語を作るとき，□に当てはまる漢字は？　受動⇔□動

確認のワーク ステージ1

作られた「物語」を超えて

解答 5ページ　スピードチェック 4ページ　予想問題 133ページ

学習のねらい
- 文章における具体と抽象の関係を捉えながら読もう。
- 論理の展開を押さえて、筆者の主張を読み取ろう。

漢字と言葉

1 漢字の読み 読み仮名を横に書きなさい。

＊は新出漢字 ▼は新出音訓・◎は熟字訓

❶ ＊凶暴　❷ ＊銃　❸ 勇＊壮　❹ 悲＊惨
❺ ＊欧米　❻ ＊鎖（訓読み）　❼ ＊誇張　❽ ＊紛争
❾ ＊巡らす　❿ 行き▼交う

2 漢字の書き 漢字に直して書きなさい。

❶（こちょう）した表現。　❷（ひさん）な運命。
❸（ゆうそう）な音楽。　❹（ふんそう）が起きる。
❺ 思いを（めぐ）らす。　❻（くさり）が切れる。

3 語句の意味 意味を下から選んで、線で結びなさい。

❶ 権化（ごんげ）・　　・ア 物事の程度を大きくすること。
❷ 脚色・　　・イ 事実に枝葉を付けておもしろくすること。
❸ 増幅・　　・ウ ある特質を具体化したもの。

教科書の要点

1 話題 筆者のいう「物語」とは、どういうものですか。（　）に教科書の言葉を書き入れなさい。 教 p.42

人間が野生動物の行動を（　　）し、人間に（　　）ように解釈したもの。

2 内容理解 「物語」によって、ゴリラにはどのような悲劇がもたらされましたか。（　）に言葉を書き入れなさい。 教 p.42〜45

① ヨーロッパの探検家たちは、ゴリラのドラミングとよばれる行動を見て、（　　）を宣言していると解釈し、ドラミングをするゴリラのオスを銃で（　　）た。

② ゴリラをモデルにした「キング・コング」という映画が製作され、ゴリラはますます（　　）、戦い好きな怪物と見られるようになった。

③ ゴリラはハンターたちの標的になり、射殺されたり、欧米の（　　）へ送られて檻（おり）の中に（　　）でつながれたりした。

3 構成のまとめ

（　）に教科書の言葉を書き入れなさい。教p.42〜47

構成	まとまり	範囲	事実	ゴリラの運命と筆者の考え
序論	「物語」とは	教初め〜p.42・⑤	●私たちは野生動物の行動を誤解してきた。 例ライオンやトラ…凶暴　キツネやタヌキ…ずる賢い	▼そう見えたのは、人間に都合がいいように解釈してきたから↓人間が作った「（①　　）」。
本論	ゴリラの悲劇	p.42・⑥〜45・⑧	●ゴリラの悲劇…十九世紀中頃、ヨーロッパの探検家によって、凶暴で（②　　）な動物と見なされた。 ●ゴリラのドラミング ＝相手に負けないことを示す（④　　）・呼びかけ・不満や誘いかけなどの意味をもつ。	▼野生のゴリラを観察すると、そのイメージは（③　　）によって作られた大きな間違いだとわかってきた。 ▼人間の誤解が作り出した「物語」によって、ゴリラは（⑤　　）をたどる。 ↓ハンターたちの標的になり、命を落としたり、捕まえられて動物園へ送られたりした。
	「物語」がもたらすもの	p.45・⑨〜46・⑯	●言葉は体験を脚色したり（⑥　　）したりする。 ↓誤解によって作られた話が社会の常識になることがある。 ●誤解に基づく「物語」は、人間の社会にも（⑦　　）をもたらす。↓異民族間での敵対意識を増幅しかねない。	▼誤解を解くために必要なこと ・（⑧　　）に立って、一つ一つの行動がもつ意味を考えること。 ・「物語」と実際の現象とを照らし合わせ、これまでの（⑨　　）を疑ってみること。
結論	新しい世界と出会うために	p.46・⑰〜終わり	●現代は、さまざまな（⑩　　）で暮らす人々が国境を越えて行き交う時代。	▼自分勝手な独りよがりな解釈を避け、常識を疑うこと、自分を相手の立場に置き換えて考えてみる視点が重要。

おさえよう

要旨 人間が誤解に基づいて作り出した〔ア 科学　イ 物語〕は、社会に大きな悲劇をもたらす。相手の立場に置き換えて考える視点をもち、常識を疑い、作られた「物語」の向こう側にある〔ア 真実　イ 常識〕を知ろうとすることが、新しい世界と出会うための鍵になるのだ。

Q （　）の中で正しいのはどれ？　おおよその（健闘・検討・見当）をつける。

作られた「物語」を超えて

30分

自分の得点まで色をぬろう!

100点 80 60 0

/100

解答 5ページ

★ 次の文章を読んで、問題に答えなさい。　教 p.43・⑩〜45・⑧

ゴリラの群れは十頭前後で、背中の毛が白いシルバーバックとよばれるリーダーのオスを中心に、数頭のメスや子供たちが寄り集まってできている。①ドラミングは二つの群れが出会ったときによく起きる。どちらの群れからもシルバーバックが出てきて胸をたたき、辺りの草を引きちぎり、小走りに突進して地面をたたく。近くで見ていると、とても勇壮で迫力満点だ。探検家たちが恐れをなしたのも無理はないと思う。しかし、こういうときはめったに戦いにはならない。オスたちは少し離れてにらみ合い、しばらく胸をたたき合うと、何事もなかったかのように別れていくのだ。

②シルバーバックがドラミングをするのは群れどうしが出会ったときばかりではない。ゴリラの一日は、みんなでいっしょに旅をしながら食物を探し歩き、満腹になったら寄り集まって休むことの繰り返しである。それは天候にも左右される。激しく雨が降れば、それぞれ木の陰や草むらに潜り込む。雨があがってみんなが木陰から出てくると、シルバーバックがドラミングをする。「さあ、出発しよう。」とみんなに呼びかけているのだ。また、ときどきメスや子供たちが食べ物や休み場所を取り合ってけんかをする。悲鳴が上がり、ゴッゴッと非難する声が聞こえる。すると真っ先にシルバーバックが飛んでいって、いがみ合っているゴリラたちを制止する。そんなとき、ドラミングがとても効果的だ。シルバーバックが胸をたたくと、みんな静まり返るからだ。メスや子供たちもドラミングをすることがある。不満を感じると胸や木の幹をたたく。子供たちの間で追いかけっこが始まると、先に走った子供が誘いかけるように胸をたたいたり、時には木に登って代わる代わる胸をたたき合ったりすることもある。

このように、ドラミングはゴリラにとって相手に負けないことを示す自己主張であったり、呼びかけであったり、不満や誘いかけであったり、いろいろな意味をもつことがわかる。私たち人間どうしが距離を置いて声をかけ、互いの気持ちを伝え合うように、ゴリラは胸をたたいて自分の気持ちを表したり、相手に誘いかけたりするのである。

それを十九世紀の探検家が戦いの宣言と誤解して、「ゴリラは好戦的で凶暴な動物だ」という「物語」を作り出したことによって、③ゴリラは悲惨な運命をたどることになった。密林の奥に潜む戦い好きな怪物をしとめようとするハンターたちの標的になり、多くのゴリラが命を落とした。さらに、その怪物をひと目見たいと思う人々の期待に応えるため、野生のゴリラたちは捕まえられて欧米の動物園へ送られた。扱いやすい子供のゴリラを捕らえようとする人間たちによって、子供を守るために立ちはだかった大人のゴリラたちが射殺された。しかも、凶暴な性格をもつと思われたために、頑丈な檻(おり)の中に鎖でつながれることが多かったのである。野生での平和な群れ生活が紹介されて、動物園でも群れで

A 見当。　見当＝予想。健闘＝立派に闘うこと。検討＝調べて考えること。

暮らすことができるようになったのは二十世紀の終わりに近づいてからの話である。
〈山極寿一(やまぎわじゅいち)「作られた『物語』を超えて」による〉

1 ①ドラミングは二つの群れが出会ったときによく起きる。について答えなさい。

(1) このときにドラミングをするゴリラは、何とよばれていますか。文章中から七字で抜き出しなさい。(10点)

(2) (1)のゴリラは、二つの群れが出会ったとき、どのような行動をしますか。文章中から三十一字で抜き出し、初めと終わりの五字を書きなさい。完答(10点)

〜

(3) (2)の行動は、どのような意味をもっていますか。文章中から十六字で抜き出しなさい。(10点)

攻略！「このように」の後に、ドラミングのもつ意味がまとめられている。

2 よく出る ②シルバーバックがドラミングをするのは群れどうしが出会ったときばかりではない。とありますが、群れどうしが出会ったとき以外に、シルバーバックはどういうときにドラミングをしますか。簡潔に二つ書きなさい。15点×2(30点)

3 よく出る 筆者は、類似する人間の行動を挙げて、ゴリラの「ドラミング」をどのような行動だと述べていますか。文章中から抜き出しなさい。15点×2(30点)

人間	距離を置いて声をかけ、（　　）。
ゴリラ	胸をたたいて（　　）。

4 ③ゴリラは悲惨な運命をたどることになったとありますが、筆者はどのような具体例を挙げていますか。次から一つ選び、記号で答えなさい。(10点)

ア ハンターたちと激闘の末、ほとんどのゴリラが生き残ったが、棲(す)みかである密林は奪われた。

イ 子供のゴリラを捕まえようとする人間に立ちはだかったため、大人のゴリラがたくさん生け捕りにされた。

ウ 凶暴な性格をしていると考えられていたので、生け捕りにされて頑丈な檻の中に入れられても、鎖でつながれた。

エ 子供のゴリラばかり数多く捕らえられたため、次第(しだい)に数が減り、絶滅しそうになった。

（　　）

知識の泉 Q ——線の使い方は○か×か？　彼の功績を<u>他山の石</u>として，研究に励みたい。

実力判定テストB ステージ3

作られた「物語」を超えて

30分

自分の得点まで色をぬろう！ /100

解答 6ページ

★ 次の文章を読んで、問題に答えなさい。

教 p.45・⑨〜47・③

①ゴリラのドラミングに対する誤解が広まったのは、人間がある印象を基に「物語」を作り、それを仲間に伝えたがる性質をもっているからだ。いつの頃からか②人間は言葉を発明して、自分が体験したことを語ることができるようになった。そのおかげで、人間は多くの知識を共有できるようになった。自分が体験していない地震や火事の出来事を人から聞くことによって、適切な対処の方法を知ることができる。まだ見たことのない動物と出会ったらどうすればいいか、それを知っている人から学ぶことができる。言葉は人間の社会に知識を蓄積し、新しい技術や工夫をもたらして、人間が飛躍的に発展する道を開いた。しかし一方で、言葉には自分の体験を脚色したり誇張したりする力もある。実際には見ていないことを、あたかも体験したかのように語ることもできるのだ。それは人の口から口へ、またたくうちに広がっていく。最初の話が誤解によって作られていると、その間違いに気がつかないうちに、それが社会の常識になってしまうことがよくあるのだ。

③こうした誤解に基づく「物語」は、人間の社会にも悲劇をもたらす。何気ない行為が誤解され、それがうわさ話として人から人へ伝わるうちに誇張されて、周りに嫌われてしまうことがある。まだ、同じ言葉で話し合い、誤解を解くことができる間柄なら、大きな悲劇に発展することを抑えることができる。だが、言葉や文化の違う民族の間では、誤解が修復されないまま「物語」が独り歩きをして敵対意識を増幅しかねない。私がゴリラの調査で足を踏み入れるルワンダやコンゴなどでも紛争が絶えず、肌で戦いを感じる機会が何度もあった。今でも世界各地で争いや衝突が絶えないのは、互いに相手を悪として自分たちに都合のよい「物語」を作りあげ、それを世代間で継承し、果てしない戦いの心を抱き続けるからだ。どちらの側にいる人間も、その「物語」を真に受け、反対側に立って自分たちを眺めてみることをしない。

アフリカの森で暮らすゴリラの調査を通じて、④私は人間の、自然や動物、そして人間自身を見る目がいかに誤解に満ちているかを知ることができた。その誤解を解くためには、相手の立場に立って、一つ一つの行動にどんな意味があるかを考えることが必要である。人から伝え聞いた「物語」と実際に自分が向かい合っている現象とを照らし合わせ、これまでの常識を疑ってみる態度も必要となる。「物語」によって作られた常識の陰に、しいたげられている生き物や人間がいないか、意味を取り違えて排除していることがないか、思いを巡らすことが大切だと思う。

⑤ドラミングが戦いの宣言だという「物語」の誤解を超えた先には、「ゴリラが人間とは別の表現を用いて平和を保っている」という私にとって新しい価値をもつ豊かな世界が広がっていた。体の仕組みや能力の違う動物の視点に立つためには、その動物が暮らしている自然をよく知ることが必要になる。同じように、この

A ×。「他山の石」＝他人のつまらない言動を，自分を磨く材料にすること。

地球に生きるさまざまな人々に起きている「物語」の真実を知るためには、その人々が暮らしている文化や社会をよく理解することが必要であろう。

〈山極寿一「作られた『物語』を超えて」による〉

1 ①ゴリラのドラミングに対する誤解が広まったのは、人間にどのような性質があるからですか。文章中から抜き出しなさい。(10点)

（　　　）

2 ②人間は言葉を発明してとありますが、言葉の発明によってどのような問題が生じましたか。（　）に当てはまる言葉を、文章中から抜き出しなさい。5点×3（15点）

言葉によって①（　　　）したり②（　　　）したりされた話が、間違いに気がつかないまま人から人へと広がり、③（　　　）になってしまうことがよくあるという問題。

3 ③こうした誤解に基づく「物語」は、人間の社会にも悲劇をもたらす。について答えなさい。

(1) 人間の社会にもたらされる大きな「悲劇」とは、どのようなことですか。「……こと。」につながるように、文章中から十五字で抜き出しなさい。(15点)

□□□□□□□□□□□□□□□こと。

(2) 記述 (1)のような悲劇がなくならない原因は、どのようなことですか。――線③より後の文章中の言葉を使って、二つにまとめなさい。15点×2（30点）

（　　　）

（　　　）

4 よく出る ④私は人間の、自然や動物、そして人間自身を見る目がいかに誤解に満ちているかを知ることができたとありますが、その誤解を解くためにどうすることが必要だと筆者は述べていますか。（　）に当てはまる言葉を、文章中から抜き出しなさい。5点×3（15点）

・一つ一つの行動の意味を、（　　　）に立って考えること。

・「物語」と実際の現象を照らし合わせ、（　　　）を疑うこと。

・「物語」によって、しいたげられている存在や（　　　）している事柄がないかを考えること。

5 レベルUP ⑤ドラミングが戦いの宣言だという「物語」の誤解を筆者が取り上げたのは、何のためでしたか。（　）に当てはまる言葉を書きなさい。(15点)

人間についての「物語」の誤解を解き、真実を知るためには、

（　　　）

ということを示すため。

Q「助けようと手を加えて，かえって害となる」という意味の故事成語は？

確認のワーク ステージ1

思考のレッスン／説得力のある構成を考えよう／リオの伝説のスピーチ／漢字に親しもう2

学習のねらい
●具体と抽象の関係を捉えよう。
●構成を考えて、説得力のあるスピーチができるようになろう。

解答 7ページ　スピードチェック 4ページ

漢字

1 漢字の読み 読み仮名を横に書きなさい。

＊は新出漢字　▼は新出音訓・◎は熟字訓

❶＊某所　❷＊泡立っ　❸親＊睦　❹同＊僚
❺＊臭う　❻水＊槽　❼＊懇談　❽＊舶来
❾探＊偵　❿＊僧＊侶　⓫▼宗家　⓬▼石高

2 漢字の書き 漢字に直して書きなさい。

❶ 作品を（もほう）する。　❷ 初志（かんてつ）
❸（けんやく）に努める。　❹（ぞうきん）を絞る。

教科書の要点　思考のレッスン

1 具体と抽象 説明的な文章の次の内容は、A具体、B抽象のどちらに当たりますか。A・Bの記号で答えなさい。　教 p.50〜51

① 根拠（　）　② 要旨（　）
③ まとめ（　）　④ 事例（　）
⑤ 意見や主張（　）

基本問題　思考のレッスン

★ 次の□に当てはまる言葉を後から一つ選び、記号で答えなさい。

彼女は、大会で一位になるために頑張っている。例えば、体力作りのために毎朝三十分走っているし、ノートに反省点を記録して日々改善している。つまり、彼女は□なのだ。（　）

ア　努力家　イ　倹約家　ウ　浪費家　エ　冒険家

教科書の要点　説得力のある構成を考えよう

1 スピーチ スピーチのポイントについて、（　）に当てはまる言葉を後の□から選び、書き入れなさい。　教 p.55

●「この人の話なら聞いてみよう。」と、聞き手から（①　　）されるように、自分の思いを飾らずに素直に表現すること。
●話し手の熱意が聞き手の（②　　）を動かすので、聞き手の気持ちや考えを踏まえたうえで話し方などの工夫をすること。
●（③　　）や根拠の適切さを考えて、聞き手が納得できるようにすること。

論理展開　信頼　感情　説得　意識

基本問題 説得力のある構成を考えよう

★ 次のスピーチを読んで、問題に答えなさい。

[1] 皆さんは、「食品ロス」という言葉を知っていますか。「食品ロス」とは、まだ食べられるのに捨てられてしまう食品のことです。平成二十八年度の農林水産省と環境省の調査では、日本の食品ロスは年間六〇〇万トン以上でした。これらのごみを処理するのにはお金がかかり、さらに可燃ごみとして燃やすことで、二酸化炭素の排出量が増えるなど、環境問題の原因ともなっているのです。

[2] [　　　] 先にお配りした資料のグラフを見てください。平成二十九年度の消費者庁の調査によると、食べられるのに捨てる理由としては、食べ残し（57％）、傷んでいた（23％）、賞味・消費期限切れ（11％）などがあります。貧困にあえぐ国があるのに、一方で食べ物を捨てている国がある。これは絶対におかしいことです。

[3] そこで、食品ロスをなくすために、私たちにできることを考えてみました。まずは、食べ残しを減らすことです。外食などでは、食べられる分だけ注文して、全部食べ切るようにします。また、食品が傷まないように、必要な分だけ買います。そして、賞味期限や消費期限に注意して、早めに使い切るようにします。

[4] 一人一人がこのようなことを意識していけば、それは大きな成果になるはずです。みんなが笑顔（えがお）になれるよう、大切な地球を守れるように、食べ物をむだなく、大切に消費していくことをいっしょに実践していきませんか。

1 このスピーチの話題は何ですか。文章中から四字で抜き出しなさい。

[　　　　]

2 よく出る [1]～[4]段落は、それぞれどのような内容ですか。次から一つずつ選び、記号で答えなさい。

ア 解決策　イ 主張
ウ 現状　エ 問題の原因

[1]（　）　[2]（　）　[3]（　）　[4]（　）

3 聞き手の注意を引くために、[　　　]にどのような言葉を入れると効果的ですか。次から一つ選び、記号で答えなさい。

ア なぜ、食べられるのに捨てるのでしょう。
イ そこで、食品ロスの理由を調べてみました。
ウ 次に、別の調査結果をお見せします。
エ 食品ロスは、解決しなければならない問題です。（　）

攻略！ 問いかけの言葉を入れると、聞き手の注意を引くのに効果的である。

4 このスピーチの工夫として当てはまるものを全て選び、記号で答えなさい。

ア 想定される否定的な反応と、それに対する反論を入れている。
イ 信頼性の高い情報を根拠にして、説得力をもたせている。
ウ 双括型の構成にすることで、自分の主張を印象づけている。
エ 事前に資料を配り、聞き手が資料の内容を読めるようにしている。
（　　　）

Q 「光陰矢のごとし」の意味は？

実力判定テストA ステージ2 リオの伝説のスピーチ

30分

自分の得点まで色をぬろう！ 100点 80 60 0 /100

解答 7ページ

★ 次のスピーチを読んで、問題に答えなさい。 教p.58・上⑨〜59・下④

1 二日前ここブラジルで、家のないストリートチルドレンと出会い、私たちはショックを受けました。一人の子供が私たちにこう言いました。「僕が金持ちだったらなあ。もしそうなら、家のない子全てに、食べ物と、着る物と、薬と、住む場所と、優しさと愛情をあげるのに。」家も何もない一人の子供が、分かち合うことを考えているというのに、全てを持っている私たちがこんなに欲が深いのは、いったいどうしてなんでしょう。これらの恵まれない子供たちが、私と同じくらいの年だということが、私の頭を離れません。どこに生まれついたかによって、こんなにも人生が違ってしまう。私がリオの貧民街に住む子供の一人だったかもしれないんです。ソマリアの飢えた子供だったかも、中東の戦争で犠牲になるか、インドで物乞いをしていたかもしれないんです。

もし戦争のために使われているお金を全部、貧しさと環境問題を解決するために使えば、この地球はすばらしい星になるでしょう。私はまだ子供だけどそのことを知っています。

2 学校で、いや、幼稚園でさえ、あなたたち大人は私たち子供に、世の中でどう振る舞うかを教えてくれます。例えば、

争いをしないこと
話し合いで解決すること
他人を尊重すること
散らかしたら自分で片づけること
他の生き物をむやみに傷つけないこと
分かち合うこと
そして欲ばらないこと

ならばなぜ、あなたたちは、私たちにするなということをしているんですか。

3 なぜあなたたちが今こうした会議に出席しているのか、どうか忘れないでください。そしていったい誰のためにやっているのか。それはあなたたちの子供、つまり私たちのためです。皆さんはこうした会議で、私たちがどんな世界に育ち生きていくのかを決めているんです。親たちはよく「大丈夫。全てうまくいくよ。」と言って子供たちをなぐさめるものです。あるいは、「できるだけのことはしているから。」とか、「この世の終わりじゃあるまいし。」とか。しかし大人たちはもうこんななぐさめの言葉さえ使うことができなくなっているようです。おききしますが、私たち子供の未来を真剣に考えたことがありますか。

4 父はいつも私に不言実行、つまり、何を言うかではなく、何をするかでその人の値打ちが決まる、と言います。しかしあなたたち大人がやっていることのせいで、私たちは泣いています。あなたたちはいつも私たちを愛していると言います。しかし、言わせてください。もしその言葉が本当なら、どうか、本当だということを行動で示してください。

〈「リオの伝説のスピーチ」による〉
〈セヴァン・カリス・スズキ／ナマケモノ倶楽部編・訳「あなたが世界を変える日」より〉

A 月日がたつのは早いこと。 「歳月人を待たず」も類義のことわざ。

1 このスピーチの話し手と聞き手はどのような立場の人ですか。スピーチの中からそれぞれ二字で抜き出しなさい。10点×2（20点）

話し手…

聞き手…

2 話し手は、家のないストリートチルドレンの言葉を用いることで、どのようなことを強調していますか。（　）に当てはまる言葉を書きなさい。（15点）

恵まれない一人の子供と違い、全てを持ち、恵まれている人たちが（　　　）のはなぜかということ。

3 私たちはショックを受けましたについて答えなさい。

(1) よく出る この表現にはどのような効果がありますか。次から一つ選び、記号で答えなさい。（10点）

ア 自分の予想を端的に示し、聞き手の興味を引き出す効果。
イ 自分の感情を率直に示し、聞き手に強く訴えかける効果。
ウ この後の内容を要約し、聞き手を納得させる効果。
エ 脈絡のない言葉を入れて、聞き手の注意を促す効果。

（　）

(2) この表現と同じ効果をもつ言葉を、1段落中から九字で抜き出しなさい。（10点）

攻略！ 話し手の心の状態を述べているところを探そう。

4 2段落の説明として当てはまるものを次から一つ選び、記号で答えなさい。（10点）

ア 聞き手に応じた具体例を挙げて、問題点を明らかにしている。
イ 想定される否定的な反応を挙げ、その反論を述べている。
ウ 具体例を挙げ、聞き手に新たな解決策を考えさせている。
エ 1段落で述べた具体例について、さらに詳しく説明している。

（　）

攻略！ 「例えば」に着目。どのような例を挙げているのかを考えよう。

5 よく出る このスピーチの工夫として、当てはまらないものを次から一つ選び、記号で答えなさい。（20点）

ア 主張を裏づける根拠を、具体的な事例で示している。
イ 聞き手にお願いをする表現で、自分の主張を伝えている。
ウ 信頼できるデータから数値を引用して説明している。
エ 問いかけを多用して、聞き手の注意を喚起している。

（　）

6 このスピーチの話し手の主張を次のようにまとめました。（　）に当てはまる言葉を、スピーチの中から抜き出しなさい。5点×3（15点）

大人たちは子供たちの（①　　　）を真剣に考え、（②　　　）を解決するために（③　　　）するべきだ。

知識の泉 Q 「地震・激減・人造」の中で，他と熟語の構成が違うのはどれ？

2 視野を広げて

確認のワーク ステージ1

文法への扉1　すいかは幾つ必要？
（文法1　文法を生かす）

解答 8ページ　スピードチェック 19ページ

学習のねらい
●文節・連文節の対応や意味のまとまりに注意して文を推敲（すいこう）しよう。
●呼応の副詞とそれに対応する語を確かめよう。

教科書の要点

1 文節・連文節の対応　次の文は、主部と述部がうまく対応していません。①・②の指示に従って文を直し、□に当てはまる言葉を書きなさい。 教p.212〜213

スピーチで、私が訴えたいのは、（主部）地球環境を大切にする。（述部）

① 主部はそのままで、述部を直しなさい。
スピーチで、私が訴えたいのは、地球環境を□。

② 主語を「私は」にし、それに対応する文に直しなさい。
スピーチで、私は、地球環境を大切にすることを□。

2 意味のまとまり　次の文は、意味のまとまりが捉えにくくなっています。「映画の感想をきいたのは田中さんだけ」という意味になるように、①・②の指示に従って文を書き直しなさい。 教p.213

田中さんは鈴木さんと田村さんに映画の感想をきいた。

① 読点を一つ打って、意味のまとまりを明確にしなさい。
（　　）

② 文節の順序を入れ替えて、意味のまとまりを明確にしなさい。
（　　）

3 呼応の副詞　次の表の（　）に当てはまる言葉を後の□から選び、書き入れなさい。 教p.213

●呼応の副詞は、必ずその副詞に対応する語で受ける。主な呼応の副詞とそれに対応する語には、次のようなものがある。

①（　）	……ても（でも）	②（　）	……なら（ならば）
③（　）	……ない	④（　）	……ようだ
⑤（　）	……か	⑥（　）	……だろう

もし　たぶん　まるで　決して　なぜ　たとえ

知識の泉 A **激減。**「地震」「人造」は主語と述語の関係。「激減」は「激」が「減」を修飾。

基本問題

1 よく出る 次の文の文節や連文節の対応を、――線の部分は変えずに整えて書き直しなさい。

① 私の夢は、小学校の先生になりたいです。

② 僕には、この主人公が自分勝手だと思う。

③ 試合に負けた原因は、チームプレーを忘れて、みんなが個人プレーに走ったからだ。

攻略！ ――線の文節や連文節が、どの文節に対応しているかを押さえよう。

2 よく出る 次の文は、二通りの解釈ができます。それぞれ、①・②の指示に従って、わかりやすくなるように書き直しなさい。

(1) 私は慌てて逃げる泥棒を追いかけた。

① 読点を一つ打って、「泥棒」が慌てている意味にする。

② 文節の順序を入れ替えて、「私」が慌てている意味にする。

(2) 僕はお茶を飲みながら本を読んでいる父に尋ねた。

① 読点を一つ打って、「僕」がお茶を飲んでいる意味にする。

② 文節の順序を入れ替えて、「父」がお茶を飲んでいる意味にする。

3 次の――線の語と対応する、□に当てはまる呼応の副詞を後から一つずつ選び、記号で答えなさい。

① □来られるのなら、すぐに連絡してね。

② □何年たったとしても、私は決して忘れない。

③ その村では□人に会わなかった。

④ □同じことを繰り返すのか。

⑤ □私に知らせてください。

ア なぜ　イ たとえ　ウ ぜひ　エ もし　オ 全く

4 次の――線の助詞が異なる①〜③の俳句の印象を、後から一つずつ選び、記号で答えなさい。

① 米洗ふ前を蛍の二つ三つ

② 米洗ふ前に蛍の二つ三つ

③ 米洗ふ前へ蛍の二つ三つ

ア 蛍がその場所に向かって飛んできた印象。
イ 蛍がその場所を通過していった印象。
ウ 蛍がその場所にとどまって飛んでいる印象。

知識の泉 Q 「蛍の光や窓の雪明かりで書を読んだ」という故事からできた言葉は？

確認のワーク ステージ1
実用的な文章を読もう
報道文を比較して読もう

解答 9ページ　スピードチェック 5ページ

学習のねらい
- 実用的な文章を読み、情報を伝えるための工夫を理解しよう。
- 報道文の書き方や、書き手の視点の違いを捉えよう。

漢字

1 漢字の読み 読み仮名を横に書きなさい。
＊は新出漢字　▼は新出音訓・◎は熟字訓

①◎最寄り ②表＊彰式 ③多▼岐 ④上＊旬 ⑤推＊薦 ⑥＊拘束 ⑦待＊遇面 ⑧＊准教授 ⑨＊貢＊献 ⑩＊懐疑的 ⑪＊併記

2 漢字の書き 漢字に直して書きなさい。

① 社会への（こうけん）。
② （ひょうしょうしき）を行う。
③ （たいぐうめん）の改善。
④ （かいぎてき）な意見。
⑤ 十月の（じょうじゅん）。
⑥ 自治体の（すいせん）。
⑦ 時間を（こうそく）する。
⑧ （じゅんきょうじゅ）の話。
⑨ 名前を（へいき）する。

基本問題 実用的な文章を読もう

☆ 次のAとBは、同じ映画上映会のちらしで、Aは大人用、Bは子供用です。後の①〜④の工夫は、A・Bのどちらに当てはまりますか。A・Bの記号で答えなさい。

A 大人用

映画上映会
「大草原の小さな家」
■日時　10月8日(日)午前10時〜
■場所　○○公民館
■費用　無料
■あらすじ
大自然の中で暮らす一家が，次々と振りかかる困難に立ち向かっていきます。

＊お車でのご来館は，ご遠慮ください。

B 子供用

えいがを見（み）よう！

「大草原（だいそうげん）の小（ちい）さな家（いえ）」

10/8(日（にち）)午前（ごぜん）10時（じ）〜
○○公民館（こうみんかん）でやるよ！
わたしはローラ。家族（かぞく）と新（あたら）しい土地（とち）に引（ひ）っこしてきたけど，たいへんなことが起（お）きたの！どうしよう……

① 必要な情報が、注意事項なども含め詳しく書かれている。（　）
② 文字の色や大きさを変えて、楽しそうに書かれている。（　）
③ 話しかけるような、親しみやすい口調で書かれている。（　）
④ 箇条書きにして、読みやすく書かれている。（　）

A 蛍雪の功。「苦労して勉強に励み，成功すること」という意味。

★ 基本問題 報道文を比較して読もう

次のAとBの新聞記事を読んで、問題に答えなさい。

Aの記事

桜満開！ 花見客でにぎわう

気象庁は、9日に東京都心の桜の花が満開になったことを発表した。これを受けて、10、11日の週末、都内の桜の名所には多くの花見客が訪れた。

上野恩賜（うえのおんし）公園には、早朝から大勢の人が訪れ、昼になると、桜の木の下で弁当を広げる人たちでにぎわった。さまざまな屋台も出て、午後からは夜の宴会の場所取りをする人も。夜は、ライトアップされた桜の下で楽しんでいた。

上野恩賜公園の花見客は、週末の二日間で約六万人だった。ライトアップは今月の二十日まで行われる。

Bの記事

（　　　　　　　　）

気象庁は9日、東京都心の桜が満開を迎えたことを発表した。桜を楽しもうと、10、11日の週末、都内の桜の名所は大勢の花見客であふれかえった。

上野恩賜（うえのおんし）公園の週末の花見客は、約六万人。昼は桜の下で弁当を食べる人、夜はライトアップされた桜を見ながら宴会を楽しむ人など、それぞれが思い思いの時を過ごしていた。しかし、その後は弁当の容器やペットボトル、空き缶などがごみ箱からあふれ、散乱していた。これでは、せっかくの桜も台無しである。美しい桜とは対照的な、花見客のマナーが問われる。

---

1 AとBの新聞記事に共通している話題は何ですか。

どこ［　　　　　　］の 何［　　　　］の話題。

2 よく出る AとBの記事は、それぞれどのようなことを中心に書かれていますか。（　）に当てはまる言葉を書きなさい。

●Aの記事

桜が満開の中、多くの花見客が（　　　　　　　）こと。

●Bの記事

花見の後、公園にさまざまな（　　　　　　　）を残していくなど、花見客の（　　　　　　）が悪いこと。

3 ニュースを考えるきっかけを作っている記事は、AとBのどちらですか。記号で答えなさい。（　　）

攻略！ 事実だけではなく、書き手の主張がある記事はどちらだろう。

4 Bの記事の内容に合う見出しを次から一つ選び、記号で答えなさい。（　　）

ア　これでいいのか、公園の桜

イ　桜が満開！　ごみも満杯（まんぱい）！

ウ　花見客が大勢で盛り上がった！

エ　ごみは捨てずにリサイクル

Q（　）の中で正しいのはどっち？　万全の状態で試合に（臨・望）む。

確認のワーク ステージ1

俳句の可能性
俳句を味わう

漢字

1 漢字の読み 読み仮名を横に書きなさい。

＊は新出漢字 ▼は新出音訓・◎は熟字訓

❶ ＊膝

❷ ▼軽やか

教科書の要点

1 俳句の特徴 後の［　］から言葉を選び、（　）に書き入れなさい。 教 p.70〜71

●俳句…五・七・五という一定の形式で作られているので、（①　　）に分類される。

韻文	●一定の形式や音のリズムをもった文章。→「韻律」という。 例短歌・俳句・（②　　）
散文	●決まった形式や音のリズムをもたない普通の文章。 例小説・（③　　）・論説文・日記・手紙

［詩　随筆　韻文］

2 俳句の形式と技法 後の［　］から言葉を選び、（　）に書き入れなさい。 教 p.70〜72

有季定型	●五・七・五という（①　　）で表現する。 ●季節を表す（②　　）を入れる。（②）は、分類されて「（③　　）」に載っている。 例赤蜻蛉（とんぼ）（五音・季語） 筑波（つくば）に雲も（七音） なかりけり（五音） 正岡子規（まさおかしき）
切れ字	●句の切れ目に使う言葉。読み手の想像を誘ったり、（④　　）の中心を表したりする。 ●主に、「や」「かな」「けり」が用いられる。 例赤い椿（つばき）白い椿と落ちにけり（切れ字） 河東碧梧桐（かわひがしへきごとう）
（⑤　　）俳句	●五・七・五の定型をはみ出した、自由な音律の俳句。
（⑥　　）俳句	●季語のない俳句。

［感動　季語　無季　歳時記　定型　自由律］

学習のねらい
●俳句の形式と技法を覚えよう。
●俳句に詠（よ）まれている情景や作者の思いを捉えよう。

解答 9ページ　スピードチェック 5・16ページ　予想問題 134ページ

知識の泉 A 臨。「臨む」＝面する・ある機会に当たる。「望む」＝希望する・眺める。

☆ 基本問題

次の（　）と□に当てはまる言葉を、俳句の中から抜き出しなさい。また、（　）内から正しい言葉を選び、記号を○で囲みなさい。

(1) どの子にも涼しく風の吹く日かな　飯田龍太（いいだりゅうた）

● 季語…①（　　）

● 切れ字…②（　　）

● 情景…「③□□□□□」とあるので、子供は一人ではなく、何人もいる。その子供たちみんなに涼しい風が吹いている④（ア　夏　イ　秋）の日だ。

(2) いくたびも雪の深さを尋ねけり　正岡子規（まさおかしき）

● 季語…①（　　）

● 切れ字…②（　　）

● 情景…「③□□□□」とあるので、外では雪が積もるほど降っていることがわかる。作者の子規は、重い病気のために外の様子を確かめることができず、雪がどのくらい積もったかを、④（ア　何度も　イ　一度だけ）尋ねた。

(3) たんぽぽのぽぽと絮毛（わたげ）のたちにけり　加藤楸邨（かとうしゅうそん）

● 季語…①（　　）

● 切れ字…②（　　）

● 情景…たんぽぽの丸い絮毛（綿毛）が立っている様子（または飛び立つ様子）を、「③□□」という言葉で表現している。この表現は、たんぽぽの綿毛の丸くて軽やかな様子を表した④（ア　擬音語　イ　擬態語）である。

(4) 分け入つても分け入つても青い山　種田山頭火（たねださんとうか）

● 季語のない①（ア　有季　イ　無季）俳句である。

● 五・七・五の定型をはみ出した、②（ア　自由律　イ　自由詩）俳句である。

● 情景…作者は、一人で全国を行脚（あんぎゃ）する旅をしている。「③□□□□□□」という言葉が繰り返されていることから、どこまで歩いても、木々の生い（お）茂った山が続くばかりであることがわかる。

同じ言葉を繰り返す表現技法を、「反復」というよ。

知識の泉 Q 「心に深くとめて忘れない」という意味の慣用句は？　□に銘じる

実力 判定テストA ステージ2

俳句の可能性
俳句を味わう

解答 10ページ

30分

自分の得点まで色をぬろう！ 100点 80 60 0 /100

1 次の文章を読んで、問題に答えなさい。 教 p.70・①〜71・②

どの子にも涼しく風の吹く日かな　飯田龍太（いいだりゅうた）

この句には、「どの子」とは誰なのか、風の吹いている場所はどこなのか、現在のことなのか、過去のことなのか、時間は午前なのか午後なのか、そのような説明が何も書かれていない。わかっているのは、①季節が夏であること、②子供が複数いること、その子たちに涼しい風が分け隔てなく吹いているということだけである。

俳句が散文や報道記事などと違うのは、省略されている部分を、読む人の自由な解釈で補って鑑賞できるというところである。この句を読んで、「どの子にも」とは自分のことだ、と思う人もあるだろうし、校庭の木陰でクラスメイトとくつろいでいるときのことだと思う人もあるだろう。幼児の頃、海辺で遊んだ体験を思い出す人もあるだろう。

そんな想像をかきたてる個々別々の言葉を一つにつないでいるのが、五・七・五という「定型」と、「涼し」という夏を表す言葉、すなわち「季語」である。詳しい説明を省略する俳句には、一句の柱となる言葉に「季語」を用い、それを五・七・五という「定型」で表現するという基本的な約束がある。この約束を③「有季定型」といい、俳句という韻文を支える大きな力となっている。「涼し」が夏の季語であることを知るには「歳時記」を繰ればよい。

〈宇多喜代子（うだきよこ）「俳句の可能性」による〉

1 よく出る ①季節が夏であること とありますが、Ⅰ…このことがわかる言葉を俳句の中から抜き出しなさい。また、Ⅱ…俳句では、そのような言葉を何といいますか。 5点×2（10点）

Ⅰ（　　　）　Ⅱ（　　　）

2 ②子供が複数いること は、どの言葉からわかりますか。俳句の中から抜き出しなさい。（10点）

（　　　）

3 よく出る ③有季定型 とは、どのような約束ですか。二つ書きなさい。 10点×2（20点）

（　　　）

（　　　）

攻略！ 「有季」と「定型」の二つに分けてまとめよう。

4 3以外に、他の種類の文章とは違う俳句の特徴が書かれている部分があります。その部分を文章中から三十五字で抜き出し、初めと終わりの五字を書きなさい。 完答（10点）

［　　　　　］〜［　　　　　］

知識の泉 A 肝。〈例〉先輩からの助言を肝に銘じて練習を続けた。

2 次の文章を読んで、問題に答えなさい。

教p.71・③〜72・②

いくたびも雪の深さを尋ねけり　正岡子規

雪が激しく降っている。重い病気で寝ている子規が、僅かに見える障子の穴からその様子を見ている。どのくらい積もったのか、確かめることができない子規は、病室を出入りする人に、積雪の様子を幾度も尋ねる。今、くるぶしくらいまで積もったよ、とか、膝が埋まるくらいになったよ、などと聞き、庭や道路や公園に積もった雪景色を想像する。

降る雪のことを詳しく説明したくても、「定型」という制約の中では全部言い尽くせない。そこを補うために工夫された方法の一つに「切れ字」がある。例えば、冒頭の句で、これ以上は言えないという断念を表しているのが、最後の「かな」であり、子規の句の「けり」である。

次に、「切れ字」を用いずに一句を完成させた俳句を紹介しよう。

跳箱の突き手一瞬冬が来る　友岡子郷

初冬の体育館で体育の跳び箱練習をしている瞬間を、カメラに捉えたと思えばいい。跳び箱に手を突いて空中に飛び上がった。その一瞬、宙で触れた澄んだ大気に、「冬だ。」と感じたのだ。「跳箱の突き手一瞬」と「冬が来る」ことは無関係だが、作者の感性は、この二つを一つにすることで、初冬のきりっとした季節感を出すことに成功している。

「一瞬」を「冬」という長い時間につなぐことができるように、短い字数でいろいろなことが表現できるところに、俳句の可能性が秘められている。

〈宇多喜代子「俳句の可能性」による〉

1 ①いくたびも雪の深さを尋ねけり　から、作者のそわそわした気持ちやもどかしさがわかる言葉を抜き出しなさい。（10点）

2 ②これ以上は言えないという断念を表している　とはどういうことですか。次から一つ選び、記号で答えなさい。（10点）

ア　十分に言い尽くしたという喜びを表しているということ。
イ　言わなければよかったという後悔を表しているということ。
ウ　よくわからないという不安を表しているということ。
エ　言葉で言い尽くせない感動を表しているということ。

3 よく出る　③一瞬　とは、具体的にどのような一瞬ですか。（10点）

4 ④俳句の可能性　について答えなさい。

(1) 筆者は、どのようなところに俳句の可能性があると述べていますか。文章中から抜き出しなさい。（10点）

(2) 記述　「跳箱の……」の俳句では、どのようなことが可能になっていますか。「一瞬」「季節感」という言葉を使って書きなさい。（10点）

知識の泉　Q「義」「侖」に共通の部首を付けるとできる熟語は？

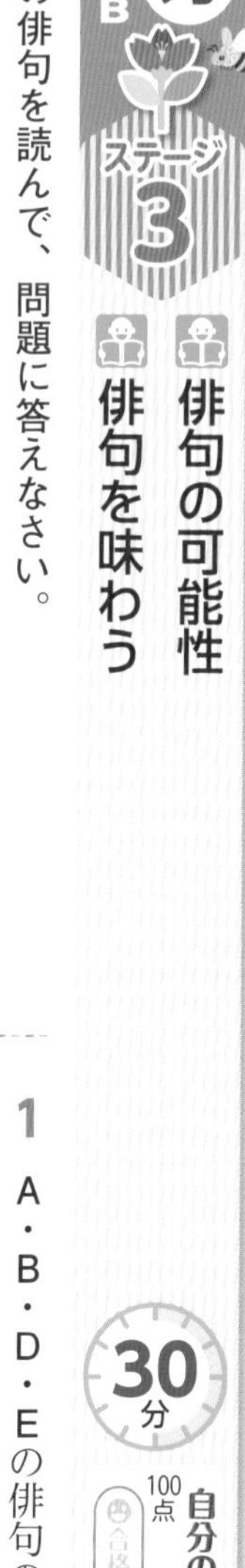

俳句の可能性
俳句を味わう

30分

自分の得点まで色をぬろう！
100点 80 60 0
/100

解答 10ページ

★ 次の俳句を読んで、問題に答えなさい。

教p.74

A 赤い椿（つばき）白い椿と落ちにけり　河東碧梧桐（かわひがしへきごとう）

B 萬緑（ばんりょく）の中や吾子（あこ）の歯生え初（そ）むる　中村草田男（なかむらくさたお）

C くろがねの秋の風鈴鳴りにけり　飯田蛇笏（いいだだこつ）

D 金剛（こんごう）の露ひとつぶや石の上　川端茅舎（かわばたぼうしゃ）

E 冬菊のまとふはおのがひかりのみ　水原秋櫻子（みずはらしゅうおうし）

F 咳（せき）をしても一人　尾崎放哉（おざきほうさい）

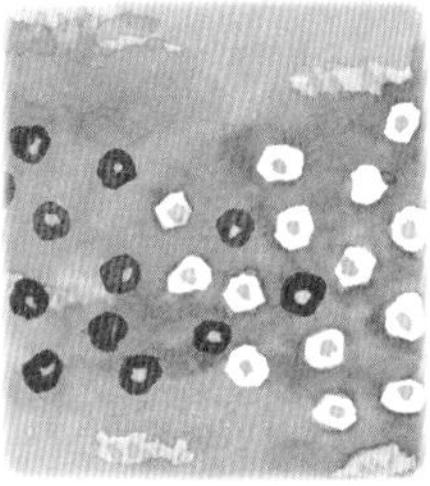

〈「俳句を味わう」による〉

1 A・B・D・Eの俳句の季語と季節を表に書き入れなさい。　各完答4点×4（16点）

	季語	季節
A		
D		
B		
E		

2 A～Fの俳句の中から、体言止めの俳句を二つ選び、記号で答えなさい。　4点×2（8点）

（　）（　）

3 よく出る A・B・C・Dの俳句から切れ字を抜き出しなさい。　3点×4（12点）

A（　）B（　）C（　）D（　）

4 よく出る D・Eの俳句に用いられている表現技法を次から一つずつ選び、記号で答えなさい。　4点×2（8点）

ア 直喩　イ 隠喩　ウ 擬人法　エ 反復

D（　）E（　）

知識の泉 **A** 議論。「言」（ごんべん）を付ければよい。

5 Aの俳句について答えなさい。

(1) この俳句の「赤い椿」は、定型の五音より音数が多くなっています。これを何といいますか。（5点）

（　　）

(2) この俳句の情景から受ける印象をまとめた次の文の（　）に当てはまる言葉を書きなさい。3点×3（9点）

①（　　）と②（　　）の③（　　）的な色彩の鮮やかさ。

6 Bの俳句について答えなさい。

(1) よく出る この俳句で対比されている二つの色をそれぞれ漢字一字で書きなさい。完答（6点）

□　□

(2) レベルUP この俳句の鑑賞文の（　）に当てはまる言葉を書きなさい。4点×2（8点）

見渡す限り一面に、（　　）の緑が茂っている情景と、我が子の（　　）様子に、みずみずしい生命力を見いだしている。

7 Cの俳句で詠まれている情景を次から一つ選び、記号で答えなさい。（5点）

ア　鉄の風鈴の音に、自然の力強さを感じている。
イ　風鈴のわびしげな音から、秋の訪れを感じている。
ウ　風鈴の音色で、過ぎ去った夏の暑さを思い出している。
エ　風鈴が激しく揺れるさまに冬の到来を予感している。（　　）

8 Dの俳句では、どのようなところに作者独自の感覚が生かされていますか。（　）に当てはまる言葉を、俳句の中から抜き出しなさい。4点×2（8点）

はかないものの象徴である（　　）を、壊れないものの象徴である（　　）にたとえたところ。

9 Eの俳句で、作者はどのように感じたことを詠んでいますか。（　）に当てはまる言葉を、俳句の中から抜き出しなさい。（5点）

草花の枯れ果てた庭で、僅かに残って咲いている冬菊自身が（　　）を放っているように感じられたこと。

10 Fの俳句について答えなさい。

(1) よく出る この俳句のように、五・七・五の定型にとらわれない俳句を、何といいますか。（5点）

（　　）

(2) この俳句の、次の鑑賞文の□に当てはまる言葉を後から一つ選び、記号で答えなさい。（5点）

自分が咳をした音だけが部屋に響く情景によって、作者の□がより増幅され、しみじみと感じられる。

ア　緊張感　　イ　幸福感
ウ　解放感　　エ　孤独感

（　　）

3 言葉とともに

知識の泉 Q「落胆」の類義語はどっち？　ア＝失敗　イ＝失望

確認のワーク ステージ1

言葉を選ぼう もっと「伝わる」表現を目ざして

言葉1 和語・漢語・外来語

学習のねらい
●言葉の変化について理解し、相手や場面に応じて言葉を選ぼう。
●和語・漢語・外来語の特徴を捉えて使い分けよう。

解答 11ページ スピードチェック 6ページ

漢字

1 漢字の読み 読み仮名を横に書きなさい。

*は新出漢字 ▼は新出音訓・◎は熟字訓

❶ *宵 ❷ *滝つぼ ❸ 訴 *訟 ❹ 年 *俸
❺ 破 *綻 ❻ 隠 *蔽 ❼ 進 *捗 ❽ *卸売り

2 漢字の書き 漢字に直して書きなさい。

❶ （さいけん）の回収。 ❷ 若い（さむらい）。
❸ 一面の（くわばたけ）。

❶「さいけん」は、貸したお金などを返してもらう権利のことだよ。

基本問題 言葉を選ぼう

★ 言葉の変化にはどのようなものがありますか。（　）に教科書の言葉を書き入れなさい。 教 p.76〜77

①（　　）による変化……例「うつくし」→「かわいい」
②（　　）による変化……例「かっぱ」→「レインコート」

教科書の要点 言葉1

1 和語・漢語・外来語 （　）に教科書の言葉を書き入れなさい。 教 p.78〜79

①（　　） ＊大和言葉ともいう。	・もともと日本で使われていた語。 ・漢字の（②　　）読みで表される。 ・親しみやすく、日常会話でよく使われる。
③（　　）	・中国から入ってきた語と、日本で作られた語がある。 ・漢字の（④　　）読みが使われる語。 ・硬い語感をもち、新聞などでよく使われる。
⑤（　　）	・漢語以外で（⑥　　）語から日本語に取り入れられた語。 ・普通、片仮名で書かれる。 ・外国から入ってきた物の名前や学問の用語などに使われる。

＊混種語……和語・漢語・外来語の組み合わせでできた語。
例 花火大会（和語＋漢語） 古タイヤ（和語＋外来語）

知識の泉 A イ。「期待どおりにいかなくて，がっかりすること」の意味。

基本問題 言葉1

1 次の文は、和語・漢語・外来語・混種語のどの語の説明ですか。後から一つずつ選び、記号で答えなさい。

① 中国で作られた語を日本語に取り入れた語。（　）
② 大部分は欧米から取り入れられた語。（　）
③ 新鮮さや軽快な印象を与える語。（　）
④ 漢字の訓読みで表される語。（　）
⑤ 和語・漢語・外来語の組み合わせでできた語。（　）
⑥ 社会制度を表す語など、硬い語感をもつ語。（　）
⑦ 親しみやすく、日常会話によく用いられる語。（　）

ア 和語　イ 漢語　ウ 外来語　エ 混種語

攻略！ 和語＝訓読み＝柔らかく親しみやすい語。

2 次の――線①～⑩は、和語・漢語・外来語・混種語のどれですか。後から一つずつ選び、記号で答えなさい。

①二人が②コンサート会場に着くと、会場の③周辺には、開演を④待つ人たちの⑤長い列が⑥百メートル⑦以上続いていた。彼らの⑧ほとんどは、Tシャツに⑨ジーンズの⑩いでたちであった。

①（　）②（　）③（　）④（　）
⑤（　）⑥（　）⑦（　）⑧（　）
⑨（　）⑩（　）

ア 和語　イ 漢語　ウ 外来語　エ 混種語

攻略！ ⑩の「いでたち」は「出で立ち」と書く。

3 よく出る 次の混種語は、どのような語の組み合わせでできたものですか。例にならって書きなさい。

例 レポート用紙……（外来語＋漢語）

① 生クリーム（　＋　）
② 行楽シーズン（　＋　）
③ 茶碗(ちゃわん)蒸し（　＋　）
④ てんぷら料理（　＋　）
⑤ インスタント食品（　＋　）

攻略！ 平仮名で書く外来語もあることに注意しよう。

4 次の――線の語を、【　】の指示した語に言い換えなさい。

① 明白な証拠がある。【和語に】（　）
② 新しい機械を買い入れる。【「漢語＋する」に】（　）
③ 母とショッピングに出かける。【和語に】（　）
④ 簡素なデザインが新鮮だ。【外来語に】（　）
⑤ さまざまなことにチャレンジする。【漢語に】（　）

知識の泉 Q ――線を正しく書き直すと？　遅刻したことを誤る。

確認のワーク ステージ1
「私の一冊」を探しにいこう
羊と鋼の森

漢字と言葉

1 漢字の読み 読み仮名を横に書きなさい。

＊は新出漢字 ▼は新出音訓・◎は熟字訓

❶ ▼鋼（訓読み） ❷ ＊曇る ❸ ＊嗅ぐ ❹ 鍵＊盤

2 漢字の書き 漢字に直して書きなさい。

❶ （あらし）が去る。 ❷ （うず）を巻く。

3 語句の意味 意味を下から選んで、線で結びなさい。

❶ 持て余す・ ・ア 声や音が出ないようにする。
❷ 言（こと）づかる・ ・イ 扱い方に困る。
❸ 潜める・ ・ウ あることを頼まれる。

教科書の要点 「私の一冊」を探しにいこう

1 本の探し方 読みたい本の探し方について、（　）に教科書の言葉を書き入れなさい。 教 p.82〜83

新聞や雑誌の（①　）や書店の（②　）、パンフレットなどから探すとよい。（③　）のインタビューや寄稿文からも本を知ることができる。

学習のねらい
● さまざまな本の探し方を知ろう。
● 「羊と鋼の森」の冒頭を読んで、物語の世界に浸ろう。

解答 11ページ スピードチェック 6ページ

教科書の要点 羊と鋼の森

1 登場人物 （　）に名前を書きなさい。 教 p.84〜87

● （①　）…物語の主人公。「僕」。高校二年生。
● （②　）先生…「僕」の担任。
● （③　）…江藤（えとう）楽器の調律師。

2 あらすじ （　）に教科書の言葉を書き入れなさい。 教 p.84〜87

「僕」は、担任の先生から、来客を（①　）に案内するように頼まれる。

到着した来客の男性は、ピアノの（②　）を始める。音がし、何かとても（③　）が聞こえた気がした「僕」は、ピアノの方へ戻る。ピアノの蓋を開けると（④　）の匂いがするなど、不思議な感覚に陥りながらも、ピアノの音の変化に魅了されていく。

A 謝る。 謝る＝謝罪する。同訓異字の「誤る」は「間違える」という意味。

基本問題 羊と鋼の森

次の文章を読んで、問題に答えなさい。 教p.86・下⑭〜87・上⑭

〔ピアノの調律という仕事を知らない「僕」は、来客の男性をピアノのある体育館に案内した後、その男性の様子を見ている。〕

ピアノをどうするんですか。ピアノをどうしたいんですか。あるいは、ピアノで何をするんですか、だろうか。いちばんききたいのが何だったのか、そのときの僕にはわからなかった。今も、まだわからない。①きいておけばよかったと思う。あのとき、形にならないままでも、僕の中に生まれた質問をそのまま投げてみればよかった。何度も思い返す。もしもあのとき言葉が出てきていたなら、答えを探し続ける必要はなかった。答えを聞いて納得してしまえたのなら。

僕は何もきかず、邪魔にならないよう、ただ黙ってそこに立って見ていた。

通っていた小さな小学校にも、中学校にも、ピアノはあったはずだ。ここにあるようなグランドピアノではなかったけれど、どんな音が出るのか知っていたし、ピアノに合わせて歌ったことだって何度もあった。

それでも、この大きな黒い楽器を、初めて見た気がした。少なくとも、*羽を開いた内臓を見るのは初めてだった。そこから生まれる音が肌に触れる感触を知ったのももちろん初めてだった。

②森の匂いがした。秋の、夜の。僕は自分のかばんを床に置き、ピアノの音が少しずつ変わっていくのをそばで見ていた。たぶん二時間余り、時がたつのも忘れて。〈宮下(みやした) 奈都(なつ)「羊と鋼の森」による〉

*羽を開いた内臓…蓋を開け、支え棒で固定したピアノの中をたとえている。

1 ピアノを別の言葉で何と表現していますか。文章中から九字で抜き出しなさい。

2 よく出る ①きいておけばよかった とありますが、「僕」がそのように思ったのは、なぜですか。その理由がわかる一文を文章中から抜き出し、初めの五字を書きなさい。

3 ②森の匂い がしたのはどのようなときですか。次から一つ選び、記号で答えなさい。

ア 調律師がピアノの蓋を開けて、鍵盤をたたいたとき。
イ 調律師が仕事を終えて、ピアノの蓋を閉じたとき。
ウ 「僕」がピアノに触れて、美しい曲を弾いたとき。
エ 「僕」が、以前聞いたことがある音を聞き取ったとき。（　　）

攻略！ 直前の段落に着目しよう。

4 この場面における「僕」の様子に当てはまるものを次から一つ選び、記号で答えなさい。

ア ピアノを初めて見たので、音や造りに驚いている。
イ 調律されていくピアノの音にすっかり魅了されている。
ウ 調律師になる方法をききたくて、機会をうかがっている。
エ ピアノに触れたいことを言い出せずに困っている。（　　）

知識の泉 Q 類義語を作るとき，□に当てはまる漢字は？　没頭＝□心

確認のワーク ステージ1

挨拶――原爆の写真によせて

学習のねらい
- 比喩や象徴的な表現に込められた意味を読み取ろう。
- 現代の状況と重ね合わせ、作者が訴えかけている思いを捉えよう。

解答 12ページ

言葉

1 語句の意味　意味を下から選んで、線で結びなさい。

❶ すがすがしい・　・ア 恐ろしさに震える様子。
❷ りつぜん・　・イ ぎりぎりの状態で危険である。
❸ きわどい・　・ウ 爽やかで気持ちがよい。

教科書の要点

1 詩の種類　（　）や□に当てはまる言葉を書き入れなさい。

●「挨拶――原爆の写真によせて」は、（①　　）つの連から成る ② □□□□ 詩である。

2 表現　〔　〕内から適切な語を選び、記号を○で囲みなさい。

●「見きわめなければならないものは目の前に」と「えり分けなければならないものは／手の中にある」は、〔ア 擬人法　イ 対句　ウ 倒置〕表現になっている。

3 構成のまとめ　（　）に教科書の言葉を書き入れなさい。　教 p.94〜96

第一連	●写真の中の焼けただれた顔…（①　　）によって、広島で死んだ二五万人の中のひとつ。
第二連	●その顔はすでに（②　　）にない。
第三連	●今の互の顔を見直そう…すこやかな今日の顔・（③　　）朝の顔。
第四連	●明日の表情→私は（④　　）とする。
第五連	●地球は原爆を数百個所持している。→なぜ（⑤　　）でいられるのか。
第六連	●見きわめ、えり分けなければならないもの…（⑥　　）に、あるいは、手の中にある。
第七連	●原爆で死んだ二五万人の人…いまのあなたや私のように、やすらかに美しく（⑦　　）していた。

おさえよう

主題　広島に原爆が落とされてから年月がたち、今の私たちは一見〔ア 平和な　イ 不安な〕暮らしを送っているが、世界には大量の原爆がある。再び原爆が落とされない保証はないのに、危機意識をもたず、〔ア 贅沢　イ 油断〕していてよいのだろうか。

知識の泉　A 専。　どちらも「一つのことに集中すること」を表す。

★基本問題

次の詩を読んで、問題に答えなさい。

教 p.94〜96

挨拶——原爆の写真によせて

石垣りん

あ、
この焼けただれた顔は①
一九四五年八月六日
その時広島にいた人
二五万の焼けただれのひとつ

すでに此の世にないもの

とはいえ②
友よ
向き合った互の顔を
も一度見直そう
戦火の跡もとどめぬ
すこやかな今日の顔
すがすがしい朝の顔を

その顔の中に明日の表情をさがすとき
私はりつぜんとするのだ③

地球が原爆を数百個所持して
生と死のきわどい淵を歩くとき
なぜそんなにも安らかに
あなたは美しいのか

しずかに耳を澄ませ
何かが近づいてきはしないか
見きわめなければならないものは目の前に

えり分けなければならないものは
手の中にある
午前八時一五分は④
毎朝やってくる

一九四五年八月六日の朝
一瞬にして死んだ二五万人の人すべて
いま在る
あなたの如く　私の如く
やすらかに　美しく　油断していた。⑤

1 ①焼けただれた顔　と対照的な言葉を、詩の中から九字で二つ抜き出しなさい。

2 ②とはいえ　とありますが、これはどういうことを受けて言ったものですか。第一・二連の言葉を使って簡潔に書きなさい。

（　　　）

攻略！「とはいえ」は、「そうは言っても」という意味。

3 よく出る ③私はりつぜんとするのだ　とありますが、どのようなことに対してりつぜんとするのですか。

（　　　）

4 よく出る ④午前八時一五分は／毎朝やってくる　とは、どういうことを言っているのですか。次から一つ選び、記号で答えなさい。

ア　原爆が落とされても、私たちの日常は変わらないということ。
イ　原爆が再び落とされる可能性はいつでもあるということ。
ウ　原爆が落とされた時刻に毎朝祈ろうということ。
エ　いつも変わらない日常を大切にしたいということ。

（　　　）

5 ⑤油断していた　の意味を次から一つ選び、記号で答えなさい。

ア　手を抜いて楽なことばかりをしていた。
イ　何の変化もないつまらない毎日を送っていた。
ウ　このような悲劇を予想していなかった。
エ　警戒してはいたが、何も対策をしていなかった。

（　　　）

知識の泉　Q「廴」は何画？

確認のワーク ステージ1 故郷

学習のねらい
- 人の生き方や社会との関わり方を考えながら読もう。
- 時代や社会の変化の中で生きる人間の姿を捉えよう。

解答 12ページ スピードチェック 6ページ 予想問題 135ページ

漢字と言葉

1 漢字の読み 読み仮名を横に書きなさい。

*は新出漢字 ▼は新出音訓・◎は熟字訓

❶ ひっそり＊閑 ❷ ＊紺碧（ぺき） ❸ ＊溺愛 ❹ ▼結わえる
❺ ＊畜生 ❻ ＊塀 ❼ ▼財布 ❽ ＊駄賃
❾ ◎名残 ❿ ＊慕う ⓫ ＊麻痺（ひ） ⓬ ＊崇拝

2 漢字の書き 漢字に直して書きなさい。

❶ （だんな）様の声。 ❷ 絵の具を（ぬ）る。
❸ 店の（やと）い人。 ❹ （つや）のある髪。

3 語句の意味 意味を下から選んで、線で結びなさい。

❶ わびしい ・ ・ア まとまりのない様子。
❷ 蔑む ・ ・イ 勝手放題に振る舞う様子。
❸ うやうやしい ・ ・ウ 貧しくてみすぼらしい様子。
❹ とりとめのない ・ ・エ ばかにする。見下す。
❺ 野放図 ・ ・オ 丁寧で礼儀正しい様子。

教科書の要点

1 登場人物 （ ）に名前を書き入れなさい。 教 p.98〜107

- 「私」…主人公。家を明け渡すために、二十年ぶりに帰郷する。
- 「私」の母…気丈に引っ越しの準備をしている。
- （①）…「私」の幼友達。
- （②）…「私」の甥（おい）。八歳。
- （③）…①の息子（むすこ）。
- （④）おばさん…昔、「豆腐屋小町（こまち）」とよばれていた。

2 あらすじ 正しい順番になるように、番号を書きなさい。 教 p.98〜111

- （1）「私」は、二十年ぶりに故郷に帰ってきた。
- （ ）「私」は、すっかり変わったルントウに会って驚く。
- （ ）ヤンおばさんが現れ、「私」に対して嘲るように話す。
- （ ）ホンルの言葉に、「私」と母は胸をはっとつかれた。
- （ ）「私」の脳裏に、ルントウとの思い出がよみがえる。
- （ ）「私」は、母とホンルといっしょに船で故郷をたった。
- （7）船の中で「私」は、希望について思いを巡らせた。

知識の泉 A 三画。 よび名は，「えんにょう」。「道・長くのばすこと」という意味。

3 構成のまとめ

（　）に教科書の言葉を書き入れなさい。教p.98〜111

	場面		出来事	「私」の心情・態度
1	帰郷	教初め〜p.99・③	●「私」は、真冬に、二十年ぶりに故郷に帰った。→わびしい村々が、活気もなく、あちこちに横たわっていた。	▼寂寥(せきりょう)の感が胸に込み上げる。→自分の（①　　）が変わっただけだと、自分に言い聞かせる。
2	母や甥との対面	p.99・④〜99・⑳	●親戚たちが引っ越してしまい、（②　　）とした家で母や甥と再会する。 ●ルントウが会いたがっていたと、母から聞かされる。	▼ルントウの記憶がまざまざとよみがえる。
3	ルントウとの思い出	p.100・①〜103・⑪	●三十年近い昔、「私」は、家の雇い人の息子である（③　　）と仲良くなった。 ●（③）は、「私」に「チャー」や「跳ね魚」の話をした。	▼ルントウの心は（④　　）の宝庫だ。
4	ヤンおばさんとの再会	p.103・⑫〜105・⑱	●昔、「（⑤　　）」とよばれていたヤンおばさんがやって来る。 ●「私」に、「金持ちになったんでしょ」と嫌味を言う。	▼脚の細い（⑥　　）そっくりの姿に、すぐには誰か思い出せなかった。 ▼返事のしようがなく、口を閉じたまま立っていた。
5	ルントウとの再会	p.105・⑲〜109・⑦	●訪ねてきたルントウは、みすぼらしい風采で、「私」にうやうやしく「（⑦　　）！」と言う。	▼ルントウとの間には、悲しむべき（⑧　　）ができてしまった。
6	旅立ち	p.109・⑧〜終わり	●故郷から旅立つ船の中で、「私」は、ホンルがシュイションのことを（⑨　　）のを知る。	▼若い世代には、私たちの経験しなかった（⑩　　）をもってほしい。 ▼希望とは（⑪　　）のようなもの。 …同じ希望をもつ人が増えれば実現する。

おさえよう

主題 故郷についての「私」の美しい思い出は、古い価値観に縛られた〔ア 母や甥　イ 故郷の人々〕によって打ち砕かれる。自分も彼らと変わらないと思いつつも、「私」は若い世代に、新しい生活の実現という〔ア 希望　イ 偶像〕を託す。

Q「最後に加える大切な仕上げ」を意味する故事成語は？ □竜点睛(りょうてんせい)

故郷

30分

自分の得点まで色をぬろう！　100点　80　60　0　/100

解答 13ページ

次の文章を読んで、問題に答えなさい。

教 p.98・①〜99・⑮

厳しい寒さの中を、二千里の果てから、別れて二十年にもなる故郷へ、私は帰った。

もう真冬の候であった。そのうえ、故郷へ近づくにつれて、空模様は怪しくなり、冷たい風がヒューヒュー音を立てて、船の中まで吹き込んできた。苫（とま）の隙間から外をうかがうと、鉛色の空の下、わびしい村々が、いささかの活気もなく、あちこちに横たわっていた。覚えず寂寥（せきりょう）の感が胸に込み上げた。

ああ、これが二十年来、片時も忘れることのなかった故郷であろうか。

①私の覚えている故郷は、まるでこんなふうではなかった。私の故郷は、もっとずっとよかった。②その美しさを思い浮かべ、その長所を言葉に表そうとすると、しかし、その影はかき消され、言葉は失われてしまう。やはりこんなふうだったかもしれないという気がしてくる。そこで私は、こう自分に言い聞かせた。もともと故郷はこんなふうなのだ――進歩もないかわりに、私が感じるような寂寥もありはしない。そう感じるのは、自分の心境が変わっただけだ。なぜなら、③今度の帰郷は決して楽しいものではないのだから。

今度は、故郷に別れを告げに来たのである。私たちが長いこと一族で住んでいた古い家は、今はもう他人の持ち物になってしまった。明け渡しの期限は今年いっぱいである。どうしても旧暦の正月の前に、住み慣れた古い家に別れ、なじみ深い故郷をあとにして、私が今暮らしを立てている異郷の地へ引っ越さねばならない。

明くる日の朝早く、私は我が家の表門に立った。屋根には一面に枯れ草のやれ茎が、折からの風になびいて、④この古い家が持ち主を変えるほかなかった理由を説き明かし顔である。いっしょに住んでいた親戚たちは、もう引っ越してしまった後らしく、ひっそり閑としている。自宅の庭先まで来てみると、母はもう迎えに出ていた。後から、八歳になる甥（おい）のホンル（宏児）も飛び出した。

⑤母は機嫌よかったが、さすがにやるせない表情は隠し切れなかった。私を座らせ、休ませ、茶をついでくれなどして、すぐ引っ越しの話は持ち出さない。ホンルは、私とは初対面なので、離れた所に立って、じっと私の方を見つめていた。

だが、とうとう引っ越しの話になった。私は、あちらの家はもう借りてあること、家具も少しは買ったこと、あとは家にある道具類をみんな売り払って、その金で買い足せばよいこと、などを話した。母もそれに賛成した。そして、荷造りもほぼ終わったこと、かさばる道具類は半分ほど処分したが、よい値にならなかったこと、などを話した。

〈魯迅（ろじん）（ルウシュン）／竹内好（たけうちよしみ）訳「故郷」による〉

A　画。　画家が睛（ひとみ）を描き入れたら竜が天に昇ったという故事から。

1 ①私の覚えている故郷は、まるでこんなふうではなかった。について答えなさい。

(1) 「こんなふう」とは、どのような様子ですか。文章中の言葉を使って書きなさい。（15点）

（　　　）

(2) よく出る 「私」が二十年ぶりの故郷を見て感じた思いを、文章中から四字で抜き出しなさい。（10点）

2 ②その美しさを思い浮かべ、その長所を言葉に表そうとすると、しかし、その影はかき消され、言葉は失われてしまう。とありますが、故郷の美しさを思い浮かべ、言葉に表すことのできない「私」は、どのように思うことにしましたか。次から二つ選び、記号で答えなさい。10点×2（20点）

ア 故郷を出てから都会で暮らしてきたので、今では故郷が田舎の村に見えるようになっただけだ。

イ 故郷を出てから二十年たっているが、その間に故郷の景色は少しも変わっていないのだ。

ウ 故郷で暮らしていた子供の頃は楽しかったので、故郷を美しい風景だと思い込んでいたのだ。

エ 故郷の村々をわびしいと感じるのは、故郷を去っている間に自分が立派な身分になったからだ。

オ 故郷がさびれているように感じるのは、今の自分が憂鬱な気持ちだからだ。

（　　）（　　）

3 ③今度の帰郷は決して楽しいものではないとありますが、「私」は何のために帰郷したのですか。（15点）

（　　　）

4 ④この古い家が持ち主を変えるほかなかった理由を説き明かし顔であるについて答えなさい。

(1) 記述 「この古い家が持ち主を変えるほかなかった理由」とは、どういうことですか。考えて書きなさい。（20点）

（　　　）

攻略！ 家を明け渡して出ていかなければならない理由を考える。

(2) ――線④を含む一文に用いられている表現技法を次から一つ選び、記号で答えなさい。（10点）

ア 直喩　イ 反復　ウ 擬人法　エ 倒置　（　　）

5 ⑤母は機嫌よかったが、さすがにやるせない表情は隠し切れなかった。とありますが、このとき母はどのような気持ちでしたか。次から一つ選び、記号で答えなさい。（10点）

ア 新しい家にみんなで引っ越しをするのはうれしいが、長年住み慣れた家を出ていくのは寂しい気もする。

イ 息子がはるばる帰ってきてくれたのはうれしいが、住み慣れた家を明け渡して出ていかなければならないのは悲しい。

ウ 家を明け渡す段取りがついてほっとしているものの、これから知らない土地に住むことは不安だ。

エ 息子が立派になって帰ってきたのはうれしいが、親戚が先に出ていってしまったことは許せない。

（　　）

知識の泉 Q 「負傷」と同じ構成の熟語はどっち？　ア＝国立　イ＝加熱

実力判定テストB ステージ3　故郷（1）

次の文章を読んで、問題に答えなさい。

教p.106・①〜108・①

30分

　来た客はルントウである。ひと目でルントウとわかったものの、①そのルントウは、私の記憶にあるルントウとは似もつかなかった。背丈は倍ほどになり、昔の艶のいい丸顔は、今では黄ばんだ色に変わり、しかも深いしわが畳まれていた。目も、彼の父親がそうであったように、周りが赤く腫れている。私は知っている。海辺で耕作する者は、一日中潮風に吹かれるせいで、よくこうなる。頭には古ぼけた毛織りの帽子、身には薄手の綿入れ一枚、全身ぶるぶる震えている。紙包みと長いきせるを手に提げている。その手も、私の記憶にある血色のいい、丸々した手ではなく、太い、節くれだった、しかもひび割れた、松の幹のような手である。

　私は、感激で胸がいっぱいになり、しかしどう口をきいたものやら思案がつかぬままに、ひと言、

「ああルンちゃん――よく来たね……。」

　続いて言いたいことが、後から後から、数珠（じゅず）つなぎになって出かかった。チアオチー、跳ね魚、貝殻、チャー……。だが、それらは、②何かでせき止められたように、頭の中を駆け巡るだけで、口からは出なかった。

　彼は突っ立ったままだった。③喜びと寂しさの色が顔に現れた。唇が動いたが、声にはならなかった。最後に、うやうやしい態度に変わって、はっきりこう言った。

④「旦那様！　……。」

　私は身震いしたらしかった。⑤悲しむべき厚い壁が、二人の間を隔ててしまったのを感じた。私は口がきけなかった。

　彼は後ろを向いて、「シュイション（水生）、旦那様にお辞儀しな。」と言って、彼の背に隠れていた子供を前へ出した。⑥これぞまさしく三十年前のルントウであった。いくらか痩せて、顔色が悪く、銀の首輪もしていない違いはあるけれども。「これが五番目の子でございます。世間へ出さぬものですから、おどおどしておりまして……。」

　母とホンルが二階から下りてきた。話し声を聞きつけたのだろう。

「御隠居様、お手紙は早くにいただきました。全く、うれしくてたまりませんでした、旦那様がお帰りになると聞きまして……。」と、ルントウは言った。

「まあ、なんだってそんな他人行儀にするんだね。⑦おまえたち、昔は兄弟の仲じゃないか。昔のように、シュンちゃん、でいいんだよ。」と、母はうれしそうに言った。

「めっそうな、御隠居様、なんとも……とんでもないことでございます。あの頃は子供で、何のわきまえもなく……。」そして、またもシュイションを前に出してお辞儀させようとしたが、子供ははにかんで、父親の背にしがみついたままだった。

〈魯迅（ろじん）（ルウ　シュン）／竹内好（たけうちよしみ）訳「故郷」による〉

自分の得点まで色をぬろう！

100点　合格！　80　もう一歩　60　がんばろう　0

/100

解答 13ページ

知識の泉　A イ。「負傷」→傷を負う。「国立」→国が立てる。「加熱」→熱を加える。

1 よく出る ①そのルントウは、私の記憶にあるルントウとは似もつかなかった とありますが、「私」の記憶の中のルントウと今のルントウの違いを表にまとめました。（　）に当てはまる言葉を、文章中から抜き出しなさい。 10点×2（20点）

	記憶の中のルントウ	今のルントウ
顔	艶のいい丸顔。	・黄ばんだ色。 ・深い（①　　）。
手	血色のいい、丸々した手。	節くれだって、ひび割れた、（②　　）のような手。

2 ②何かでせき止められたように、頭の中を駆け巡るだけで、口からは出なかった とありますが、「私」がこうなったのは、なぜですか。次から一つ選び、記号で答えなさい。 （10点）

ア ルントウが思い出話をしたくなさそうなしぐさを見せたから。
イ ルントウと自分との間に何らかの違和感を覚えたから。
ウ ルントウと自分とは、社会的な身分が違うと思ったから。
エ ルントウとの再会があまりにもうれしかったから。

（　　）

3 ③喜びと寂しさの色 とありますが、どのような喜びと寂しさですか。それぞれ説明しなさい。 10点×2（20点）

喜び……（　　）
寂しさ……（　　）

4 レベルUP ④私は身震いしたらしかった。とありますが、自分のことを表しているのに、「……らしかった」という表現が使われているのは、何のためですか。次から一つ選び、記号で答えなさい。（10点）

ア ルントウの目から見た「私」の様子であることを、暗に示すため。
イ 自分のことを顧みられないほど、「私」の驚きが大きかったことを示すため。
ウ ルントウに再会してからだいぶたち、記憶が薄れてきていることを示すため。
エ 「私」の態度を、できるだけ感情を交えずに客観的に描こうとしているため。

（　　）

5 よく出る ⑤悲しむべき厚い壁 とは、二人の間にできた何をたとえていますか。次から一つ選び、記号で答えなさい。 （10点）

ア 性格や態度の違い。　イ 思い出への思い入れの違い。
ウ 境遇や身分の違い。　エ 思想や信条の違い。

（　　）

6 ⑥これぞまさしく三十年前のルントウであった。とありますが、これはどういうことを表していますか。（　）に当てはまる言葉を書きなさい。 （15点）

シュイションが、三十年前のルントウに（　　）こと。

7 ⑦そんな他人行儀にする とありますが、これはどういうことを指していますか。 （15点）

（　　）

知識の泉 Q ——線を漢字で書くと？　幼少期をカエリみる。自らをカエリみる。

故郷 (2)

次の文章を読んで、問題に答えなさい。

教p.109・⑮〜111・⑲

私といっしょに窓辺にもたれて、暮れてゆく外の景色を眺めていたホンルが、ふと問いかけた。

「伯父(おじ)さん、僕たち、いつ帰ってくるの。」

「帰ってくる？　どうしてまた、行きもしないうちに、帰るなんて考えたんだい。」

「だって、シュイションが僕に、家へ遊びに来いって。」

大きな黒い目をみはって、彼はじっと考え込んでいた。

私も、私の母も、①はっと胸をつかれた。そして、話がまたルントウのことに戻った。母はこう語った。例の豆腐屋小町(こまち)のヤンおばさんは、私の家で片づけが始まってから、毎日必ずやって来たが、おととい、灰の山から碗(わん)や皿を十個余り掘り出した。あれこれ議論の末、それはルントウが埋めておいたにちがいない、灰を運ぶとき、いっしょに持ち帰れるから、という結論になった。ヤンおばさんは、この発見を手柄顔に、「犬じらし」（これは私たちのところで鶏を飼うのに使う。木の板に柵を取り付けた道具で、中に食べ物を入れておくと、鶏は首を伸ばしてついばむことができるが、犬にはできないので、見てじれるだけである。）をつかんで飛ぶように走り去った。纏足(てんそく)用の底の高い靴で、よくもと思うほど速かったそうだ。

②古い家はますます遠くなり、故郷の山や水もますます遠くなる。だが名残(なごり)惜しい気はしない。自分の周りに目に見えぬ高い壁があって、その中に自分だけ取り残されたように、気がめいるだけである。すいか畑の銀の首輪の小英雄の面影は、元は鮮明このうえなかったのが、今では急にぼんやりしてしまった。これもたまらなく悲しい。

母とホンルとは寝入った。

私も横になって、船の底に水のぶつかる音を聞きながら、今、自分は、自分の道を歩いているとわかった。思えば私とルントウとの距離は全く遠くなったが、若い世代は今でも心が通い合い、現にホンルはシュイションのことを慕っている。せめて彼らだけは、私と違って、互いに隔絶することのないように……とはいっても、彼らが一つ心でいたいがために、私のように、むだの積み重ねで魂をすり減らす生活を共にすることは願わない。また、ルントウのように、打ちひしがれて心が麻痺(ひ)する生活を共にすることも願わない。また、他の人のように、やけを起こして野放図に走る生活を共にすることも願わない。希望をいえば、彼らは新しい生活をもたなくてはならない。③私たちの経験しなかった新しい生活を。

希望という考えが浮かんだので、私はどきっとした。たしかルントウが香炉と燭台(しょくだい)を所望したとき、私は、相変わらずの偶像崇拝だな、いつになったら忘れるつもりかと、④心ひそかに彼のことを笑ったものだが、今私のいう希望も、やはり手製の偶像にすぎ

30分

自分の得点まで色をぬろう！

100点　80　60　0

合格！　もう一歩　がんばろう！

/100

解答 14ページ

ぬのではないか。ただ、彼の望むものはすぐ手に入り、私の望むものは手に入りにくいだけだ。

まどろみかけた私の目に、海辺の広い緑の砂地が浮かんでくる。⑤その上の紺碧の空には、金色の丸い月が懸かっている。思うに希望とは、もともとあるものともいえぬし、ないものともいえない。それは地上の道のようなものである。もともと地上には道はない。⑥歩く人が多くなれば、それが道になるのだ。

〈魯迅／竹内好 訳「故郷」による〉

1 ①はっと胸をつかれた　とありますが、その理由を示した次の文の（　）に当てはまる言葉を、文章中から抜き出しなさい。　10点×3（30点）

ホンルがシュイションを（　　）ことを知り、かつての「私」と（　　）との関係と同じだと思ったが、「私たち」はもう故郷に（　　）ことはないから。

2 よく出る ②古い家はますます遠くなり、故郷の山や水もますます遠くなる。とありますが、このとき、「私」はどのような気持ちでしたか。次から一つ選び、記号で答えなさい。（10点）

ア　故郷や故郷の人々に、隔たりを感じたことを後悔している。
イ　遠ざかる故郷を見て、急に去りがたい思いに駆られている。
ウ　故郷や故郷の人々に、再び会いに来ることを決意している。
エ　故郷や故郷の人々に、隔たりを感じて気持ちが沈んでいる。

（　　）

3 ③私たちの経験しなかった新しい生活　とありますが、「私たち」はどのような生活を経験してきたのですか。文章中から三つ抜き出しなさい。　10点×3（30点）

（　　）
（　　）
（　　）

4 レベルUP ④手製の偶像　とは、ここではどのようなものですか。次から一つ選び、記号で答えなさい。（10点）

ア　自分が作り出して、自分の中だけで信じているもの。
イ　実現はとうてい不可能だと自分でも思っているもの。
ウ　限られた人しか見ることのできない神秘的なもの。
エ　すぐ消えてしまうような、はかないもの。

（　　）

5 ⑤その上の紺碧の空には、金色の丸い月が懸かっている。とありますが、この光景が象徴していると考えられるものを、文章中から二字で抜き出しなさい。（10点）

（　　）

6 記述 ⑥歩く人が多くなれば、それが道になるのだ。とありますが、これはどういうことを言っているのですか。（　）に当てはまる言葉を考えて書きなさい。（10点）

同じ希望を抱く人が（　　）ということ。

知識の泉　Q「頁」のよび名は？

確認のワーク ステージ1

聞き上手になろう 質問で相手の思いに迫る
[推敲(すいこう)] 論理の展開を整える

学習のねらい
●話の展開に応じた質問をして、相手の思いや考えを引き出そう。
●論理の展開や内容に着目して、文章を整えよう。

解答 14ページ

☆基本問題 聞き上手になろう

次の対談の一部を読んで、問題に答えなさい。

太田　川合さんの座右の銘を教えてください。
川合　「小さいことを積み重ねることが、とんでもないところに行くただ一つの道」という、元プロ野球選手のイチローさんの言葉です。
太田　「とんでもないところに行く」というのは、つまり「大きな成果をあげる」という意味ですよね。この言葉が座右の銘になったのはなぜですか。
川合　私は、七歳から水泳を習っているのですが、これまでは順調に記録を伸ばしてきました。ですが、中学生になってからは記録が伸びず、すごくあせっていました。そんなとき、イチローさんの本で、この言葉に出会い、救われたのです。
太田　私も、ピアノをやっていてスランプに陥ったことがあるので、川合さんのあせる気持ちがよくわかります。川合さんはこの言葉に「救われた」とのことですが、具体的にどんな気持ちになったのですか。
川合　ああ、私は結果を出すことをあせっていた。すぐに結果が出なくてもいいから、こつこつと努力を積み重ねていこう……そんなふうに思ったら、気持ちが楽になりました。（後略）

1 つまり……意味ですよね と、太田さんが自分の言葉で言い換えたのは、何のためですか。次から二つ選び、記号で答えなさい。
ア 聴衆に、自分が話の内容を理解していることを示すため。
イ 聴衆に、話の内容をよく理解してもらうため。
ウ 川合さんに、話の内容がわかりづらいことを気づかせるため。
エ 話が伝わっていることを示し、川合さんが話しやすくするため。
オ 自分がもっていきたい方向に話を展開させるため。
（　　）（　　）

2 太田さんが、川合さんの話の内容を自分の体験と結び付けて話している一文を抜き出し、初めの五字を書きなさい。

攻略！ 太田さんは、川合さんや聴衆のために言い換えているんだよ。

3 よく出る この後の対談で、太田さんが用意した質問とは違う話の流れになった場合、太田さんはどうするのがよいですか。次から一つ選び、記号で答えなさい。
ア 用意した質問にとらわれず、話の流れに臨機応変に対応する。
イ 一旦話を中断し、用意していた質問を先にする。
ウ 話し手を誘導し、用意した質問ができるよう流れを戻す。
エ 話の流れに関わらず、聴衆に質問するように促す。
（　　）

知識の泉 A おおがい。 ひざまずいた人の頭部を強調した形から，「頁」となった。

基本問題 ［推敲］論理の展開を整える

次の文章を読んで、問題に答えなさい。

1 令和元年度の文化庁の調査によると、「国語が乱れている」と感じている人は約六割以上で、①乱れの要因が若者言葉だと考える人が六割、新語・流行語の多用だと考える人が三割を超えているが、私は、若者言葉や新語・流行語の使用を国語の乱れとは思わない。その理由は、二つある。

2 一つ目は、若者言葉や新語・流行語は、若者やその時代の人々の内面を表したものだからである。例えば、かつての若者言葉「ダサい」（「格好悪い」という意味）や「ナウい」（「今ふうである」という意味）は、今ふうであることが大事で、そこから外れたものを嫌う若者の気持ちを表している。このように、若者言葉や新語・流行語は、人々の内面を素直に表してくれる言葉なので、これらを使うのが「乱れ」とはいえない、と私は考える。二つ目は、流行はあっても言葉の根本は変わらないからである。一時的にある言葉が多用されたとしても、時がたち不要と判断されれば、やがては使われなくなる。SNSの普及で、文字によるコミュニケーションはよりいっそう重要になっている。必要な言葉は残り続けることを考えれば、若者言葉や新語・流行語を使っていても、なんら問題はないだろう。

3 以上のような理由から、私は、［　　］。けれども、若者だけに通用する言葉を公の場で使うことには賛成できない。言葉は、人と人とをつなぐ手段なので、②相手にきちんと伝わる言葉を使っていく。

1 ①乱れの要因が……思わない とありますが、この部分の中で事実を表す部分を抜き出しなさい。

（　　　　）

2 よく出る 2段落を二つのまとまりに分けるとき、後半はどこからになりますか。後半の初めの五字を抜き出しなさい。

［　　　　　］

3 2段落には、論の展開に直接関わらず、省いたほうがよい一文があります。その初めの五字を抜き出しなさい。

［　　　　　］

4 双括型の文章になるよう、［　］に当てはまる意見を文章中から三十字以内で抜き出し、初めと終わりの五字を書きなさい。

［　　　　　］～［　　　　　］

攻略！ 「双括型」とは、意見→根拠→意見という組み立ての文章のこと。

5 ②相手にきちんと伝わる言葉を使っていく を、自分の意見だとわかるように、文末を変えて書きなさい。

相手にきちんと伝わる言葉を（　　　　）。

知識の泉 Q ——線を正しく書き直すと？ 危機一発の状態を切り抜けた。

確認のワーク ステージ1

言葉2 慣用句・ことわざ・故事成語
漢字2 漢字の造語力／漢字に親しもう3

解答 15ページ　スピードチェック 7ページ

学習のねらい
●慣用句・ことわざ・故事成語を覚えよう。
●翻訳語・類義語・対義語・四字熟語の意味を覚えよう。

漢字

1 漢字の読み 読み仮名を横に書きなさい。

＊は新出漢字 ▼は新出音訓・◎は熟字訓

①＊猿（訓読み）　②＊虎▼穴　③＊呉越同舟　④＊契約
⑤＊猶予　⑥▼上せる　⑦消＊耗　⑧＊克明
⑨＊甚だしい　⑩＊憤慨　⑪凡＊庸　⑫不＊祥事
⑬＊漸増　⑭▼机上　⑮＊葛＊藤　⑯主＊宰

2 漢字の書き 漢字に直して書きなさい。

① 質実（ごうけん）
② （てんぷ）の才がある。
③ （しょみん）の生活。
④ 犯人を（たいほ）する。
⑤ （はいきぶつ）の処理。
⑥ 暴動を（ちんあつ）する。
⑦ 国家の（ちゅうすう）。
⑧ （じょじょう）詩を読む。

基本問題 言葉2

1 （　）に教科書の言葉を書き入れなさい。 教p.117〜118

慣用句	二つ以上の言葉が結び付き、もともとの言葉とは別の（①　）を表すもの。
ことわざ	古くから世間で言いならわされてきた、生活上の知恵や（②　）が込められた言葉。
故事成語	中国の古典に由来し、歴史的な事実や（③　）を基に作られた言葉。

2 よく出る 次の□に体に関係のある言葉を漢字一字で書き、慣用句を含む文を完成させなさい。

① 手際（てぎわ）のよい彼女の仕事ぶりに□を巻く。
② 一生懸命勉強して、ライバルの□を明かしてやるぞ。
③ 互いに□を割って話せば、きっとわかり合える。
④ 生徒会長の役目を終えて、□の荷が下りた。

知識の泉 A 危機一髪。「髪の毛一本ほどの差で危険が迫ること」。「絶体絶命」が類義。

3 次の――線の慣用句の使い方が正しいほうを選び、記号で答えなさい。

ア 彼は気が置けない人だから、深く付き合わないほうがよい。（　）
イ 昔からの友人である彼女は、気が置けない仲間だ。

攻略！ 余計な「気」を遣わないという意味から考える。

4 よく出る 次のことわざと似た意味のことわざを後から一つずつ選び、記号で答えなさい。

① 猫に小判（　）
② 転ばぬ先のつえ（　）
③ 猿も木から落ちる（　）
④ 弱り目にたたり目（　）

ア 河童（かっぱ）の川流れ　イ 濡（ぬ）れぬ先の傘
ウ 馬の耳に念仏　エ 泣き面（つら）に蜂

5 よく出る 次の故事成語の意味を後から一つずつ選び、記号で答えなさい。

① 漁夫の利（　）
② 杞憂（きゆう）（　）
③ 呉越同舟（　）
④ 温故知新（　）
⑤ 背水の陣（　）

ア 当事者が争う隙に、第三者が利益を得ること。
イ 取り越し苦労をすること。
ウ 仲の悪い者どうしが同じ場所にいること。
エ 後戻りできない覚悟で物事に取り組むこと。
オ 昔の事柄に学んで、新しい知識を得ること。

基本問題 漢字2

1 次の熟語の意味を下から選び、線で結びなさい。

① 象徴・　・ア 形のないものを具体的に表すこと。
② 文化・　・イ 全てのものに当てはまること。
③ 普遍・　・ウ 人間の精神の働きが生み出してきたもの。

2 次の――線の類義語を後から一つずつ選び、記号で答えなさい。

① 事件の背景を克明に調べる。（　）
② 平凡な作品が並ぶ。（　）
③ 独裁者を国から放逐する。（　）

ア 追放　イ 丹念　ウ 凡庸

3 よく出る 対義語になるように、下の□から漢字を選んで書き入れなさい。

① 抑制↔□進
② 理想↔□実
③ 保守↔□新
④ 令嬢↔令□

革　息
現　促

4 □に漢字二字を書き入れ、四字熟語を作りなさい。

① 和洋□□
② 用意□□

5 下の意味になるように、□に漢字一字を書き入れなさい。

① □目を集める…世間の注目を集める。
② 顔に□を塗る…相手の名誉を傷つけ、恥をかかせる。

攻略！ ①「ジ目」という熟語になる。

知識の泉 Q 「東奔西走」の意味は？

解答 16ページ　スピードチェック 9ページ　予想問題 136・137ページ

確認のワーク ステージ1

人工知能との未来
人間と人工知能と創造性

学習のねらい
- 人間と人工知能との関わりや、それぞれの特徴を捉えよう。
- 二人の筆者の考えを捉え、要旨をまとめよう。

漢字と言葉

1 漢字の読み　読み仮名を横に書きなさい。

＊は新出漢字　▼は新出音訓・◎は熟字訓

① ＊棋士

2 漢字の書き　漢字に直して書きなさい。

① 将棋の（きし）。

3 語句の意味　意味を下から選んで、線で結びなさい。

① 視座・　　・ア 物事を見る立場や姿勢、観点。
② 顕著・　　・イ 同じことが繰り返し起こる度合い。
③ 賜物（たまもの）・　　・ウ 特に目立つ様子。
④ 頻度・　　・エ あることから得られたよい結果。

教科書の要点

1 話題　二つの文章に共通する話題は、何ですか。（　）に教科書の言葉を書き入れなさい。　教p.124〜127

人間と（　　　　）との関わりについて。

2 要点　二つの文章では、人工知能について、それぞれどのような事例を挙げていますか。

●羽生善治（はぶよしはる）氏の文章　教p.124〜125

（①　　　）ソフトと棋士の間で起きている事象の例。

●松原仁（まつばらひとし）氏の文章　教p.126〜127

コンピュータに（②　　　）を書かせる試みの例。

3 筆者の考え　二人の筆者はそれぞれ、人工知能と共に生きていくために、人間に必要なのはどのようなことだと述べていますか。

●羽生善治氏の文章　教p.125

人工知能に全ての判断を委ねるのではなく、人工知能から（①　　　）や（②　　　）をつむいでいくこと。

●松原仁氏の文章　教p.127

人工知能が進歩していく中、人間もさまざまな（③　　　）を積んでバランスのとれた（④　　　）をもち、（⑤　　　）を養うこと。

二つの文章の共通点と相違点を捉えよう。

知識の泉　A　ある仕事や目的のためにあちこち走り回ること。〈例〉野球部の設立に東奔西走する。

4 構成のまとめ

（　）に言葉を書き入れなさい。（羽生氏の文章には1〜8、松原氏の文章には1〜9の段落番号を付けて読みましょう。）

●「人工知能との未来」　羽生 善治　教p.124〜125

	序論	本論	本論	結論
まとまり	課題	将棋ソフトの事例	人間はどうすべきか	新しい関係
段落	1段落	2〜4段落	5〜7段落	8段落
内容	●（①　　）が社会に浸透し始めた今、それに人間がどう向き合うかが課題。	●人工知能を搭載した将棋ソフト対して、棋士は（②　　）を覚えている。 理由 1（③　　）の過程がわからない。 2（④　　）がない。 ↓共に社会生活を営めるか確信がもてない。	●人工知能が社会のあらゆる場面で意思決定に関与するようになっても、人工知能の判断が常に正しいわけではない。 ↓人間は自分で思考し、（⑤　　）すべき。 ▼人工知能のリスクを危惧するより、人工知能から新たな思考や（⑥　　）をつむいで活用するほうが建設的。	▼人工知能が学習するいっぽうで、人間の側も人工知能から（⑦　　）。 ↓人間と人工知能が共に生きる、新しい関係。

●「人間と人工知能と創造性」　松原 仁　教p.126〜127

	序論	本論	結論
まとまり	筆者の研究	コンピュータに小説を書かせた事例	人間に必要な力とは
段落	1〜3段落	4〜8段落	9段落
内容	●筆者は、人工知能と（⑧　　）の関係について研究を重ねてきた。	●コンピュータに小説を書かせてわかったこと。 コンピュータのほうが得意なこと ・新しいことを速くたくさん思いつくこと。 ・（⑨　　）のないものをたくさん生み出すこと。 人間のほうが得意なこと ・たくさんの候補から見込みのありそうなものを選び出す「（⑩　　）」に基づく創造。 ↓人間とコンピュータは、（⑪　　）なことをそれぞれが分担し、（⑫　　）して物事に当たるとよい。	▼人間が得意とする評価を適切にこなすために、私たちはさまざまな経験を積んで、知識をもち、（⑬　　）を養うことが大切。

おさえよう

要旨　●羽生氏…人工知能が〔ア 衰退　イ 浸透〕し始めた社会では、人間は人工知能と〔ア 競い合い　イ 学び合い〕、共に生きる新しい関係を築いていくべきだ。●松原氏…人工知能が進歩していく中での人間の役割は「評価」であり、この能力を〔ア 伸ばす　イ 身につける〕ためには、経験を積んで知識を豊かにし、判断力を養うべきだ。

知識の泉　Q「非常に珍しいこと」という意味の四字熟語は？　□□未聞（みもん）

実力判定テストA ステージ2

人工知能との未来

30分

自分の得点まで色をぬろう!

100点 80 60 0

/100

解答 16ページ

★ 次の文章を読んで、問題に答えなさい。

教 p.124・下⑧〜125・下⑰

もう一つ、将棋ソフトを使う棋士の間でいわれるのは、人工知能には「恐怖心がない」ということです。人工知能はただただ過去のデータを基に次の一手を選ぶため、人間であれば危険を察知して不安や違和感を覚えるような手でも、平然と指してきます。私たち棋士は、①そこに恐怖を感じるのです。これを、例えば人工知能ロボットに置き換えてみると、どうでしょう。安心感や安定感など、人間が無意識に求める価値や倫理を共有していない相手と、安心して社会生活を営めるものでしょうか。私には正直、②確信がもてません。

膨大なデータと強大な計算力で最適解を導き出す人工知能。それに対し人間は、経験からつちかった「美意識」を働かせて物事を判断しているといえます。人工知能が社会のあらゆる場面で意思決定に関与するようになれば、人間の「美意識」にはとても受け入れがたい判断をすることもあるでしょう。また、将棋ソフトの評価値が実はそうであるように、③人工知能の判断が常に絶対的に正しいわけでもありません。つまり、私たち人間は、どこまで評価値の判断を参考にするかまで含めて、④選択肢を考えていくことが必要になります。そして、このような判断力は、普段から自分で考えることでしか、養われないのです。

人工知能が浸透する社会であっても、むしろそのような社会だからこそ、私たちは今後も自分で思考し、判断していく必要があるといえます。人工知能への違和感や不安を拭い去るのは難しいことですが、このような社会の到来が避けられない以上、人工知能をいわば「仮想敵」のように位置づけてリスクを危惧するより、今後どのように対応するかを考えていくほうが現実的ではないでしょうか。

さらにいえば、⑤人工知能は、うまく活用すれば人間にとって大きな力となるはずです。将棋ソフトは人間が考えもしない手を指すと述べましたが、それは、自分の視座が変わるような見方を教えてくれるということでもあります。「自分はこう思うが、人工知能はどう判断するのか。」と、あくまでセカンドオピニオンとして人工知能を使っていく道もあるでしょう。また、人工知能が出した結論を基に、それが導き出された過程を分析し、自分の思考の幅を広げていく道もあるはずです。人工知能に全ての判断を委ねるのではなく、人工知能から新たな思考やものの見方をつむいでいこうとする発想のほうが、より建設的だと思います。

実際、将棋界では既に、人工知能が提示したアイデアを参考に新しい手が生み出されたり、そこから将棋の技術が進歩したりするケースが多く起こっています。人工知能によって人間の「美意識」そのものが変わっている顕著な事例だといえるでしょう。人工知能が学習するいっぽうで、人間の側も人工知能から学ぶ。人間と人工知能が共に生きる時代の、新しい関係がそこにあるように思います。

〈羽生善治「人工知能との未来」による〉

1 ①そこに恐怖を感じる　とありますが、棋士は人工知能のどのようなところに恐怖を感じるのですか。（　）に当てはまる言葉を、文章中から抜き出しなさい。　5点×3（15点）

人工知能には（　　）がないため、将棋において人間なら（　　）を覚えるような手でも、（　　）と指してくるところ。

2 ②確信がもてません　とありますが、筆者はどのようなことに確信がもてないのですか。□に当てはまる言葉を、文章中から抜き出しなさい。　10点×2（20点）

□を共有していない人工知能と人間が、安心して□かということ。

3 よく出る ③人工知能の判断　とありますが、人工知能と人間は、それぞれどうすることによって物事を判断しますか。　15点×2（30点）

・人工知能（　　）

・人間（　　）

4 ④選択肢を考えていくことが必要　とありますが、「選択肢」とはどういうことですか。次から一つ選び、記号で答えなさい。（10点）

ア　自分よりも優秀な人工知能に勝てるかどうかということ。
イ　人工知能と共に社会生活を営めるかどうかということ。
ウ　人工知能の判断を全て受け入れた後どうするかということ。
エ　人工知能の判断にどう向き合いどこまで受け入れるのかということ。

（　　）

5 ⑤人工知能は……大きな力となるはず　とありますが、筆者はどのような活用のしかたがよいと述べていますか。最も具体的に書かれている部分を、「……活用の仕方。」につながるように、文章中から二十八字で抜き出し、初めと終わりの五字を書きなさい。（10点）

□～□活用のしかた。

6 よく出る この文章で、筆者はどのような主張をしていますか。次から一つ選び、記号で答えなさい。（15点）

ア　人間は人工知能には到底かなわないので、なるべく人工知能の判断に従うように努めるべきだ。
イ　人間が人工知能の判断を正確に理解し受け入れるためには、自分で考え判断する必要がある。
ウ　人間が人工知能と共に生きていくためには、人工知能から学びながら、自分で考え判断することが大切だ。
エ　人間は不安の残る人工知能を頼ることは控え、自分で考え判断することで明るい未来を築けるはずだ。

（　　）

攻略！「……といえます。」「……思います。」などの文末表現に着目。

知識の泉　Q　——線の使い方は○か×か？　気が置けない友人と遊ぶのは疲れる。

実力判定テストB ステージ3

人間と人工知能と創造性

30分

自分の得点まで色をぬろう！ /100

解答 17ページ

★ 次の文章を読んで、問題に答えなさい。

教 p.126・下⑩〜127・下⑳

1 コンピュータに小説を書かせる研究を進めてきて、①わかってきたことがある。

2 ②創造性は新しいことを思いつく能力だと書いたが、今までにないことを思いつくだけであれば、むしろコンピュータのほうが人間よりも得意である。我々の研究によれば、コンピュータは一時間に十万作の小説を書くことが可能だ。どれも似たり寄ったりの内容だ（しかも、まだあまりおもしろくない）が、表面上は異なる作品である。人間の作家は、いくら速くてもこんなペースで作品を作ることはできない。

3 また人間の思いつきは、自由に発想しようとしてもどうしても偏りが出る。もっている知識やそれまでの経験に影響を受けてしまうのだ。その点、コンピュータは偏りのないものをたくさん生み出すことが得意である。例えば数字をばらばらに書いていくという作業をさせると、人間は偏りが生じて同じパターンに陥ってしまうが、コンピュータは各数字が等しい出現頻度になるように書き続けることができる。

4 いっぽうで、コンピュータにとって難しいのは、たくさんの作品の中から優れたものを選ぶことである。人間の創造性について考えてみよう。多くの場合、新しく思いつくことのほとんどは使いものにならない。新しいつもりでも誰かが既にやっていたことであったり、全く意味のないことであったりする。人間はそれらの中から見込みがありそうなものだけを、おそらくは無意識のうちに選んでいるのである。たくさんの候補の中から見込みのありそうなものだけを選び出す作業のことを「評価」とよぶことにする。人間のすばらしい創造性は、この評価の部分に基づいている。何をよいとするか、おもしろいとはどういうことか。コンピュータにはこの評価が難しいのである。

5 ここに、人間と人工知能の関係の中で人間が果たすべき役割を考えるヒントがあると思う。人間とコンピュータは得意なことが異なる。したがって、③それぞれが得意なことを分担し、共同して物事に当たるのがよい。例えば、創造的な活動においても、コンピュータがアイデアをたくさん出し、人間がそれらを評価して具体的な完成品にしていくのが、（限られた時間内に一定水準以上のものを作るという意味では）生産性が高くなるはずである。また、人間と人工知能が協力して創作することで、新しい価値を生み出すこともできるかもしれない。

6 人工知能はこれからも進歩していく。しかし、コンピュータが苦手とし、人間のほうが得意とすることは依然として残り続ける。コンピュータはよりたくさんの候補を作れるようになっていくだろう。だから人間も、これまで以上に④評価の能力を伸ばさないといけない。評価を適切にこなすためには、さまざまな経験を積んでバランスの取れた知識をもち、何がよくて何が悪いかの判

知識の泉 A ×。「気が置けない」＝気遣いの必要がなく，心から打ち解けられること。

断力を養うことが大切だ。それが、これからの時代に必要な力である。

〈松原(まつばら) 仁(ひとし)「人間と人工知能と創造性」による〉

1 ①わかってきたこと について書かれているのは、2段落から何段落までですか。段落番号で答えなさい。（10点）

段落

2 ②創造性 について答えなさい。

(1) この能力において、コンピュータが人間よりも得意なのはどのようなことですか。「……こと。」につながるように、十五字以内で二つ書きなさい。10点×2（20点）

こと。

こと。

(2) よく出る 創造性という能力において、人間がコンピュータより得意な作業を文章中から三十字以上三十五字以内で抜き出し、初めと終わりの五字を書きなさい。完答（15点）

〜

3 ③それぞれが……当たるのがよい とありますが、筆者がこのように考えるのはなぜですか。（　）に当てはまる言葉を、文章中から抜き出しなさい。5点×2（10点）

（　）が高くなったり、（　）を生み出したりすることもできるかもしれないと考えるから。

4 ④評価の能力を伸ばさないといけない について答えなさい。

(1) 記述 人間が評価の能力を伸ばさないといけないのは、なぜですか。書きなさい。（15点）

（　）

(2) よく出る 筆者は、「評価」の能力を伸ばすために、人間はどのような力を養うべきだと述べていますか。（　）に当てはまる言葉を、文章中から抜き出しなさい。5点×3（15点）

さまざまな（　）を積んで得たバランスの取れた（　）に裏づけされた、物事のよし悪(あ)しを見極める（　）。

5 レベルUP 人間と人工知能とのこれからの関係について、筆者はどのように考えていますか。次から一つ選び、記号で答えなさい。（15点）

ア 人間と人工知能は関わりをもたずに、おのおのが得意分野を生かした仕事をしていくべきだ。

イ 人間は、得意とする判断の力を伸ばして人工知能の上に立ち、自在に操れるようにすべきだ。

ウ 人間と人工知能がそれぞれの得意なことをにない、協力して物事に取り組んでいくべきだ。

エ 人間は、人工知能の力を借りながら、人間が得意とする創造の能力をより高めていくべきだ。

（　）

知識の泉 Q「雨垂れ石をうがつ」と意味の近い熟語はどっち？　ア＝油断　イ＝根気

多角的に分析して書こう 説得力のある批評文を書く
漢字に親しもう4

学習のねらい
- 対象について、観点を決めて分析する方法を学ぼう。
- 説得力のある批評文の書き方を捉えよう。

解答 17ページ ｜ スピードチェック 9ページ

漢字

1 漢字の読み 読み仮名を横に書きなさい。

*は新出漢字 ▼は新出音訓・◎は熟字訓

①*褐色 ②*脊*椎 ③*亜熱帯 ④*勾配
⑤山*麓 ⑥苦*杯 ⑦*詠唱 ⑧郷*愁
⑨哀*悼 ⑩怠*惰 ⑪戦*慄 ⑫子▼守り
⑬▼声色 ⑭岩▼室 ⑮耳▼鼻科 ⑯▼迷路

2 漢字の書き 漢字に直して書きなさい。

①（さんろく）まで歩く。 ②（こはん）で休む。
③（くはい）をなめる。 ④飛行機が（せんかい）する。
⑤（かっしょく）の飲み物。 ⑥（あいとう）の意を表する。
⑦（たいだ）な生活。 ⑧（ほのお）が上がる。

教科書の要点 多角的に分析して書こう

1 批評文とは （　）に教科書の言葉を書き入れなさい。 教p.130

批評文とは、対象とする事柄の特性や（　）などについて（　）をもって論じたり（　）したりした文章である。

2 批評文の書き方 説得力のある批評文を書くためにはどうすればよいですか。［　］から言葉を選び、（　）に書き入れなさい。 教p.130〜133

- 取り上げた題材を分析するために、（①　）ごとに問いを出す。
- 判断や評価の（②　）を明確にして、（③　）を工夫する。
- 自分の考えを補強するために、資料を適切に引用し、（④　）を明記する。引用する場合は、（⑤　）を使用するなどして、自分の文章とは区別する。
- 意見や根拠を述べる順序を考え、説得力のある（⑥　）の展開を工夫する。

［出典　表現　観点　かぎ　論理　根拠　傍線］

基本問題　多角的に分析して書こう

次の文章は、教科書130ページの広告に対する批評文です。教科書の広告を見ながら批評文を読んで、問題に答えなさい。

教 p.132〜133

[1]　この広告がいちばん伝えたいことは何か。それは、「学び」の形の豊かさである。

[2]　「学び」というと、すぐに浮かぶのは学校での「勉強」だろう。教室、机、先生、黒板、ノート、鉛筆などがそろった所で「勉強」は成立するのだというイメージが私たちにはある。

[3]　そのイメージをもっと柔軟に、広く捉えてみてはどうかと、この広告は語りかけている。「勉強」に新しい視点を加えてみると、そこには「学び」という豊かな世界が広がっている。「学び」は固定された環境の中で成立するものではなく、もっと身近で手の届くところにあるのだということであろう。

[4]　制作者はその「学び」の身近さを表現するのに、商店街の一角を選んだ。私たちの日常を支えてくれる街の人々やあらゆるものは、実は「先生」でもあったのだという「発見」を伝えようとしている。広告の中の人物や猫は、キャッチコピーにある「となりには先生がいっぱい」を象徴する存在として登場するのである。年齢も性別も立場も、さらには、人間かどうかも問わない「先生」の存在を提示している。

〈「多角的に分析して書こう」による〉

1　[2]段落の効果について説明した次の文の（　）に当てはまる言葉を、後の□から選び、書き入れなさい。

（　　　　）を入れることで、この広告が（　　　　）で作られていることを強調している。

新たな視点　反対論　一般論　受け手の視点

2　筆者は[4]段落で、どのような観点で広告を分析し、自分の考えを深めていますか。次から二つ選び、記号で答えなさい。

ア　写真の大きさ　イ　キャッチコピー
ウ　制作者の意図　エ　時代性　オ　資料の的確さ

（　）（　）

3　攻略！ [4]段落に着目しよう。筆者はこの段落で具体的に分析している。

「伝えようとしている」と同じように、制作者のメッセージについて述べている一文を[3]段落中から抜き出し、初めの五字を書きなさい。

□□□□□

4　よく出る　この批評文の構成や工夫として当てはまるものを次から全て選び、記号で答えなさい。

ア　本の文章を引用して、自分の考えに説得力をもたせている。
イ　受け手の批判的な反応を示して、自分の考えを説明している。
ウ　言い換えの表現を用いて、自分の分析をわかりやすく説明している。
エ　自分の考えを批評文の初めに簡潔に示している。
オ　筆者自身の体験を示し、自分の考えを補強している。

（　　　　）

知識の泉　Q 「突然の出来事に驚く」のはどっち？　ア＝寝耳に水　イ＝立て板に水

確認のワーク ステージ1

[議論] 話し合いを効果的に進める

合意形成に向けて話し合おう　課題解決のために会議を開く

学習のねらい
- 話し合いを効果的に進めるための注意点を学ぼう。
- 合意形成に向けた話し合いのしかたを学ぼう。

解答 18ページ

基本問題　[議論] 話し合いを効果的に進める

☆ 次は、合唱祭で歌うクラスの曲を決めるための話し合いです。話し合いの一部を読んで、問題に答えなさい。

飯田(いいだ)　私は、先生が挙げてくださった候補の中から選んで決めるのがよいと思います。有名な曲の中から手早く選べるからです。

山下　クラスの皆で何度も歌う曲になるので、候補の曲も自分たちで選んで、その中から決めたいです。過去五年間の合唱祭の優勝曲から選ぶのはどうでしょうか。優勝曲なので、歌いやすくて盛り上がると思います。

森村　自分たちで選んだ候補の曲の中から決めるのは賛成ですが、単に歌いやすさとか盛り上がりだけで決めないほうがよいと思います。歌詞の内容が心に響くかどうかで選ぶのがよいのではないでしょうか。

竹中　では、過去十年間の優勝曲の中から、私たちのクラスにぴったりな歌詞の内容の曲を選ぶのはどうですか。きっとよい曲が見つかり、皆の気持ちも高まるのではないでしょうか。

相川　ところで、伴奏者はどうしますか。練習期間のことを考えると、早く決めたほうがよいですよね。(後略)

1 山下さんと森村さんの意見の共通点と相違点を書きなさい。

・共通点
(　　　　)

・相違点
(　　　　)

攻略! 相違点は、「山下さんは…だが、森村さんは…。」という書き方にしよう。

2 竹中さんの発言の説明に当てはまるものを次から一つ選び、記号で答えなさい。

ア　議論を一旦終わらせて、新たな議題について提案している。
イ　これまでの話の論点を踏まえて、新たな提案をしている。
ウ　これまでの発言で詳しく知りたいことを質問している。
エ　これまでの論点とは異なる論点について話している。(　　)

3 相川さんの――の発言についてまとめた次の文の(　)に当てはまる言葉を、後の[　]から選び、書き入れなさい。

――の発言の内容は、それまでの論点よりも、より(①　　　　)論点なので、(②　　　　)話し合うべきである。

[大きな　具体的な　先に　後で]

知識の泉 **A** ア。「立て板に水」＝すらすらとよどみなく話す様子。

教科書の要点　合意形成に向けて話し合おう

1 話し合いの方法　ブレーンストーミングとは、どのような話し合いの方法ですか。次から一つ選び、記号で答えなさい。 教p.137

ア　立場の異なる発表者が討論し、聴衆も加わり考えを深める。
イ　一つのテーマについて、メンバーを変えながら話し合う。
ウ　テーマに対して対立する二つの立場から相手を説得し合う。
エ　実現性などは気にせず、思いついたアイデアを自由に述べる。

（　　）

2 ブレーンストーミング　ブレーンストーミングでは、どのような点に注意すべきですか。（　）に教科書の言葉を書き入れなさい。 教p.137

ブレーンストーミングは（①　　）を多く出すための話し合いなので、意見を（②　　）しないことと、（③　　）を求めないことという点に注意する。

基本問題　合意形成に向けて話し合おう

★ **次のA〜Dは、バレーボール部の三年生が、「部活の最終日に後輩に向けてしたいこと」という議題で話し合ったときに出た提案です。これについて、後の問題に答えなさい。**

A　三年生対一、二年生で、本番さながらの試合を行う。
B　ボールの生地を使った本格的なキーホルダーを作って渡す。
C　練習中の写真に、改善点などのアドバイスを書き添えて渡す。
D　お菓子やジュースを用意して、全部員でおしゃべり会をする。

1　共通点から提案を分類すると、AとDにはどのような共通点がありますか。考えて書きなさい。

（　　）

2　「後輩のプレーの向上に役立つか」という観点から検討した場合、どの提案がふさわしいですか。全て選び、記号で答えなさい。

（　　）

3　次は、提案を検討したときの田中さんと山本さんの発言です。合意が形成されるように、（　）に当てはまる言葉を考えて書きなさい。

田中さん：当日までの日数が少ないことを考えると、事前に（①　　）が必要なBとCの案は間に合わない可能性があります。また、学校のルールでお菓子は禁止なので、Dはできませんね。実現性が高いのはAの案ではないでしょうか。

山本さん：そうですね。ただ、Aはその場限りの思い出になってしまいます。Cの「アドバイスを書き添えて渡す」なら、後輩が（②　　）ことができます。試合をしている間に、プレーをしていない三年生がその場でアドバイスをカードに書き込んで渡すのはどうでしょうか。

攻略！ 山本さんは、AとCの案のよいところを組み合わせているよ。

知識の泉　Q「灯台（昔の照明器具）の真下が暗かったこと」からできたことわざは？

確認のワーク ステージ1 音読を楽しもう 初恋

学習のねらい
●七五調のリズムを味わおう。
●詩に描かれた情景を読み取ろう。

解答 18ページ スピードチェック 10ページ

漢字

1 漢字の読み 読み仮名を横に書きなさい。

＊は新出漢字 ▼は新出音訓・◎は熟字訓

❶ 初＊恋

教科書の要点

1 詩の種類 この詩に合うほうに○を付けなさい。

この詩は、用語で分類すると、昔の書き言葉で書かれているので、{ア 文語詩 イ 口語詩}であり、形式で分類すると、各行の音数が七音と五音で書かれているので、{ア 定型詩 イ 自由詩}である。

2 詩の特徴 （　）に言葉を書き入れなさい。 教 p.140〜141

●（①　　）…「初めし（そめし）」という言葉が、第一・二・四連に繰り返されている。

●対比…第二連で、「白き手」という言葉と「（②　　）の実」という言葉が、色彩の対比を作り出している。

3 構成のまとめ （　）に教科書の言葉を書き入れなさい。 教 p.140〜141

連		内容
一	「君」との出会い	●林檎（りんご）の木の下で、「われ」は（①　　）を結いあげ始めたばかりの少女と出会う。
二	恋の始まり	●少女は白い手を伸ばして、林檎を「われ」にくれた。
三	恋がかなった喜び	●「われ」の（②　　）が少女の髪の毛にかかる。…寄り添う二人の姿
四	恋心の高まり	●二人が何度も通ううちに、林檎畠（ばたけ）の樹（こ）の下（した）に（③　　）が自然にできていた。

おさえよう

主題 少年は、林檎畠で出会い、林檎の{ア 実 イ 花}をくれた少女に恋をした。林檎畠でつむぎ出される若い男女の初恋の喜びを、{ア 五七調 イ 七五調}のリズムに乗せて率直に描いている。

基本問題

☆ 次の詩を読んで、問題に答えなさい。

教 p.140〜141

初恋

島崎(しまざき) 藤村(とうそん)

まだあげ初(そ)めし前髪の
林檎(りんご)のもとに見えしとき
前にさしたる花櫛(はなぐし)の
①花ある君と思ひけり

やさしく白き手をのべて
林檎をわれにあたへしは
薄紅(うすくれなゐ)の秋の実に
人こひ初めしはじめなり

わがこころなきためいきの
その髪の毛にかかるとき
②たのしき恋の盃(さかづき)を
君が情(なさけ)に酌(く)みしかな

林檎畠(ばたけ)の樹(こ)の下(した)に
おのづからなる細道は
誰(た)が踏みそめしかたみぞと
③問ひたまふこそこひしけれ

1 よく出る ①花ある君 とは、どういう意味ですか。次から一つ選び、記号で答えなさい。

ア 花を愛している君　イ 花模様の着物を着た君
ウ 花のように美しい君　エ 花を摘んでいる君
（　　）

2 よく出る 「君」がくれた林檎のことを表している言葉を、詩の中から抜き出しなさい。
（　　）

3 ②たのしき恋の盃を／君が情に酌みしかな には、「われ」のどのような心情が表現されていますか。次から一つ選び、記号で答えなさい。

ア 「君」の気持ちが知りたいという願望。
イ 「君」と気持ちが通い合った喜び。
ウ 「君」と盃を交わす楽しさ。
エ 「君」に気持ちが届かない切なさ。
（　　）

4 ③問ひたまふ について答えなさい。

(1) 「君」が尋ねた内容に当たる部分を詩の中から抜き出し、初めと終わりの三字を書きなさい。

□□□ 〜 □□□

(2) (1)のように尋ねられたときの「われ」の気持ちを、次から一つ選び、記号で答えなさい。

ア 林檎畠の樹の下で親しく語り合った頃の君がなつかしい。
イ 林檎畠の細道はなぜできたのかと尋ねる君が滑稽だ。
ウ 林檎の実を二人の愛の記念として手渡した君が悲しい。
エ 二人の恋の道筋を親しみを込めて尋ねる君がいとしい。
（　　）

攻略！ 「おのづから」は「自然」に、「かたみ」は「思い出の跡」という意味。

知識の泉 Q ――線の使い方は○か×か？ 情けは人のためならずだから，手伝わない。

解答 19ページ スピードチェック 10・17ページ 予想問題 138ページ

確認のワーク ステージ1 和歌の世界／音読を楽しもう 古今和歌集 仮名序 君待つと――万葉・古今・新古今

学習のねらい
●三大歌集の特徴や歴史的背景を理解しよう。
●表現の効果について考え、和歌に詠まれた心情や情景を読み取ろう。

漢字

1 漢字の読み　読み仮名を横に書きなさい。
＊は新出漢字 ▼は新出音訓・◎は熟字訓

❶ 古▼今　❷ ▼衣(訓読み)　❸ ▼貴い　❹ 玉の＊緒

2 漢字の書き　漢字に直して書きなさい。

❶ げたの（お）を結ぶ。

教科書の要点

1 各歌集の特色　（　）に教科書の言葉を書き入れなさい。　教 p.144〜145

歌集	特徴	成立	撰者
万葉集	●現存する日本（①）の歌集。 ●約四千五百首。	奈良時代末頃	大伴家持（おおとものやかもち）
古今和歌集	●醍醐（だいご）天皇の勅命（ちょくめい）による日本最初の勅撰（ちょくせん）和歌集。 ●約千百首。	（③）時代初期	紀貫之（きのつらゆき）ら四人
新古今和歌集	●（②）上皇の命による勅撰和歌集。 ●約千九百八十首。	（④）時代初期	藤原定家（ふじわらのさだいえ）ら六人

歌集	作品
万葉集	●天皇や貴族の他、兵士や農民などの広い階層の人々の（⑤）な歌が多い。
古今和歌集	●（⑥）を凝らした、繊細で優美な歌が多い。
新古今和歌集	●自然美や繊細な感情を、（⑦）的に表現した歌が多い。

和歌を読むときに、各歌集の特徴を意識してみよう。

2 仮名序　（　）に教科書の言葉を書き入れなさい。　教 p.146〜147

●「仮名序」……「（①）」の序文。紀貫之が書いたとされ、文字は（②）で書かれている。（③）を「やまとうた」とよび、その本質を植物の種と葉にたとえて説明している。

知識の泉 A ×。 正しい意味は「人に親切にしておけば，自分によい報いがある」。

3 和歌の種類と形式　（　）に言葉を書き入れなさい。　教p.149

和歌には、長歌と短歌がある。

●長歌……五音・七音を繰り返し、最後を多くは（①　）音・（②　）音で結ぶ。長歌の後には、普通、（③　）とよばれる短歌を詠み添える。（③）は長歌の意味を要約したり、補足したりする。

●短歌……五・七・五・七・七の（④　）音から成る。現在では、和歌といえば、短歌を指す。

4 和歌の表現方法　（　）に教科書の言葉を書き入れなさい。　教p.153

●枕詞……後に続く特定の語句を修飾し、（①　）調のリズムを整える働きをする。多くの場合、五音から成る。普通は現代語訳を（②　）。

例　春過ぎて夏来るらし白たへの衣干したり天の香具山
「白たへの」は「衣」にかかる枕詞

●序詞……枕詞と同じようにある語句を導く働きがあるが、後に続く語句は定まっていない。内容を（③　）に表す役割があり、省略せずに現代語に（④　）。

例　多摩川にさらす手作りさらさらに何そこの児のここだ愛しき
「多摩川に……手作り」が「さらさらに」を導く序詞

●掛詞……「聞く―菊」「眺め―長雨」のように、一つの語に二つ以上の（⑤　）の語の意味を重ねる技法。

5 係り結び　（　）に言葉を書き入れなさい。

「係り結び」とは、「や・か・（①　）・なむ・こそ」などの（②　）の助詞が用いられると、文末（結びの部分）が変化するという決まり。疑問・反語・（③　）の意味を表す。

例　人はいさ心も知らずふるさとは花ぞ昔の香ににほひける
「けり」→「ける」と変化した

6 和歌の鑑賞　（　）に教科書の言葉を書き入れなさい。　教p.148〜150

●「君待つと……」の歌
→あなたのおいでを待って私が（①　）思っておりますと、私の家の戸口のすだれを動かして、秋の風が吹いております。
我が恋ひ居れば

●「憶良らは……」の歌
→私、憶良めは、もう退出しましょう。家では（②　）が泣いておりましょう。その子の母親も私を待っていることでしょう。
子泣くらむ

●「父母が……」の歌
→父母が頭をなでて、（③　）でいるように、と言った言葉が忘れられない。
幸くあれて

●「新しき……」の歌
→新しい年の初めの、正月の今日降る雪のように、もっと積もれ、（④　）よ。
吉事

知識の泉　Q　次のことわざの□に当てはまる漢字は？　亀の□より年の□

和歌の世界／音読を楽しもう 古今和歌集 仮名序
君待つと——万葉・古今・新古今

30分

自分の得点まで色をぬろう！ 100点 80 60 0 /100

解答 19ページ

1 次の文章を読んで、問題に答えなさい。 教 p.146〜147

①やまとうた（和歌）は、人の心を種として、
よろづの言（こと）の葉とぞなれりける。
世の中にある人、ことわざ繁（しげ）きものなれば、（さまざまな出来事に関わっているので）
心に思ふことを、
見るもの、聞くものにつけて、②言ひ出（いだ）せるなり。
花に鳴く鶯（うぐひす）、水にすむ蛙（かはづ）の声を聞けば、
生きとし生けるもの、（生きている全てのものの）
③いづれか歌をよまざりける。
力をも入れずして、天地（あめつち）を動かし、（天地の神々の心を動かし）
目に見えぬ鬼神（おにがみ）（精霊たち）をも、あはれと思はせ、（しみじみとさせ）
男女（をとこをんな）のなかをも和らげ、（親しいものとし）
猛（たけ）き（勇猛な）武士（もののふ）の心をも、慰（なぐさ）むる（和らげる）は④歌なり。

〈「古今和歌集 仮名序」による〉

1 よく出る 「仮名序」は、Ⅰ…何の序文として書かれたものですか。また、Ⅱ…誰によって書かれたとされていますか。それぞれ漢字で書きなさい。 5点×2（10点）

Ⅰ…（　　） Ⅱ…（　　）

2 よく出る ①やまとうたは、人の心を種として、／よろづの言の葉とぞなれりける。とありますが、ここでは、何を植物にたとえていますか。（　）に当てはまる言葉を、文章中から抜き出しなさい。 5点×2（10点）

・①（　　）を植物の葉にたとえている。
・②（　　）を植物の種にたとえている。

攻略！ 植物に関する言葉は、「種」と「葉」の二つ。

3 ②言ひ出せるなり の主語を次から一つ選び、記号で答えなさい。（5点）

ア 鶯や蛙　イ 生きとし生けるもの
ウ 世の中にある人　エ 筆者

（　　）

4 ③いづれか歌をよまざりける について答えなさい。

(1) 「いづれか」の「か」は係りの助詞で、これを用いると受ける部分の形が変化します。この決まりを何といいますか。（5点）

（　　）

A 甲・功。「年長者の経験は尊い」という意味。

(2) 現代語訳として適切なものを次から一つ選び、記号で答えなさい。（5点）

ア どれを歌に詠んだらよいのだろうか、いや、どれでもない。
イ どうして歌を詠もうとしないのだろうか。
ウ どれが歌を詠まないだろうか、いや、全てが詠むのだ。
エ 全てが歌を詠むとは限らない。
（　　）

5 ④歌なり とありますが、何をどうするのが歌であると述べていますか。現代語で四つ書きなさい。5点×4（20点）

・（　　）のが歌である。
・（　　）のが歌である。
・（　　）のが歌である。
・（　　）のが歌である。

攻略！ 対句になっている部分に着目しよう。

6 この文章を前半と後半に分けます。

(1) 後半はどこから始まりますか。行の初めの五字を抜き出しなさい。（5点）
□□□□□

(2) 前半と後半の内容を次から一つずつ選び、記号で答えなさい。5点×2（10点）

ア 和歌の作り方　イ 和歌の本質
ウ 和歌の効用　エ 和歌の歴史

前半（　　）　後半（　　）

---

2 次の和歌の鑑賞文を後から一つずつ選び、記号で答えなさい。6点×5（30点）

教 p.148〜152

A 春過ぎて夏来るらし白たへの衣干したり天の香具山　持統天皇

B 君待つと我が恋ひ居れば我が屋戸のすだれ動かし秋の風吹く　額田王

C 新しき年の初めの初春の今日降る雪のいやしけ吉事　大伴家持

D 思ひつつ寝ればや人の見えつらむ夢と知りせば覚めざらましを　小野小町

E 道の辺に清水流るる柳かげしばしとてこそ立ちどまりつれ　西行法師

〈「君待つと――万葉・古今・新古今」による〉

ア かすかな風にも心を動かされる、恋人を待つ繊細な気持ちが表現されている。
イ 夏の旅の途中、少し休もうと思って立ち止まった木陰のあまりの涼しさに、思わず長い時を過ごす様子が詠まれている。
ウ 降り積もる雪のように、めでたいことが重なるように願っている、新年を祝う歌である。
エ 恋人に夢の中で会えたうれしさと、夢から覚めたことを惜しむ言葉が、作者の切ない恋心を表している。
オ 夏の到来を、若葉がもえる山に白い衣が干してある光景から感じている。

A（　　）　B（　　）　C（　　）　D（　　）　E（　　）

知識の泉 Q「隠していたことが明らかになる」という意味のことわざは？　馬脚を□

実力判定テストB　ステージ3

和歌の世界／音読を楽しもう 古今和歌集 仮名序
君待つと――万葉・古今・新古今

30分

自分の得点まで色をぬろう！ 100点 80 60 0　/100

解答 20ページ

1 次の和歌を読んで、問題に答えなさい。

教 p.148〜149

A　春過ぎて①夏来るらし白たへの衣干したり天の香具山　持統天皇

B　東の野に炎の立つ見えてかへり見すれば月傾きぬ　柿本人麻呂

C　天地の　分かれし時ゆ　神さびて　高く貴き　駿河なる　富士の高嶺を　天の原　振り放け見れば　渡る日の　影も隠らひ　照る月の　光も見えず　白雲も　い行きはばかり　時じくそ　雪は降りける　②語り継ぎ　言ひ継ぎ行かむ　富士の高嶺は　山部赤人

D　田子の③浦ゆうち出でて見れば真白にそ富士の高嶺に雪は降りける

〈「君待つと――万葉・古今・新古今」による〉

1 A・B・Dの歌から、Ⅰ…字余りの歌、Ⅱ…体言止めの歌を一つずつ選び、それぞれ記号で答えなさい。5点×2（10点）

Ⅰ…（　）　Ⅱ…（　）

2 ①夏来るらし　の現代語訳を書きなさい。（5点）

（　）

3 Bの歌に歌われている情景は、一日のうちのいつ頃ですか。（10点）

（　）

4 よく出る Cの歌について答えなさい。

(1) この歌の形式を何といいますか。（5点）

（　）

(2) 歌に詠まれている情景を次から一つ選び、記号で答えなさい。（5点）

ア　自然と共に人間を見守る富士山の優しい姿。
イ　自然さえも圧倒する富士山の神々しい姿。
ウ　天と地を分けるほどの富士山の荒々しい姿。
エ　何ものも寄せつけない富士山の厳しい姿。

（　）

(3) ②語り継ぎ　言ひ継ぎ行かむ　富士の高嶺は　に使われている表現方法を次から一つ選び、記号で答えなさい。（5点）

ア　直喩　イ　体言止め
ウ　倒置　エ　隠喩

（　）

5 よく出る Dの歌について答えなさい。

(1) Dの歌は、Cの歌の何に当たりますか。漢字二字で書きなさい。（5点）

（　）

(2) ③ゆ　の意味を次から一つ選び、記号で答えなさい。（5点）

ア　……を通って　イ　……において
ウ　……以来　エ　……まで行くと

（　）

知識の泉　**A　あらわす。**　芝居で馬の脚の役をしていた人がうっかり正体を見せてしまったことから。

2 次の和歌を読んで、問題に答えなさい。 教p.150〜152

A 人はいさ心も知らずふるさとは花ぞ昔の香ににほひける　紀貫之

B 見わたせば花も紅葉もなかりけり浦の苫屋の秋の夕暮　藤原定家

C 秋来ぬと目にはさやかに見えねども風の音にぞおどろかれぬる　藤原敏行

D 多摩川にさらす手作りさらさらに何そこの児のここだ愛しき　東歌

E 玉の緒よ絶えなば絶えねながらへば忍ぶることの弱りもぞする　式子内親王

F 思ひつつ寝ればや人の見えつらむ夢と知りせば覚めざらましを　小野小町

G 道の辺に清水流るる柳かげしばしとてこそ立ちどまりつれ　西行法師

〈「君待つと──万葉・古今・新古今」による〉

1 よく出る Aの歌の解釈を次から一つ選び、記号で答えなさい。(4点)

ア 人の心はわからないが、花は昔と変わらない香を漂わせている。
イ 人は花の心を知ろうともしないが、花は人の心を知っている。
ウ 故郷が花の香に満ちているのに、人々は気づこうともしない。
エ 花の香に満ちた故郷で、あの人はどんな気持ちでいるのだろう。

(　　)

2 Bの歌は、何句切れですか。漢数字で書きなさい。また、同じ句切れの歌をC〜Gから二つ選び、記号で答えなさい。 4点×3(12点)

□句切れ

同じ句切れの歌(　　)(　　)

3 Dの歌の「多摩川にさらす手作り」は「さらさらに」を導き出すための語句です。こうした語句を何といいますか。(4点)

(　　)

4 レベルUP 次の鑑賞文は、B〜Gのどの歌のものですか。一つずつ選び、記号で答えなさい。 4点×6(24点)

① 暑い夏に旅する作者の体験した実感が詠まれている。(　　)
② 抑えきれないような激しい恋の悩みを歌っている。(　　)
③ 聴覚で捉えた繊細な季節の移り変わりを詠んでいる。(　　)
④ 夢に現れるほど恋しい人を思う心が歌われている。(　　)
⑤ 愛する娘をとてもいとしく思う気持ちを歌っている。(　　)
⑥ 寂しい景色に心にしみる季節の味わいを感じている。(　　)

5 A〜Gの歌を、Ⅰ…万葉集、Ⅱ…古今和歌集、Ⅲ…新古今和歌集に分類し、記号で答えなさい。 完答(6点)

Ⅰ…(　　)
Ⅱ…(　　)
Ⅲ…(　　)

知識の泉 Q 次のことわざの□に当てはまる言葉は？ □の不養生

確認のワーク ステージ1

夏草──「おくのほそ道」から

解答 20ページ スピードチェック 10・18ページ 予想問題 139ページ

学習のねらい
- 古典に特有の表現や文体を味わおう。
- 作者のものの見方や感じ方を読み取ろう。

漢字

1 漢字の読み 読み仮名を横に書きなさい。

❶ 別＊荘　❷ ▼門出

＊は新出漢字　▼は新出音訓・◎は熟字訓

教科書の要点

1 作品 （　）に教科書の言葉を書き入れて、「おくのほそ道」についてまとめなさい。 教 p.160

作者	●作者は①（　　）。②（　　）時代前期の俳人。 ●蕉風（しょうふう）③（　　）を創始し、「野ざらし紀行」「笈（おい）の小文（こぶみ）」などの紀行文を残した。
文章の種類	④（　　）
内容	●元禄（げんろく）二年（一六八九）三月に⑤（　　）を出発し、奥羽（おうう）・北陸を経て、美濃国（みののくに）⑥（　　）に至る旅の道中の体験・見聞を記している。 ●行程約二千四百キロメートル、⑦（　　）日を超える大旅行だった。

2 俳句と俳諧 （　）に教科書の言葉を書き入れなさい。 教 p.161

俳諧	●「俳諧の①（　　）」を略した言葉。本来は「滑稽」という意味。 ●「俳諧の①」…五・七・五の長句と七・七の短句とを交互に連ねて作る。
俳句	●もとは、「俳諧の①」の最初の一句のことだった。 ↓江戸時代には②（　　）とよばれた。 ●②は、俳諧に参加する人たちに最初に示す作品で、その時々の季節を表す言葉が入れられた。 ↓俳句の③（　　）となった。

3 俳句の決まり・表現方法 （　）に言葉を書き入れなさい。

① 定型…（　　）・（　　）・（　　）の十七音。

②（　　）…原則、一句に一つ詠（よ）み込む。

③（　　）…句の切れ目に使う言葉。「や」「かな」「けり」「ぞ」など。

知識の泉 A 医者。 他人に勧めながら，自分では実行しないこと。似た意味のことわざは「紺屋（こうや）の白袴（しろばかま）」。

4 俳句のまとめ （　）に教科書の言葉を書き入れなさい。また、各句の季語と季節を書きなさい。 教p.155〜158

●深川（江戸）…現・東京都
草の戸も住み替はる代ぞ雛の家
季語…①（　） 季節…②（　）

●③（　）…現・栃木県
野を横に馬牽むけよほととぎす
季語…④（　） 季節…⑤（　）

●⑥（　）…現・岩手県
夏草や兵どもが夢の跡
季語…⑦（　） 季節…⑧（　）

●最上川…現・山形県
五月雨をあつめて早し最上川
季語…⑨（　） 季節…⑩（　）

●大垣…現・岐阜県
蛤のふたみにわかれ行く秋ぞ
季語…⑪（　） 季節…秋

おさえよう

主題 （1）月日は永遠に旅を続ける〔ア 客人 イ 旅人〕のようなものであり、人生も旅である。自分も覚悟をもって旅の中で生きていきたい。／（2）藤原氏の栄華の跡に人間の営みの〔ア はかなさ イ たくましさ〕、自然の悠久の流れを感じる。

5 構成のまとめ 後の［　］から言葉を選び、（　）に書き入れなさい。 教p.154〜159

1（門出）	2（平泉）
教p.154〜155	p.158〜159
●月日は永遠に旅を続ける①（　）のようなものである。 ●あてのない旅に出たい気持ちがやまず、②（　）のほとりのあばらやで、何も手につかないほど落ち着かない。 ●住んでいた庵は人に譲り、杉風の別荘に移った。 ●③（　）を、庵の柱に掛けておいた。	●藤原氏三代の④（　）ははかなく消えて、金鶏山のみが形を残している。 ●義経の義臣たちは、高館の城に籠もって功名を立てたが、その跡は今⑤（　）となっている。 ●中尊寺の経堂と⑥（　）が開帳した。 ●七宝は散逸し、⑥（　）も廃墟の草むらとなるはずのところ、周りを覆う鞘堂を建て、当分は昔をしのぶ⑦（　）として残っている。

［隅田川　光堂　面八句　旅人　草むら　栄華　記念］

知識の泉 Q「けりをつける」の意味はどっち？ ア＝決着をつける。 イ＝諦める。

実力判定テストA ステージ2

夏草——「おくのほそ道」から

30分

自分の得点まで色をぬろう！ 合格！ 100点 80 60 0 /100

解答 21ページ

1 次の文章を読んで、問題に答えなさい。

教 p.154・上②〜155・上⑩

月日は百代の過客にして、行きかふ年もまた旅人なり。舟の上に生涯を浮かべ、馬の口とらへて老いを迎ふる者は、①日々旅にして旅をすみかとす。②古人も多く旅に死せるあり。予もいづれの年よりか、片雲の風にさそはれて、漂泊の思ひやまず、海浜にさすらへて、去年の秋、江上の破屋に蜘蛛の古巣をはらひて、やや年も暮れ、春立てる霞の空に、白河の関越えむと、そぞろ神の物につきて心をくるはせ、道祖神の招きにあひて、取るもの手につかず、股引の破れをつづり、笠の緒付けかへて、三里に灸すゆるより、松島の月まづ心にかかりて、③住めるかたは人に譲りて、杉風が別墅に移るに、

④草の戸も住み替はる代ぞ雛の家

面八句を庵の柱に懸け置く。

〈「夏草——『おくのほそ道』から」による〉

1 よく出る 作者の人生観を最もはっきり示している一文を文章中から抜き出し、初めの五字を書きなさい。（6点）

2 ①日々旅にして旅をすみかとす とありますが、このように暮らしているのはどのような職業の人だと述べていますか。二字で、二つ書きなさい。5点×2（10点）

3 ②古人 のここでの意味を次から一つ選び、記号で答えなさい。（6点）

ア 歴史上の指導者　イ 故郷の友人
ウ 昔の全ての人　エ 旅を愛した昔の文人

4 作者は、この「おくのほそ道」の旅の前に、別の旅に出ていました。そのことがわかる表現を、文章中から八字で抜き出しなさい。（6点）

5 よく出る 旅に出たいと誘われる気持ちを対句を用いて表現している部分を文章中から抜き出し、初めと終わりの三字を書きなさい。完答（6点）

〜

6 記述 ③住めるかたは人に譲りて とありますが、なぜそうしたのですか。「旅」「覚悟」の言葉を使って、説明しなさい。（8点）

攻略！ 「古人」と同じようになる覚悟があるのだ。

知識の泉 **A** ア。　古文では「けり」で文章が終わることが多いことから。

7 ④ 草の戸も住み替はる代ぞ雛の家　について答えなさい。

(1) この俳句の季語・季節・切れ字を書きなさい。4点×3（12点）

季語（　　）　季節（　　）　切れ字（　　）

(2) よく出る この俳句の大意として適切なものを次から一つ選び、記号で答えなさい。（6点）

ア　草庵での暮らしはわびしいものだった。今後は雛人形を飾るような、心に余裕のある暮らしがしたい。

イ　長く住んでいた草庵とも別れる時が来た。鳥の雛が巣立つように未来へ羽ばたこう。

ウ　草庵にも新しい住人が越してきた。私が住んでいた頃のわびしさとはうって変わり、華やかに雛人形などを飾っている。

エ　雑草が生い茂る草庵でも、住む人しだいできれいになる。雛人形のようなかわいらしい子供に住んでほしい。（　　）

2 次の俳句を読んで、問題に答えなさい。 教 p.156〜157

A　閑かさや岩にしみ入る蟬の声

B　蛤のふたみにわかれ行く秋ぞ

C　むざむやな甲の下のきりぎりす

D　五月雨をあつめて早し最上川

E　荒海や佐渡によこたふ天河

〈「夏草――『おくのほそ道』から」による〉

1 A・Eの俳句に表現上共通していることは、何ですか。体言止め以外で書きなさい。（8点）

（　　）

2 Aの俳句の「蟬の声」は、何を際立たせていますか。俳句の中から三字で抜き出しなさい。（6点）

3 Bの俳句から読み取れる芭蕉の心情を次から一つ選び、記号で答えなさい。（8点）

攻略！ 感動の中心がどこにあるのかを考えよう。

ア　蛤の身を人と分けて食べなければならない旅のひもじさ。

イ　蛤の貝が合わさるように二人で旅ができることの安心感。

ウ　貝の蓋と身に分かれるように人と別れて旅を続ける寂しさ。

エ　貝が割れて二手に分かれて流れてゆく秋の悲しみ。（　　）

4 Cの俳句を解釈した次の文の（　）に当てはまる言葉を書きなさい。（8点）

いたわしいことだ。昔、髪を黒く染めて戦い、うたれた武将がいた。その兜があった辺りに、（　　）ばかりだ。

5 Dの俳句の「五月雨」とは、どのような雨ですか。次から一つ選び、記号で答えなさい。（4点）

ア　梅雨　イ　台風がもたらす雨　ウ　夕立　エ　通り雨（　　）

6 よく出る Eの俳句の季語と季節を書きなさい。3点×2（6点）

季語（　　）　季節（　　）

知識の泉 Q 次の故事成語の□に当てはまる漢数字は？　朝□暮□

実力 判定テストB ステージ3

夏草——「おくのほそ道」から

30分

自分の得点まで色をぬろう!
100点 80 60 0
/100

解答 21ページ

1 次の文章を読んで、問題に答えなさい。　教 p.158・②〜159・②

三代の栄耀一睡のうちにして、大門の跡は一里こなたにあり。秀衡が跡は田野になりて、金鶏山のみ形を残す。まづ、①高館に登れば、北上川南部より流るる大河なり。衣川は、和泉が城をめぐりて、高館の下にて大河に落ち入る。泰衡らが旧跡は、衣が関を隔てて南部口をさし固め、夷を防ぐと見えたり。さても②義臣すぐつてこの城に籠もり、功名一時の草むらとなる。「国破れて山河あり、城春にして草青みたり」と笠打ち敷きて、時のうつるまで涙を落としはべりぬ。

③夏草や兵どもが夢の跡

④卯の花に兼房見ゆる白毛かな　曾良

〈「夏草——『おくのほそ道』から」による〉

1 藤原氏一族の居館が、大規模なものであったことを思わせる表現を、文章中から抜き出しなさい。（10点）

（　　　）

2 秀衡の居館の跡は、現在何になっているのですか。（8点）

（　　　）

3 ①高館に登れば　とありますが、そこから芭蕉が眺めた情景はどのようなものでしたか。それが書かれている部分を文章中から抜き出し、初めと終わりの五字を書きなさい。完答（5点）

□□□□□〜□□□□□

4 レベルUP ②義臣すぐつてこの城に籠もり　とありますが、義臣をえりすぐってこの城に籠もったのは、誰ですか。（8点）

（　　　）

5 ③夏草や兵どもが夢の跡　の俳句から読み取れる芭蕉の心情を次から一つ選び、記号で答えなさい。（10点）

ア　夏草の茂る城跡で、兵たちはどんな夢を見たのだろう。
イ　昔の栄華の様子が、夏草の茂る様子から伝わってくる。
ウ　自然は変わらないのに、人間の営みのなんとはかないことか。
エ　夏草が戦う兵士たちの姿に見えてきて、切ないことよ。

（　　　）

6 よく出る ④卯の花に兼房見ゆる白毛かな　の俳句を説明した次の文の（　）に当てはまる言葉を、俳句の中から抜き出しなさい。3点×3（9点）

作者は（　　　）を見て、（　　　）を振り乱して戦ったであろう（　　　）の姿を連想している。

知識の泉　A　三・四。「朝三暮四」＝巧みな言葉で，人をだますこと。

2 次の文章を読んで、問題に答えなさい。

教 p.159・③〜⑧

かねて耳驚かしたる二堂開帳す。経堂は三将の像を残し、光堂は三代の棺を納め、三尊の仏を安置す。七宝散り失せて、玉の扉風に破れ、金の柱霜雪に朽ちて、既に頽廃空虚の草むらとなるべきを、四面新たに囲みて、甍を覆ひて風雨を凌ぎ、しばらく千歳の記念とはなれり。

五月雨の降り残してや光堂

〈「夏草――『おくのほそ道』から」による〉

1 線ⓐ・ⓑの意味を後から選び、記号で答えなさい。 5点×2（10点）

ⓐ 耳驚かしたる

ア 自分の耳を疑った
イ 大きな音で驚かせられた
ウ 見るたびに驚いていた
エ 話に聞いて驚嘆していた

（　）

ⓑ 開帳す

ア 古い帳面を開いて見る
イ 秘仏を一般に公開する
ウ 一般の人々が出入りする
エ 寺の門の扉を開く

（　）

2 ①三将 と同じ人々を指している言葉を、文章中から抜き出しなさい。 （10点）

（　）

3 ②しばらく千歳の記念とはなれり とありますが、どういうことですか。〔　〕内から適切な言葉を選び、記号を○で囲みなさい。 5点×2（10点）

光堂を〔ア 風や雨から守る　イ 盗難から守る〕ように、四面を囲み、上に屋根をかけるなどの保存・修復の営みがされることによって、光堂は、〔ア 永遠に　イ 当分は〕千年の昔をしのぶことのできる記念になった。

4 よく出る この文章の表現上の特徴を次から二つ選び、記号で答えなさい。 5点×2（10点）

ア 中国の故事を引用して、光堂を拝観した感動を表している。
イ 巧みな比喩を用いて、光堂の荒廃した様子を表現している。
ウ 漢数字を多用して、記述に具体的なイメージをもたせている。
エ 和語を用いて、柔らかい雰囲気をかもし出している。
オ 対句を用いて、文章に軽快なリズムをもたらしている。

（　）（　）

5 よく出る 「五月雨の……」の俳句を解釈した次の文の（　）に当てはまる言葉を書きなさい。 （10点）

五月雨も、この光堂だけは（　　　）。長い歳月を経て、光堂だけは美しく光り輝いている。

知識の泉 Q 次の文の□に当てはまる漢字は？　自分の失敗を□に上げて，忠告を続けた。

確認のワーク ステージ1

誰かの代わりに

解答 22ページ　スピードチェック 10ページ　予想問題 140ページ

学習のねらい
- 抽象的な概念を表す語句の、文脈における意味を捉えよう。
- 社会や人間についての筆者の考えを読み取ろう。

漢字と言葉

1 漢字の読み　読み仮名を横に書きなさい。

＊は新出漢字　▼は新出音訓・◎は熟字訓

① ▼危うい

2 語句の意味　意味を下から選んで、線で結びなさい。

① 保障・　　・ア 義務などをしなくてよいと許す。
② 免除・　　・イ 困難なことに懸命に取り組むこと。
③ 格闘・　　・ウ あるべき状態を保護し、守ること。

教科書の要点

1 話題　「自分とは何か」という問いは、なぜ今、世代を超えて誰もが問うようになったのですか。　教p.166

今の社会は、これまでの時代と比べて、個人により（　　　）が保障されるようになったから。

2 内容理解　「自由があるからこそのしんどさ」は、なぜ生まれるのですか。　教p.166〜167

今は、その人が「何をしてきたか」「何ができるか」で（　　　）を測る社会であり、自分が代わりのきかない存在であることを（　　　）しなければならないから。

3 内容理解　英語の意味を下から選んで、線で結びなさい。　教p.168

① インディペンデンス・　　・ア 支え合い
② ディペンデンス・　　・イ 独立
③ インターディペンデンス・　　・ウ 依存

4 内容理解　筆者の考える「自立」とは、どういう意味ですか。次から二つ選び、記号で答えなさい。　教p.168〜169

（　　）（　　）

ア 誰かに依存している状態ではないこと。
イ いつでも他人と支え合う用意ができていること。
ウ 困難を一人で抱え込まないでいられること。
エ 責任を最後まで独りで負うこと。

5 筆者の考え　筆者は、自分が存在することの意味は、どういうことの中にあると考えていますか。　教p.170

他の人たちと（　　　）、弱さを補い合うこと。

6 構成のまとめ

（　）に教科書の言葉を書き入れなさい。教p.166〜170

まとまり			内容	
1	今はどんな社会か	教初め〜p.167・⑳	●今は、「（①　　）」という問いを、世代を超えて、誰もが問わずにいられない時代。 ●今の社会は、「何をしてきたか」「何ができるか」で人の価値を測る社会。	▼今のこの私をこのまま認めてほしいと願う。＝無条件の肯定 ↓（②　　）の存在になる。…危ういこと
2	今私たちに必要なもの	p.168・①〜169・⑩	●「自立」が、誰かに依存している状態ではないこと＝「（③　　）」と捉えられている。←…誤解 ●日本語の「責任」…課せられるもの、押しつけられるもの＝（⑤　　）のイメージ。	▼「自立」は、「インターディペンデンス」＝「（④　　）」として捉える必要がある。 ↓「誰かの代わりに」という意識 ▼「責任」とは、訴えや呼びかけに応じ合うという、（⑥　　）であるはずのもの。…安心感
3	今の社会を生きるために	p.169・⑪〜終わり	●苦労や困難を（⑦　　）されたいという思い。 ↓人を受け身で無力な存在にする。	▼苦労を苦労としてそのまま（⑧　　）こと＝人として生きることの意味がある。
			●「自分とは何か」という問いの答えを求めて、（⑨　　）の中ばかりを見ている。 ↓答えは見つからない。	▼「自分とは何か」という問いの答えは、（⑩　　）との関わりの中にある。 ↓自分が存在することの意味を感じることができる。
			▼人が倒れずにいられ、存在することの意味を感じながら生きるために、「誰かの代わりに」という思いが、常に求められる。 ▼「人間の弱さは、それを知っている人たちよりは、それを（⑪　　）において、ずっとよく現れている。」	

おさえよう

要旨 「自分とは何か」という問いの答えは、〔ア 自分　イ 他の人たち〕の中にではなく、〔ア 自分　イ 他の人たち〕との関わりの中にこそ見いだされる。〔ア 苦労　イ 責任〕を免除されようと願うのではなく、他の人たちと関わり合う中で、それを引き受けることが大切である。

Q 「激しく争う」という意味の慣用句は？　□を削る

実力判定テストA ステージ2

誰かの代わりに

30分

自分の得点まで色をぬろう！ 100点 80 60 0 /100

解答 22ページ

★ 次の文章を読んで、問題に答えなさい。 教p.166・⑫〜168・③

何にでもなれる社会。これを裏返していえば、その人の存在価値は、その人が人生において何を成し遂げたか、どんな価値を生み出したかで測られるようになる、ということでもあります。そこでは、人は絶えず「あなたには何ができますか。」「あなたにしかできないことは何ですか。」と他から問われ、同時に、「私には、他の人にはないどんな能力や才能があるのだろう。」と自分自身にも問わなければならないことになります。「あなたの代わりはいくらでもいる。」「ここにいるのは、別にあなたでなくていい。」と言われることがないように、自分が代わりのきかない存在であることを、自分で証明しなければならないのです。こうした状況は、先ほどの「自分とは何か」という問いを、「こんな私でも、ここにいていいのだろうか。」という、なんとも切ない問いへと変えてしまうことがあります。

①「何をしてきたか」「何ができるか」で人の価値を測る社会。

そのような問いに直面したとき、私たちは、その苦しい思いから、今のこの私をこのまま認めてほしいという、いわば③無条件の肯定を求めるようになります。何かができなくても、このままの自分を肯定してほしいと、痛いほど願うのです。自分の存在が誰からも必要とされていないこと、「おまえはいてもいなくても同じだ。」と言われることほどみじめなこと、怖いことはありません。だから、「できる・できない」の条件を一切付けないで自分の存在を認めてくれる人、「あなたはあなたのままでいい。」と言ってくれる人を求めるのは、自然の成り行きです。

でも、④これはちょっと危ういことでもあります。「あなたはあなたのままでいい。」と言ってくれる他者がいつも横にいてくれないと不安になるというように、自分の存在の意味や理由を、常に他人に与えてほしいと願う、そんな受け身の存在になってしまうからです。いつも他者に関心をもっていてほしい、その人が見ていてくれないと何もできない……そんな依存症に陥ってしまうことがあるからです。

このように受け身な存在でいては、人生で見舞われるさまざまな苦労や困難、社会で直面するさまざまな問題は、何も解決することができないでしょう。私たちには、⑤それらを引き受ける強さというものが必要なのです。

〈鷲田(わしだ)清一(きよかず)「誰かの代わりに」による〉

知識の泉 A しのぎ。 しのぎ（刀の刃と峰との間の盛り上がった部分）が削れるほど激しく戦う。

1 ①「何をしてきたか」「何ができるか」で人の価値を測る社会。とありますが、そこでは、人は他からどのようなことを問われますか。これより後の文章中から二つ抜き出しなさい。10点×2（20点）

（　　　）

（　　　）

2 ②「自分とは何か」という問いを……変えてしまうことがあります　とありますが、どういう状況のときに変えてしまうのですか。次から一つ選び、記号で答えなさい。（10点）

ア「こんな私でもここにいていいのだろうか。」と自信をなくして不安になった状況のとき。

イ 自分には、他の人にない能力や才能があることを自分で証明しなくてはならない状況のとき。

ウ「あなたの代わりはいくらでもいる」「あなたでなくていい」と言われた状況のとき。

エ「自分とは何か」と、自分が存在することの意味がわからなくなった状況のとき。

（　　　）

3 ③無条件の肯定を求める　について答えなさい。

(1) 無条件の肯定を求める人が怖いのは、人にどのように思われることですか。書きなさい。（20点）

（　　　）

(2) よく出る 無条件の肯定を求めるとは、どういうことですか。□に当てはまる言葉を、文章中から抜き出しなさい。（記号も一字に数える。）10点×2（20点）

□□□□□□□□□の

条件を一切付けずに□□□□□□□□□□を肯定してほしいと願うこと。

4 攻略！ ここでいう「肯定」とは、価値があると認めること。

④これはちょっと危ういことでもあります　とありますが、「ちょっと危ういこと」であるのはなぜですか。当てはまらないものを次から一つ選び、記号で答えなさい。（10点）

ア「あなたはあなたのままでいい。」と言ってくれる他者がいないと不安になるから。

イ 自分の存在の意味や理由を他人に与えてほしいと願う、受け身の存在になってしまうから。

ウ その人が見ていてくれないと何もしない、無気力な人間になってしまうから。

エ いつも他者に関心をもっていてほしいと思うような依存症に陥ってしまうから。

（　　　）

5 よく出る ⑤それらを引き受ける強さというものが必要なのですとありますが、それはなぜですか。（20点）

（　　　）

知識の泉 Q 次の慣用句の□に共通して入る言葉は？　目星を□・折り紙を□

誰かの代わりに

次の文章を読んで、問題に答えなさい。

教p.168・⑭〜170・⑨

30分

自分の得点まで色をぬろう！ 100点 80 60 0 /100

解答 23ページ

「自立」は、「依存」を否定する「インディペンデンス」（独立）ではなく、むしろ、「依存」に「相互に」という意味の「インター」を付けた、①「インターディペンデンス」（支え合い）として捉える必要があります。いざ病気や事故や災害などによって独力では生きていけなくなったときに、他人との支え合いのネットワークをいつでも使える用意ができているということ。それが、「自立」の本当の意味なのです。困難を一人で抱え込まないでいられること、と言い換えることもできるでしょう。言うまでもありませんが、②「支え合い」のネットワークであるからには、自分もまた時と事情に応じて、というか気持ちのうえではいつも、支える側に回る用意がないといけません。つまり、③「誰かの代わりに」という意識です。

これがおそらくは、「責任を負う」ということの本来の意味でしょう。④「責任」は、英語で「リスポンシビリティ」といいます。「応える」という意味の「リスポンド」と、「能力」という意味の「アビリティ」から成る語で、「助けて」という他人の訴えや呼びかけに、きちんと応える用意があるという意味です。日本語で「責任」というと、課せられるもの、押しつけられるものという受け身のイメージがつきまといますが、「責任」というのは、最後まで独りで負わねばならないものではありませんし、何か失敗したときにばかり問われるものでもありません。「責任」とはむしろ、訴えや呼びかけに応じ合うという、協同の感覚であるはずのものなのです。「君ができなかったら、誰かが代わりにやってくれるよ。」と言ってもらえるという安心感が底にあるような、社会の基本となるべき感覚です。

人には、そして人の集まりには、いろいろな苦労や困難があります。それらを避けたい、免除されたいという思いが働くのも無理はありません。けれども、免除されるということは、誰か他の人に、あるいは社会のある仕組みに、それとの格闘をお任せするということであって、そのことが、人を受け身で無力な存在にしてしまいます。

これに対して、私は⑤「人生には超えてはならない、克服してはならない苦労がある。」と書いた一人の神学者の言葉を思い出します。苦労を苦労と思わなくなる、のではありません。苦労を苦労としてそのまま引き受けることの中にこそ、人として生きることの意味が埋もれていると考えるのです。苦労はしばしば、独りで背負い切れるほど小さなものではありません。人と支え合うこと、人と応じ合うことがどうしても必要になります。冒頭に挙げた、⑥「自分とは何か」という自分が存在することの意味への問いについても、自分の中ばかりを見ていてはその答えを探し出すことはできません。その答えは、他の人たちとの関わりの中でこそ、具体的に浮かび上がってくるものだからです。

知識の泉　A　**つける。**　「目星をつける」＝見当をつける。「折り紙をつける」＝保証する。

⑦他の人たちと関わり合い、弱さを補い合うからこそ、人は倒れずにいられます。そして、自分が存在することの意味を感じながら生きることができます。「誰かの代わりに」という思いが、余力のあるときに、というのではなく、常に求められるものであることの理由は、ここにあります。

〈鷲田清一「誰かの代わりに」による〉

1 レベルUP ①「インターディペンデンス」（支え合い）とは、どのような意味の言葉を組み合わせた言葉ですか。（　）に当てはまる言葉を文章中から抜き出しなさい。 10点×2（20点）

「（　　　）」という意味の「インター」と、

「（　　　）」という意味の「ディペンデンス」。

2 ②「支え合い」のネットワークを使うのは、どのようなときですか。具体的に書かれている部分を文章中から三十二字で抜き出し、初めと終わりの五字を書きなさい。 完答（10点）

□□□□□～□□□□□

3 記述 ③「誰かの代わりに」という意識とは、どういう意識ですか。説明しなさい。 （20点）

4 ④「責任」とは、どのようなものだと筆者は述べていますか。次から一つ選び、記号で答えなさい。 （10点）

ア　課せられたり、押しつけられたりするもの。
イ　最後まで独りで負わなければならないもの。
ウ　何か失敗したときにばかり問われるもの。
エ　訴えや呼びかけに応じ合うというもの。

（　　）

5 よく出る ⑤「人生には超えてはならない、克服してはならない苦労がある。」とは、どういうことですか。（　）に当てはまる言葉を、文章中から抜き出しなさい。 10点×2（20点）

苦労を（　　　）ことの中にこそ、

（　　　）が埋もれているということ。

6 よく出る ⑥「自分とは何か」という自分が存在することの意味への問いの答えは、どこにありますか。「……の中。」につながるように、文章中から十字で抜き出しなさい。 （10点）

□□□□□□□□□□の中。

7 ⑦他の人たちと関わり合い、弱さを補い合うとありますが、この行為には、どのような思いが込められていますか。文章中から十四字で抜き出しなさい。（記号も一字に数える。） （10点）

□□□□□□□□□□□□□□

知識の泉 Q （　）の中で正しいのはどっち？ （けが・病気）の功名

確認のワーク ステージ1

情報を読み取って文章を書こう グラフを基に小論文を書く

漢字3 漢字のまとめ／漢字に親しもう5

解答 24ページ スピードチェック 10ページ

学習のねらい
- グラフを正確に読み取り、自分なりの視点で分析しよう。
- 構成を工夫して、論理展開が明確な小論文の書き方を学ぼう。

漢字

1 漢字の読み 読み仮名を横に書きなさい。

＊は新出漢字 ▼は新出音訓・◎は熟字訓

❶ ＊桟橋 ❷ 収＊賄 ❸ ＊怨念 ❹ ＊慰労
❺ ＊詮索 ❻ 弾＊劾 ❼ 炭＊坑 ❽ ＊畏れる
❾ ＊遡る ❿ ＊窮状 ⓫ ＊措置 ⓬ ＊暫定
⓭ ＊征服 ⓮ 座＊禅 ⓯ ＊塑像 ⓰ 今▼昔

2 漢字の書き 漢字に直して書きなさい。

❶ 外国の（がんぐ）。 ❷（ふほう）が届く。
❸（だらく）した生活。 ❹（どんよく）に生きる。
❺ 事故の（ぎせい）者。 ❻ 信用が（しっつい）する。
❼（さぎ）の疑い。 ❽ 高い（かきね）。

教科書の要点 情報を読み取って文章を書こう

1 グラフの特徴 次のグラフに合う特徴を後から一つずつ選び、記号で答えなさい。 教p.244

① 円グラフ（　） ② 折れ線グラフ（　）
③ 棒グラフ（　） ④ 帯グラフ（　）

ア 円で全体を示すので、各項目の占める割合がわかりやすい。
イ 棒の高さで数量を示すので、数量の大小を比較しやすい。
ウ 時間の推移に応じた数量を示すので、変化を捉えやすい。
エ 帯で全体を示すので、項目ごとの割合を他と比較しやすい。

2 グラフを読み取るときの着眼点 （　）に教科書の言葉を書き入れなさい。 教p.173

- （①　）の大きい部分や小さい部分に着目する。
- （②　）の大きい部分に着目する。
- 全体の（③　）を捉える。

A けが。 「失敗だと思ったことが，かえってよい結果を生むこと」の意味。

基本問題　情報を読み取って文章を書こう

★ 次のグラフは、山田さんのクラスでとったアンケートの結果です。グラフと、グラフを読み取って書いた山田さんの小論文を読んで、問題に答えなさい。

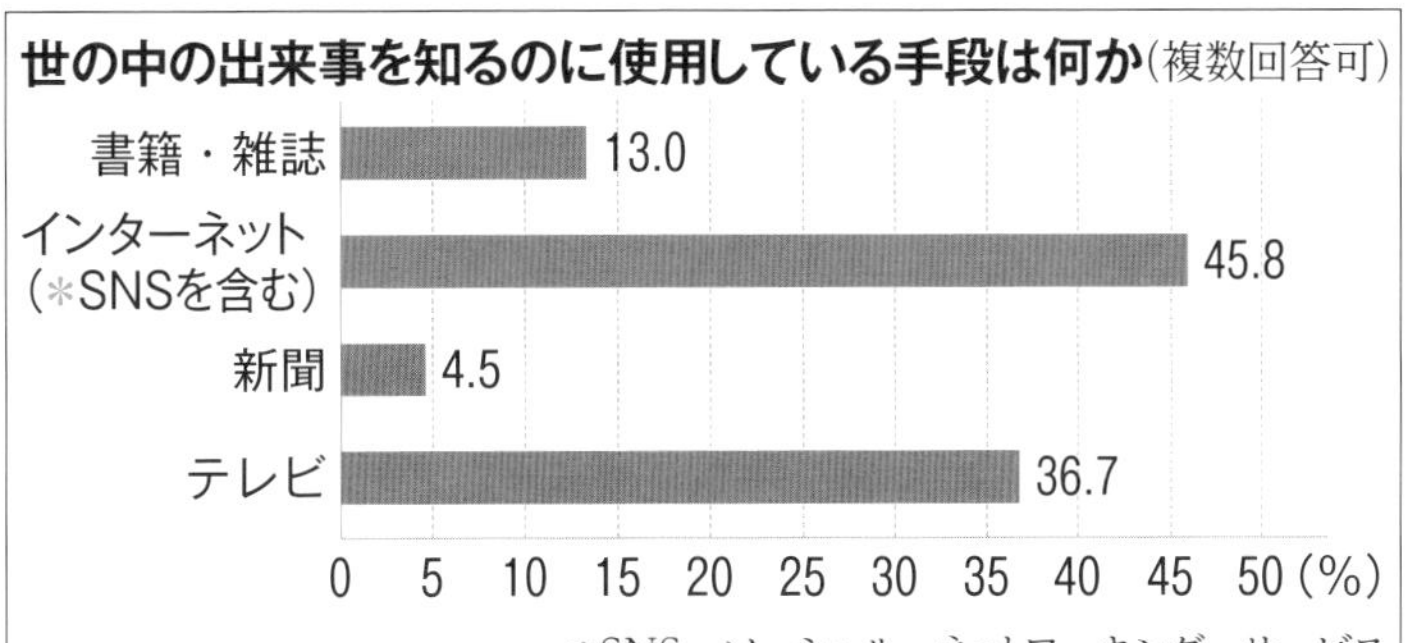

世の中の出来事を知るのに使用している手段は何か（複数回答可）

手段	(%)
書籍・雑誌	13.0
インターネット（＊SNSを含む）	45.8
新聞	4.5
テレビ	36.7

＊SNS…ソーシャル・ネットワーキング・サービス

【山田さんが書いた小論文】

［　　　　］

このことから、クラスの生徒のほとんどは、インターネットから情報を得ていることがわかる。

しかし、SNSを含むインターネットでは、誤った情報を見かけることもしばしばある。だから、世の中の出来事を正しく知るためには、一つの手段だけに頼りきりにならないことが大切だ。

1 ［　］には、グラフから読み取ったことが書かれている次の文章が入っています。［　］ⓐ・ⓒに当てはまる言葉を考えて書き、［　］ⓑ・ⓓに当てはまる言葉を後の［　］から選んで書き入れなさい。

世の中の出来事を知るのに使用している手段としてインターネットと答えた人がいちばん多く、全体のⓐ以上にⓑ。いっぽうで、ⓒと答えた人の割合は最も低く、十パーセントにもⓓ。

ⓐ（　　　）　ⓑ（　　　）

ⓒ（　　　）　ⓓ（　　　）

満たない　限られる　及ぶ

攻略！ 数値を正しく読み取り、適切な言葉で伝えよう。

2 山田さんが、上のグラフを読み取り、分析するうえで立てた問いとして当てはまらないものを次から一つ選び、記号で答えなさい。

ア　なぜインターネットを手段にする人が多いのか。
イ　情報の信頼性が高い手段はどれか。
ウ　中学生は一日にどれくらいゲームをするのか。
エ　情報の取得に、新聞の使用が少ないのはなぜか。

（　　）

3 山田さんが書いた小論文の最終文に考えを書き加える場合、どのような内容が入りますか。次から適切なものを一つ選び、記号で答えなさい。

ア　どの発信元の情報を参考にするか、よく検討する必要がある。
イ　匿名性の高いSNSを参考にすることは、控えたほうがよい。
ウ　インターネットに加え、テレビでも確認したいと思う。
エ　複数のメディアで情報を確認する習慣を身につけたいと思う。

（　　）

 Q「□現実・□常識」に共通して付けられる打ち消しの意味の漢字は？

確認のワーク　ステージ1

文法への扉2「ない」の違いがわからない？
（文法2　文法のまとめ）

解答 24ページ　スピードチェック 20ページ

学習のねらい
- 一、二年生で学習した文法事項を確認しよう。
- 紛らわしい品詞の識別のしかたを覚えよう。

教科書の要点

1 言葉の単位　次の文を例にならって文節ごとに／で区切り、単語ごとに――を引きなさい。

例 土手の／上を／自転車で／走る。

① 畑で真っ赤なトマトを栽培する。
② 新しいラケットを使ってみる。
③ サッカー部が全国大会に出場した。

2 文の組み立て　次の――線と～～線の文節どうしの関係を下から選び、線で結びなさい。

① 弟が遊んでいる。　・　・ア　主・述の関係
② 軽くて丈夫な靴だ。　・　・イ　修飾・被修飾の関係
③ 彼こそふさわしい。　・　・ウ　並立の関係
④ 飛行機で故郷に帰る。　・　・エ　補助の関係

3 自立語　次の①～⑤の語群の品詞名を書きなさい。

① 同じだ・穏やかだ・完全だ（　　）
② 三つ・自然・はず（　　）
③ おかしな・大きな・いわゆる（　　）
④ あるいは・ところで・すると（　　）
⑤ 小さい・楽しい・おかしい（　　）

4 動詞の活用　（　）に言葉を書き入れなさい。

- 五段活用・上一段活用・下一段活用の動詞は、「ない」を付けたときの直前の音で見分ける。

活用の種類	見分け方
五段活用	直前の音が「ア」段。例 笑う→笑わない
①（　　）	直前の音が「イ」段。例 みる→みない
②（　　）	直前の音が「エ」段。例 食べる→食べない

- カ行変格活用は「来る」、サ行変格活用は「（～）する」のみ。
- 動詞の活用形は、次に続く語から判断できる。

活用形	未然形	連用形	終止形	連体形	仮定形	命令形
次に続く語	―ない ―う／よう	―ます ―た ―て	―。	―とき ―ので	―ば	―。

5 形容詞・形容動詞の活用形（　）に言葉を書き入れなさい。

●形容詞・形容動詞の活用形は、活用語尾で判断する。

活用形	未然形	連用形	終止形	連体形	仮定形	命令形
形容詞	ーかろ	ーかっ ーく	ー（①　　）	ーい	ーけれ	○
形容動詞	ーだろ	ーだっ ーで・ーに	ーだ	ー（②　　）	ーなら	○

6 付属語の識別（　）に言葉を書き入れなさい。

●付属語には、助動詞と助詞がある。

①（　　）	活用する	例 れる・せる・そうだ・たい
②（　　）	活用しない	例 が・の・を・こそ・と・なあ

7 「ない」の識別（　）に言葉を書き入れなさい。

助動詞の「ない」	●動詞・助動詞に付き、（　　）の意味を表す。 ●「ぬ」に置き換えられる。例 行かない→行かぬ
形容詞の「ない」	●「存在しない」という意味を表す。 例 この町には映画館がない。
補助（形式）形容詞の「ない」	●形容詞・形容動詞の連用形に付く。 ●直前に「は」を入れられる。例 寒く（は）ない
形容詞の一部の「ない」	例 はかない・情けない・少ない

基本問題

1 よく出る 次の――線の「ない」の種類を後から一つずつ選び、記号で答えなさい。

① この本はおもしろくない。（　）
② 一年生はまだ頼りない。（　）
③ 物理学はよくわからない。（　）
④ 商品の在庫はもうない。（　）
⑤ おさない妹の世話をする。（　）
⑥ 彼はもう若くない。（　）
⑦ 今日は用事がない。（　）
⑧ 不必要なものは買わない。（　）

ア 助動詞　　イ 形容詞
ウ 補助形容詞　　エ 形容詞の一部

2 よく出る 次の――線の「で」の種類を後から一つずつ選び、記号で答えなさい。

① 父は、今新聞を読んでいる。（　）
② ほうきで庭の落ち葉を掃く。（　）
③ 姉は教師で、兄は消防士だ。（　）
④ 静かで、満ち足りた生活を望む。（　）

ア 格助詞　　イ 接続助詞
ウ 形容動詞の活用語尾　　エ 助動詞「だ」の連用形

攻略！ 体言に付くのは、格助詞か断定の助動詞。

知識の泉 Q 次の四字熟語の□に当てはまる漢字は？　竜□蛇□

実力判定テストA　ステージ2

文法への扉2 「ない」の違いがわからない？（文法2 文法のまとめ）

30分

自分の得点まで色をぬろう！ /100

解答 25ページ

1 次の文を例にならって文節ごとに／で区切り、単語ごとに──を引きなさい。 完答2点×2（4点）

例 僕｜は／公園｜で／野球｜を／する。

① 激しい雨が一日中降り続いている。

② 妹は朝から友達と遊びに行った。

2 次の──線の文節どうしの関係を後から一つずつ選び、記号で答えなさい。 3点×4（12点）

① うちでは、犬と 猫を 飼って いる。（　）

② 庭の 木に たっぷりと 水を やる。（　）

③ 長年の 夢が やっと かなった。（　）

④ 姉は いつも 勉強を 教えて くれる。（　）

ア 主・述の関係　イ 修飾・被修飾の関係

ウ 補助の関係　エ 並立の関係

3 次の──線の語から、Ⅰ…自立語、Ⅱ…活用する単語をそれぞれ全て選び、記号で答えなさい。 完答4点×2（8点）

ア では、イ あの ウ 美しい エ 湖 オ の カ ほとり キ まで ク ゆっくり ケ 歩こ コ う。

Ⅰ 自立語（　）　Ⅱ 活用する単語（　）

4 次の語群と同じ品詞の単語を下の□から一つずつ選び、記号で答えなさい。 2点×8（16点）

① 静かだ 穏やかだ 正直だ（　）

② 若い 快い うらやましい（　）

③ そして つまり ところで（　）

④ はい うん ねえ（　）

⑤ この いわゆる 大きな（　）

⑥ とぼとぼ かなり もし（　）

⑦ とき 二人 常識（　）

⑧ 注意する 飲む 調べる（　）

ア 起きる　イ あらゆる　ウ 天気　エ おはよう　オ あるいは　カ まるで　キ 明るい　ク きれいだ

5 よく出る 次の──線の語の品詞をそれぞれ下から選び、線で結びなさい。 完答4点×3（12点）

(1) ① まあ、すごい量の荷物だわ。 ・　・ア 副詞
　　② この程度なら、まあいいだろう。 ・　・イ 感動詞

(2) ① 広くて安全な場所だ。 ・　・ア 形容動詞
　　② 旅の安全を祈る。 ・　・イ 名詞

(3) ① おかしな話を聞いた。 ・　・ア 形容詞
　　② おかしい話を聞いた。 ・　・イ 連体詞

知識の泉 A 頭・尾。「竜頭蛇尾」＝初めは盛んだが，終わりが振るわないこと。

6 次の――線の動詞について、Ⅰ…活用の種類と、Ⅱ…活用形をそれぞれ後から一つずつ選び、記号で答えなさい。2点×6（12点）

① おやつを食べて、すぐに出かけた。 Ⅰ（　） Ⅱ（　）
② 暗くなる前に帰宅しよう。 Ⅰ（　） Ⅱ（　）
③ もうすぐ来るので、待ってほしい。 Ⅰ（　） Ⅱ（　）

Ⅰ｛ア 五段活用　イ 上一段活用　ウ 下一段活用　エ カ行変格活用　オ サ行変格活用｝
Ⅱ｛ⓐ 未然形　ⓑ 連用形　ⓒ 終止形　ⓓ 連体形　ⓔ 仮定形　ⓕ 命令形｝

7 次の文の形容詞には――、形容動詞には＝＝を引き、活用形を書きなさい。完答3点×2（6点）

① 爽やかな笑顔（えがお）がとても印象に残った。 活用形…（　）
② いつもより水が冷たく感じられた。 活用形…（　）

8 次の文の助詞には――、助動詞には＝＝を引きなさい。完答4点×3（12点）

① 母のように、料理を上手に作れる人になりたいです。
② 明日は雨らしいので、傘を持っていこう。
③ 演者が退場するまで拍手が鳴りやまなかったそうだ。

攻略！ 助詞は活用しないが、助動詞は活用する。

9 よく出る 次の――線の語と同じ働き・意味のものをそれぞれ後から一つずつ選び、記号で答えなさい。3点×2（6点）

① 北海道に住みたい。（　）
ア 元気になる。
イ 早く出発したのに遅刻した。
ウ 前方に見える。
エ すぐに家へ帰る。

② 彼女は勉強はできるが、スポーツは苦手だ。（　）
ア 失敗したことが、彼の人生を狂わせた。
イ 懸命に走ったが、遅刻した。
ウ 私は、英語が得意だ。
エ 急いで走った。が、遅かった。

攻略！ 活用する語に付いている「が」は、接続助詞。

10 よく出る 次の――線の語と同じ働き・意味のものをそれぞれ後から一つずつ選び、記号で答えなさい。4点×3（12点）

① それは彼自身の問題だ。（　）
ア 今年の夏は暑そうだ。
イ みんなと海で泳いだ。
ウ この計画なら万全だ。
エ このチームは彼が中心だ。

② 三歳の弟は、もう一人で服を着られる。（　）
ア 幼い頃の出来事がなつかしく感じられる。
イ 駅で、友達に呼び止められる。
ウ 一時間で片付けられる仕事量だ。
エ 先生は午後から来られる。

攻略！ 「られる」の意味は、受け身・可能・尊敬・自発の四つ。

③ 先生から何か話があるようだ。（　）
ア 台風が日本に上陸するようだ。
イ イチロー選手のようになりたい。
ウ この湖は、まるで海のようだ。
エ ノートのようなものを持ってくること。

知識の泉 Q 慣用句「腑（ふ）に落ちない」の意味は？

確認のワーク ステージ1

エルサルバドルの少女 ヘスース

解答 25ページ スピードチェック 12ページ 予想問題 141ページ

学習のねらい
●さまざまな国や地域、社会で生きる人間がいることを知ろう。
●困難にくじけないで生きる人間の姿から学ぼう。

漢字と言葉

1 漢字の読み 読み仮名を横に書きなさい。

＊は新出漢字 ▼は新出音訓・◎は熟字訓

❶ ＊是正 ❷ ＊凄惨 ❸ 一張＊羅
❹ ▼辞める ❺ 翻＊弄

2 漢字の書き 漢字に直して書きなさい。

❶ 人に（ほんろう）される。 ❷（せいさん）な戦場。
❸ 格差の（ぜせい）。 ❹（いっちょうら）を着る。

❺「弄」の部首は廾（にじゅうあし）だよ。

3 語句の意味 意味を下から選んで、線で結びなさい。

❶ 是正 ・ ・ア 持っている中で最も上等な衣服。
❷ 所在なげ ・ ・イ 親・きょうだいや親類。
❸ 凄惨 ・ ・ウ することがなく退屈な様子。
❹ 一張羅 ・ ・エ 思いのままにもてあそぶこと。
❺ 身寄り ・ ・オ 目を覆うほど痛ましい様子。
❻ 翻弄 ・ ・カ 悪い点を正しく直すこと。

教科書の要点

1 登場人物 （　）に教科書の言葉を書き入れなさい。 教 p.178〜182

●「私」（筆者）…フリーランスの（①　　　）。
　中米のエルサルバドルの内戦を取材している。
●ヘスース…エルサルバドルの（②　　　）に住んでいた女の子。一歳のときに戦争で父親が死んだ。
●（③　　　）…ヘスースの子供。
●（④　　　）…ヘスースの夫。警官をしている。

2 場所 エルサルバドルについて、（　）に教科書の言葉を書き入れなさい。 教 p.178

●大きさ…日本の（①　　　）くらいの大きさ。
●人口…約（②　　　）人。
●国名の由来…スペイン語で「（③　　　）」という意味。
●国情…一九八〇年から始まった（④　　　）のため、多くの死者や国内避難民、国外への難民が出ていた。

3 構成のまとめ

（　）に教科書の言葉を書き入れなさい。教p.178〜185

まとまり	1 序	2 ヘスースとの出会いからヘスースの結婚まで	3 ヘスースの結婚式
	教初め〜p.178・上⑤	p.178・上⑦〜182・下⑯	p.182・下⑱〜終わり
筆者の取材活動	●十六年を避難民キャンプで過ごしたヘスースは、夫フランシスコ、一歳のジャクリーンと新しい生活を始めた。	●（①　　）年、エルサルバドルを初めて訪問。 ●二年後に再訪。 ●三回目の訪問。 ●四度目の訪問（一九九五年）。内戦が（④　　）した三年後。 ●その二年後に訪問。	●四年後（二〇〇一年）に、二人の（⑦　　）に招かれた。
ヘスースとの交流	▼避難民キャンプで、三歳の女の子、（②　　）と出会う。	▼五歳のヘスースを見つけた。⬇明るい表情を見て、戦場の写真を撮ってすさんだ気持ちが和んでいくようだった。 ▼ヘスースは十歳。週一回、夜の学校に行っている。戦争で死んだ（③　　）の写真といっしょに、ヘスースの写真を撮った。 ▼十五歳のヘスースはまだキャンプにいて、学校を辞めて働いていた。 ▼ヘスースは（⑤　　）を生んで、農園で働いていた。夫のフランシスコの職業は（⑥　　）。両親を戦争でなくして、少年のときはゲリラ兵だった。	▼筆者「どうしていつも笑顔（えがお）だったの？」 ヘスース「**周りのみんながいい気持ちでいてくれるように、笑顔でいたかったの。**」 ▼ヘスース…困っている人を助ける（⑧　　）の生き方から学んだことも多かった。 「ここ（キャンプ）で育ったことに（⑨　　）をもっている」 ▼筆者「いつまでも幸せでいてほしい。」と強く願う。

おさえよう

要旨 幼いときから内戦に翻弄されてきたヘスースにとって、〔ア 笑顔　イ 家族〕は自分の人生をかけがえのないものとして生きてきたあかしであり、今、自らの手で新しい〔ア 人生　イ 仕事〕をつかみ取ったのだ。

知識の泉 Q 次のことわざの□に当てはまる共通の漢字は？　□に入（い）っては□に従え

実力判定テストA　ステージ2

エルサルバドルの少女 ヘスース

30分

自分の得点まで色をぬろう！
100点　80　60　0
/100

解答 25ページ

★ 次の文章を読んで、問題に答えなさい。　教p.178・上⑦〜181・⑮

　私が中米のエルサルバドルを訪れたのは、一九八二年。フリーランスのフォト・ジャーナリストとして、貧富の格差是正を掲げる勢力と政府軍との内戦を取材するためだった。エルサルバドルは四国(しこく)ほどの小さな国で、人口約五百万。国名はスペイン語で「救世主」を意味するが、一九八〇年から始まった内戦で死者三万人、戦争による国内避難民は六十万人、国外への難民は三十万人に達していた。

　私は五か月にわたり軍事作戦、戦闘、負傷者、政治テロの現場などを記録しながら、①合間を見つけては、市場や下町に出向いた。厳しい内戦下で「今日」を必死に生き抜く人々の姿を撮りたいと思ったからだ。そんなある日、バスで移動中に偶然見つけたのが、公園の中にあった②避難民キャンプだった。

　簡素なバラック小屋が軒を連ね、周りは鉄条網で囲われていた。許可をもらい中に入ると、ポリタンクを手に配水の順番を待つ人々の列が目に入った。すぐその脇では、子どもたちが砂ぼこりの中を走り回っている。奥の方では、女たちがかまどでパンを焼き、木陰では老人たちが所在なげに座り込んでいた。

　千人ほどが暮らすキャンプを歩いてみることにした。顔を合わせた人に「ブエノス・ディアス」（こんにちは）と挨拶すると、「元気ですよ。あなたは？」と、どの人も優しく応じてくれた。路地裏を進んでいくと、泣いている女の子を見つけた。衣装は汚れ、顔にも泥が付いている。後ろで結んでいるリボンが、天使の翼のようでかわいかった。③それがヘスースとの最初の出会いだった。

　二年後、エルサルバドルを再訪した私は、前回撮った写真を手にキャンプを訪れた。しかし、会えなかった人が何人もいた。食料も薬も満足にない劣悪な生活の中で、既になくなっていたのだ。厳しい現実に肩を落としながら歩いていると、壁代わりの段ボール紙の破れ目から、④ひまわりのような笑顔(えがお)をのぞかせている五歳のヘスースを見つけた。つらそうな子が多いのに、この子はどうしてこんなに明るい表情なのだろうと不思議に思った。滞在中、幾度となくキャンプを訪れて彼女を撮るようになった。その笑顔に、戦場の凄惨な現場を撮ってすさんだ私の気持ちが、しだいに和んでいくような気がしたからだ。

　三回目に訪れたのは、ヘスースが十歳のとき。ちょうどクリスマスと年始を挟んだ時期で、市内はもちろんキャンプでも、人々は一張羅を着て、ごちそうを楽しんでいた。そんな中でも、ヘスースには特別なお祝い事もなさそうだった。それでも笑顔を浮かべているので、理由を聞くと、「週一回、夜の学校に行けるようになったの。」とうれしそうに答えた。彼女は家の中から小さな写真を持ってくると、「戦争で死んだお父さん。この写真といっしょに撮って。」と言った。そのとき、彼女の父親が一歳のときに戦争で死んだこと、「イエス」（イエス・キリスト）のスペイン語読

A　郷。「ある土地に来たら，そこの習慣に従って生活するほうがよい」という意味。

みである「ヘスース」という名前も、その父親がつけてくれたものだと知った。

〈長倉洋海「エルサルバドルの少女 ヘスース」による〉

1 よく出る ①合間を見つけては、市場や下町に出向いた とありますが、筆者が戦場ではない場所にも取材に出かけたのは、なぜですか。文章中から抜き出しなさい。（20点）

（　　　　）

2 ②避難民キャンプ の様子を、筆者はどのように書いていますか。次から一つ選び、記号で答えなさい。（15点）

ア キャンプに暮らしている人々の不便な生活の実態を、統計的なデータも引用しながら書いている。

イ キャンプの住民にはなるべく近づかないようにして、離れた所から暮らしぶりをよく観察して書いている。

ウ キャンプに住む人々の日常生活に内戦が深刻な被害を与えていることが浮き彫りになるように書いている。

エ キャンプの中を歩き回り、住人とも気さくに触れ合いながら、実際に目にしたことを書いている。

（　　）

攻略！「簡素なバラック小屋が」から「かわいかった」までに着目する。

3 よく出る ③それがヘスースとの最初の出会いだった。という書き方には、どのような表現上の効果がありますか。次から一つ選び、記号で答えなさい。（15点）

ア ヘスースのかわいらしい描写の後で、読者にしみじみと感動を呼び起こす効果。

イ 筆者のヘスースとの出会いがあまりに劇的であったことを強調する効果。

ウ ヘスースと筆者の今後の関わりについて、読者に期待と興味をもたせる効果。

エ ヘスースという女の子に、厳しい運命が待ち受けていることを予感させる効果。

（　　）

攻略！「最初の出会い」という言葉に着目。

4 ④ひまわりのような笑顔をのぞかせている五歳のヘスースを見つけた とありますが、ヘスースの笑顔を見て、筆者はどのような気持ちになりましたか。二つ書きなさい。15点×2（30点）

（　　　　）

（　　　　）

5 「ヘスース」という名前は、誰が、どのようにつけましたか。（　）に当てはまる言葉を、文書中から抜き出しなさい。10点×2（20点）

ヘスースが一歳のときに戦争で死んだ（　　　　）が、「（　　　　）」のスペイン語読みの名前をつけた。

知識の泉 Q 「玉」「寸」「巻」に共通して付けることができる部首は？

実力判定テストB　ステージ3

エルサルバドルの少女 ヘスース

30分

自分の得点まで色をぬろう！ /100

解答 26ページ

★ 次の文章を読んで、問題に答えなさい。

教 p.182・下⑱〜185・⑳

　四年後の秋、私は二人の結婚式に招かれた。式が遅くなったのは、結婚費用がたまるまで時間がかかったからだ。晴れの日の会場は、二人がローンで買った共同住宅の一角。一間だけの会場には、たくさんの友人や親類が集まった。純白のウエディングドレスを着たヘスースは笑顔(えがお)でいっぱいで、参列者からの祝福の言葉に、本当に幸せそうだ。

　式が終わった翌日、私はこれから新しい生活を始める二人に、今まで聞いてみたかったことを質問することにした。①「どうしていつも笑顔だったの？」と切り出すと、ヘスースは「おじいちゃん、おばあちゃんが、さまざまな日雇いの仕事をして養ってくれた。キャンプの人にも本当に助けられた。だから、周りのみんながいい気持ちでいてくれるように、笑顔でいたかったの。」とほほえんだ。

　「キャンプでの生活はつらかったよね？」と言うと、「大好きなチキンを食べられるのは年に一回、クリスマスのとき。やっと料理ができあがったときに、ドアを誰かがノックして、それが私たちより困っている人だとわかると、おばあちゃんが料理を全部あげてしまったことがあった。まだ幼かった私は、食べることが好きだったから、そんなときはつらく感じたわ。」とヘスースは言った。でも、②彼女はそんなおばあちゃんの生き方から学んだことも多かったようだ。キャンプで身寄りのない人が死んだとき、みんなからカンパを集め、黒塗りの立派なひつぎを購入して死者を送り出したのは、ヘスースだった。キャンプの人々は、そうやって助け合って生きてきたのだろう。

　彼女は「友達の中には、スラムのようなキャンプで暮らしていることが恥ずかしいと思って、人に言えない子もいるけれど、私はここで育ったことに誇りをもっている。③キャンプは、子ども時代の思い出がいっぱい詰まった『人生の宝箱』のようなものだから。」と続けた。私はその言葉に胸がいっぱいになった。ヘスースは、自分の人生をたった一つのかけがえのない大切なものとして生きてきた。彼女の笑顔は、そのあかしでもあったのだ。

　戦争後のエルサルバドルについて尋ねると、フランシスコは「僕たちは貧しい人々の生活が良くなるようにと戦ってきたけれど、まだ汚職があるし、人々の生活はより苦しくなっている。」と怒りをあらわにする。「それなら、また銃を取って戦うつもりなの？」と聞くと、④彼は「フッ。」とため息をついて、「ヒロミ、戦いの場に一度でも身を置いたものなら、二度とそこに戻りたいと思わないはずだよ。」と答えた。

　ヘスースもフランシスコも、「内戦の中を生きた子どもたち」だった。戦乱に人生を翻弄されながらも、懸命に生き抜いてきた。自らの手で新しい人生をつかみ取り、今目の前でほほえむ二人に、「いつまでも幸せでいてほしい。」と強く願いながら私はシャッ

知識の泉　A 囗（くにがまえ）。「国」「団」「圏」となる。

ターを切った。

〈長倉洋海「エルサルバドルの少女 ヘスース」による〉

1 ①「どうしていつも笑顔だったの？」とありますが、ヘスースがいつも笑顔だったのはなぜですか。（20点）

（　　　　）

2 ②彼女はそんなおばあちゃんの生き方から学んだことも多かったようだについて答えなさい。

(1) 「そんなおばあちゃんの生き方」とは、どのような生き方ですか。次から一つ選び、記号で答えなさい。（10点）

ア 普段は質素な生活をしているが、年に一回はぜいたくをしてもよいと考える生き方。

イ 自分のことは全て犠牲にして、困っている人たちのために尽くすという生き方。

ウ 自分より困っている人には、自分の大事なものでも惜しみなく分け与えるという生き方。

エ 食べたいものがあっても我慢するように、孫を厳しくしつけるという生き方。

（　　）

(2) よく出る ヘスースは、おばあちゃんの生き方からどのようなことを学びましたか。（15点）

キャンプの人々と（　　　　）こと。

3 記述 ③キャンプは、子ども時代の思い出がいっぱい詰まった『人生の宝箱』のようなものとありますが、この言葉にはヘスースのどのような思いが込められていますか。「キャンプ」という言葉を使って書きなさい。（20点）

（　　　　）

4 よく出る ④彼は「フッ。」とため息をついてとありますが、このときのフランシスコの気持ちを次から一つ選び、記号で答えなさい。（15点）

ア エルサルバドルよりずっと裕福で平和な生活を送っている筆者の立場を羨ましく思う気持ち。

イ エルサルバドルの国民の生活は年々苦しくなっているが、自分にはどうすることもできないという諦めの気持ち。

ウ エルサルバドルの貧しい人々の生活がよくなるように、もう一度勇気をもって銃を取って戦いたいという気持ち。

エ エルサルバドルの人々の生活はまだ苦しいが、銃を取って戦うことはもう決してしたくないという気持ち。

（　　）

5 レベルUP 筆者は、ヘスースとフランシスコの生き方を、どのように考えていますか。文章中の言葉を使って書きなさい。（20点）

（　　　　）

知識の泉 Q「しじま」の意味を二字熟語で表すと？

確認のワーク ステージ1

紛争地の看護師

解答 27ページ　スピードチェック 13ページ　予想問題 142ページ

学習のねらい
- 紛争地の状況やそこで生きる人々について知ろう。
- 「国境なき医師団」で活動する筆者の思いを捉えよう。

漢字と言葉

1 漢字の読み　読み仮名を横に書きなさい。

＊は新出漢字　▼は新出音訓・◎は熟字訓

❶ 残＊酷

2 漢字の書き　漢字に直して書きなさい。

❶ （ざんこく）な現実。

3 語句の意味　意味を下から選んで、線で結びなさい。

❶ 奪還 ・　・ア 身にしみて深く感じる様子。
❷ 大仰 ・　・イ おおげさな様子。
❸ つくづく ・　・ウ ひどい状況で見ていられなくなる。
❹ 目を覆う ・　・エ 取られたものを奪い返すこと。
❺ 施す ・　・オ ある物事を行う。

「目を覆う」は慣用句だね。他にも「目」の付く慣用句を覚えておこう。
・目に余る…見過ごせないほどひどい。
・目をかける…ひいきにする。
・目にもの見せる…ひどいめに遭わせる。

教科書の要点

1 筆者　（　）に教科書の言葉を書き入れなさい。　教 p.188

- 「私」（筆者）は、（①　　）なき医師団（医療・人道援助活動を行う国際団体）に所属する（②　　）である。
- 医師団から、イラクのモスルに（③　　）してほしいというメールが来る。

2 内容理解　（　）に教科書の言葉を書き入れなさい。　教 p.189〜190

- 海の向こう側には、戦争の被害によって、（①　　）にさらされている人々がたくさんいる。
- 筆者が現地に行っても、活動中の生活環境は（②　　）、医療がスムーズに行えるとも（③　　）。
- 苦しんでいる人たちがたくさんいるのに、（④　　）すら自由に施せない。

A **静寂。**　静まり返っていること。〈例〉夜のしじまを破る。

3 構成のまとめ　（　）に教科書の言葉を書き入れなさい。教p.188〜190

まとまり	出来事（事実）	筆者の気持ち
1 出発要請 教初め〜p.189・下⑨	●（①　　）年十月十七日。日本にいる筆者のもとに、国境なき医師団から、イラクの（②　　）に行ってほしいという出発要請のメールが入る。 ↓とっさにスマートフォンを握り締めた。 ●父に伝えると、父は独り言のような（③　　）を繰り返し、ついには無言になってしまった。	▼父にどうして言えるだろうか。 ⇣娘を心配する父の気持ちを考えると、言いだしづらい。 ▼父の動揺と不安が伝わってきて、つくづく（④　　）と思う。 ▼それでも、私は（⑤　　）ならない。 ↓看護師としての強い使命感。
2 筆者の思い p.189・下⑪〜終わり	戦地の人々 ●戦地では、人々は命の危機にさらされている。 ↓泣いたり、打ちひしがれたりしている。 医療 ●病院が（⑥　　）されていたり、被害者と医療をつなぐアクセスが断たれてしまったりしていることが多い。 ↓苦しんでいる人が多いのに、医療すら自由に施せない。	← ▼誰が彼らの命を救うのか。 誰が彼らの悲しみと怒りに注目するのか。 ▼医療に（⑦　　）はない。＝国・国籍・人種を超えた、同じ人間。 ▼医療を求めて泣いている人々の痛みや苦しみを（⑧　　）ことはできない。

おさえよう

要旨　看護師である筆者は、家族の〔ア 不安　イ 怒り〕を感じ取りながらも、それでも紛争地へと駆け付ける。それは、国、国籍、人種に関わらず、同じ〔ア 仕事　イ 人間〕として、苦しむ人々を放っておけないという強い思いからである。

Q 「呉越同舟（ごえつどうしゅう）」の意味は？

実力判定テストA　ステージ2

紛争地の看護師

30分

自分の得点まで色をぬろう！
100点　80　60　0
/100

解答 27ページ

★ 次の文章を読んで、問題に答えなさい。

教 p.188・下②〜189・下⑨

「イラクのモスルに緊急出発してほしい。」

とっさに、メール画面が開かれたままのスマートフォンを両手で胸の前で握り締めた。隣のダイニングルームでテレビを見ている父に視線を向けると、食後のお茶を飲みながら、爆音とナレーションが交錯するモスル奪還の戦闘を見ている。

「①お父さんが今テレビで見ている場所への出発要請が来たよ。」
②そんなこと、どうして言えるだろうか。
出発を承諾した私は友人との約束をキャンセルしてしまった。父に車で送ってもらう先は、出発に必要なものをそろえるためのショッピングモールとなった。ドラッグストアや百円ショップなどで必要なものを購入し、明日にでも出発ができるように慌ただしく準備を進めなければならない。

家族に派遣の予定を伝えるときは、いつもであれば言いやすい母親のほうに先に伝え、母親からタイミングを見計らって父親の耳に入れてもらう。あいにく母親はそのとき仕事で不在だった。また、なぜ車の行き先を変更したのかを父に③説明しなくてはならなかった。

車の中でぼそっと伝えた。

「私、モスルに出発する……。」

「え！　いつだ？　また行くのか！」

そう反応し、その後も父は、

「あんな危ねぇところによぉ。」

「心配なんだよ、こっちはよぉ。」

と独り言のような説教をぼそぼそと繰り返し、こちらは助手席で④居心地(いごこち)の悪い時を過ごした。窓の外を見ながら聞こえないふりを続け、ついには父も無言になった。
⑤張り詰めた空気から、動揺と不安が伝わってくる。娘を戦地に向かわせて平気な親などいるはずがない。そしてそんな親を見て、つくづく申し訳ないと思ってしまう。
それでも、私は向かわなければならない。

〈白川(しらかわ)　優子(ゆうこ)「紛争地の看護師」による〉

1　①お父さんが今テレビで見ている場所について答えなさい。
(1)　その場所は、どこの国の何という都市ですか。　(10点)

(2) その場所はどのような様子ですか。文章中の言葉を使って書きなさい。(10点)

2 よく出る ②そんなこと、どうして言えるだろうか。とありますが、筆者がこのように思ったのは、なぜですか。次から一つ選び、記号で答えなさい。(10点)

ア 父に叱られたくないから。
イ 父を心配させたくないから。
ウ 父の邪魔をしたくないから。
エ 父とあまり話したくないから。

攻略！ 「どうして言えるだろうか」は、「いや、言うことができない」という意味を含んでいる。言いだしづらい理由を読み取ろう。

3 ③車の中でぼそっと伝えた。について答えなさい。

(1) 筆者が、母親ではなく父親に伝えたのはなぜですか。理由を二つ書きなさい。10点×2(20点)

(2) 筆者は、父にどのように伝えたのですか。次から一つ選び、記号で答えなさい。(10点)

ア 父に与えてしまう衝撃を予想して、小声で伝えた。
イ 車内の重々しい雰囲気を変えようと、明るく伝えた。
ウ 父に叱られると思い憂鬱になりながら、しぶしぶ伝えた。
エ 仕事のことで頭がいっぱいだったので、急いで伝えた。

4 ④ついには父も無言になったとありますが、このときの父はどのような気持ちだったと考えられますか。次から一つ選び、記号で答えなさい。(10点)

ア 娘が自分の思いをわかってくれず、強い怒りを感じている。
イ どうにもならない自分の思いに、やるせなさを感じている。
ウ どうしても自分の思いを娘に伝えられず、困惑している。
エ 娘の思いに応えられない自分に、いらだちを感じている。

5 よく出る ⑤張り詰めた空気とありますが、このときの父と筆者はそれぞれどのような気持ちでしたか。□に当てはまる言葉を、文章中から抜き出しなさい。10点×3(30点)

父…□でいっぱいな気持ち。

筆者…父に□と思いながらも、戦地に□と強く思う気持ち。

攻略！ 筆者の決意が表れた一文に着目しよう。

確認のワーク ステージ1

温かいスープ

学習のねらい
●随筆に描かれた出来事と、その背景を捉えよう。
●国際社会における人と人との関係についての筆者の考えを捉えよう。

解答 27ページ　予想問題 143ページ

教科書の要点

1 話題　（　）に教科書の言葉を書き入れなさい。　教p.196

①（　　）後、日本が世界の嫌われ者だった時代に筆者が体験した、②（　　）とは何かを考えさせる話。

2 内容理解　（　）に教科書の言葉を書き入れなさい。　教p.196〜197

●時……第二次世界大戦が終結してから十余年たった、①（　　）年のこと。

●場所…フランスのパリにある小さな手作りの②（　　）。ぜいたくではないが、パリらしい雰囲気があった。

●登場人物

・「私」（筆者）…パリで大学の③（　　）をしている。毎週土曜は、宿の近くの②（　）で夕食を取っていた。

・料理店の母親…白髪（はくはつ）。台所で料理を作っている。

・料理店の④（　　）…生っ粋のパリ美人という感じ。ウェイトレスと会計を受け持っている。

3 内容理解　筆者は、料理店の娘と母親から、どのようなもてなしを受けましたか。（　）に教科書の言葉を書き入れなさい。　教p.198

●娘から……オムレツに一人分付いてくるパンを、①（　　）添えてくれた。

●母親から…客の注文を取り違えて余ったからと言って、温かいオニオングラタンの②（　　）を差し出された。

4 内容理解　料理店の娘と母親から受けたもてなしを筆者がありがたいと思った背景には、どういうことがありますか。（　）に教科書の言葉を書き入れなさい。　教p.196〜198

●パリでは、戦争の影響で、①（　　）であるというだけで下宿を断られるなどつらいめに遭っていたこと。

●若い非常勤講師の月給は安く、月末になると②（　　）の状態になっていたこと。

●パリは、九月半ばから暖房の入るほどの寒い都で、冬は③（　　）がするような所だったこと。

知識の泉　A　**豚に真珠，馬の耳に念仏。**　価値のあるものを与えてもむだなこと。

5 構成のまとめ　（　）に教科書の言葉を書き入れなさい。教p.196～199

まとまり	1 体験の背景 教初め～p.196・⑫	筆者の体験(1) p.196・⑬～197・⑤	2 筆者の体験(2) p.197・⑥～198・⑥	筆者の体験(3) p.198・⑦～198・⑳	3 国際性とは何か p.199・①～終わり
出来事	●一九四五年の夏＝第二次世界大戦で日本が降伏。 ↓戦後しばらくは、日本はオリンピック大会や世界の経済機構への参加が許されなかった。	●一九五七年、パリで、日本人だという理由で（②　　）を断られた。	●若い非常勤講師の月給は安いので、（③　　）になると金詰まりの状態になる。 ●ある晩、（④　　）だけを注文した筆者に、店の娘が（⑤　　）のパンを添えてくれた。 ↓勘定のとき、一人分しか受け取らなかった。	●二月の寒い季節、筆者は（④　　）だけを注文した。 ↓店の母親のほうが、客の注文を取り違えたからと、湯気の立つ（⑦　　）を差し出した。	●国際性の基本は、相手の立場を思いやる優しさ、お互いが（⑨　　）であるという自覚だ。 ●料理店の人たちの無償の愛が示すもの。↓求めるところのない（⑩　　）としての人類愛。 ●国際性は、一人一人の平凡な（⑪　　）の中で試されている。
筆者の行動・気持ち	▼日本も日本人も（①　　）時代だった。	▼しかたなく、貧相な部屋のホテル住まいをすることになった。	▼月末の土曜の夕食は、いちばん値の張らない（④　　）だけを注文した。 ▼何か（⑥　　）思いで、「ありがとう。」と言った。	▼客の注文を間違えたのではないことは明らかだった。 ↓ありがたくて、（⑧　　）がスープに落ちた。	

おさえよう

要旨 国際性の基本は、相手を思いやる〔ア 優しさ　イ 明るさ〕、お互いが人類の仲間だという自覚である。そういった〔ア 無償　イ 有償〕の愛、隣人愛、人類愛が、一人一人の〔ア 公共　イ 日常〕の中で試されているのだ。

Q「徐々に」の類義語はどっち？　ア＝暫時　イ＝漸次

実力判定テストA ステージ2

温かいスープ

30分

自分の得点まで色をぬろう！

/100

解答 27ページ

★ 次の文章を読んで、問題に答えなさい。

教 p.197・⑬〜199・⑫

若い非常勤講師の月給は安いから、月末になると外国人の私は金詰まりの状態になる。そこで月末の土曜の夜は、スープもサラダも肉類も取らず、①「今日は食欲がない。」などとよけいなことを言ったうえで、いちばん値の張らないオムレツだけを注文して済ませた。それにはパンが一人分付いてくるのが習慣である。そういう注文が何回かあって気づいたのであろう、この若い外国生まれの学者は月末になると苦労しているのではなかろうか、と。

ある晩、また「オムレツだけ。」と言ったとき、娘さんのほうが黙ってパンを二人分添えてくれた。パンは安いから二人分食べ、勘定のときパンも一人分しか要求されないので、「パンは二人分です。」と申し出たら、②人さし指をそっと唇に当て、目で笑いながら首を振り、他の客にわからないようにして一人分しか受け取らなかった。私は何か心の温まる思いで、「ありがとう。」と、かすれた声で言ってその店を出た。月末のオムレツの夜は、それ以後、いつも半額の二人前のパンがあった。

その後、何か月かたった二月の寒い季節、また貧しい夜がやって来た。花のパリというけれど、北緯五十度に位置するから、わりに寒い都で、九月半ばから暖房の入る所である。冬は底冷えがする。その夜は雹(ひょう)が降った。私は例によって無理に明るい顔をしてオムレツだけを注文して、待つ間、本を読み始めた。店には二組の客があったが、それぞれ大きな温かそうな肉料理を食べていた。そのときである。背のやや曲がったお母さんのほうが、湯気の立つスープを持って私のテーブルに近寄り、震える手でそれを差し出しながら、小声で、③「お客様の注文を取り違えて、余ってしまいました。よろしかったら召しあがってくださいませんか。」と言い、優しい瞳でこちらを見ている。小さな店だから、今、お客の注文を間違えたのではないことぐらい、私にはよくわかる。

こうして、目の前に、どっしりしたオニオングラタンのスープが置かれた。寒くてひもじかった私に、それはどんなにありがたかったことか。涙がスープの中に落ちるのを気取られぬよう、一さじ一さじかむようにして味わった。フランスでもつらいめに遭ったことはあるが、この人たちの④さりげない親切のゆえに、私がフランスを嫌いになることはないだろう。いや、そればかりではない、人類に絶望することはないと思う。

国際性、国際性とやかましく言われているが、その基本は、流れるような外国語の能力やきらびやかな学芸の才気や事業のスケールの大きさなのではない。それは、相手の立場を思いやる優しさ、お

知識の泉 A イ。「暫時」は「少しの間」の意味。

互いが人類の仲間であるという自覚なのである。その典型になるのが、名もない行きずりの外国人の私に、口ごもり恥じらいながら示してくれたあの人たちの無償の愛である。求めるところのない隣人愛としての人類愛、これこそが国際性の基調である。そうであるとすれば、一人一人の平凡な日常の中で、それは試されているのだ。

〈今道（いまみち）友信（とものぶ）「温かいスープ」による〉

1 よく出る ①今日は食欲がない。とありますが、筆者はなぜ、こう言ったのですか。次から一つ選び、記号で答えなさい。（15点）

ア　異国での貧乏な暮らしのためにすっかり体を壊し、食欲がなくなっていたから。

イ　お金がないためにオムレツしか注文しないのだと、気づかれるのが嫌だったから。

ウ　食欲がないことをよそおうことで、料理店の娘の気を引きたかったから。

エ　自分の貧しさをみじめに感じて、たくさん食べる気になれなかったから。

（　　）

2 ②人さし指をそっと唇に当て……一人分しか受け取らなかったとありますが、このときの娘はどのような心情だったと考えられますか。次から一つ選び、記号で答えなさい。（10点）

ア　日本人の若い学者と、親しくなるきっかけにしたい。

イ　日本人は嫌われ者だけど、差別をしたらかわいそうだ。

ウ　経済的に苦しそうな若い学者の助けになればうれしい。

エ　お得意様だからサービスをしてつなぎとめておきたい。

（　　）

3 ③お客様の注文を……召しあがってくださいませんか。と言われてスープをもらった筆者は、どのような思いになりましたか。それがわかる表現を、文章中から十四字で抜き出しなさい。（15点）

[解答欄：十四字]

4 ④さりげない親切を別の言葉で何と表現していますか。文章中から四字と十九字で抜き出しなさい。20点×2（40点）

[解答欄：四字]

[解答欄：十九字]

5 よく出る 筆者の主張を次から一つ選び、記号で答えなさい。（20点）

ア　国際性を身につけるには、外国語の能力や学芸の才気、事業のスケールと共に、相手を思いやる豊かな心も必要である。

イ　国際性の基調は、互いを人類の仲間と認め合うことだが、外国語や学芸の才気を磨くことで、それが身についていくものだ。

ウ　国際性の基調とは国や人種を超えた無償の愛であり、それは日常生活の中で容易に身につけることができるものだ。

エ　国際性の基調は人類愛であり、互いに相手を思いやり、親切にすることを日常生活の中で行っていくべきだ。

（　　）

攻略！　最後の段落から、筆者の考えを捉えよう。

知識の泉　Q　一つだけ違う漢字は？　ア＝境グウ　イ＝奇グウ　ウ＝グウ然

8 未来へ向かって

確認のワーク ステージ1
わたしを束ねないで
漢字に親しもう6

解答 28ページ スピードチェック 13ページ

学習のねらい
●詩の中のさまざまな言葉や表現が表しているものを捉えよう。
●詩に込められた作者の思いを捉えよう。

漢字

1 漢字の読み　読み仮名を横に書きなさい。

＊は新出漢字　▼は新出音訓・◎は熟字訓

❶ 稲＊穂　❷ ＊昆虫

2 漢字の書き　漢字に直して書きなさい。

❶ （こんちゅう）の採集。　❷ （いなほ）が実る。

基本問題　漢字に親しもう6

1 よく出る 次の読みの漢字を［　］から選び、書き入れなさい。

① おか（す）
A 危険を［　］す。
B 人権を［　］す。
［侵　冒］

② カイ
A 会長を［　］任する。
B 計画が［　］調に進む。
［快　解］

③ カンキ
A 注意を［　］する。
B 部屋を［　］する。
［喚起　換気］

④ シュウチ
A このことは［　］の事実だ。
B 注目されて［　］を覚えた。
［羞恥　周知］

2 よく出る 送り仮名に注意して、（　）に漢字と送り仮名を書き入れなさい。

① 犯人を（つかまえる）。　② 注意を（おこたる）。

3 ①は対義語、②は類義語を選び、記号を○で囲みなさい。

① 悲哀 ↕ ［ア 歓喜　イ 楽観］
② 寄与 ＝ ［ア 貢献　イ 救出］

知識の泉　A ウ。　ア＝境遇　イ＝奇遇　ウ＝偶然

教科書の要点　わたしを束ねないで

1 詩の形式（　）に漢数字を書き入れなさい。教p.200〜202

この詩は、（①　）つの連から成り、各連はどれも（②　）行の構成となっている。

2 詩の構成（　）に教科書の言葉を書き入れなさい。教p.200〜202

●各連の前半…「わたしを……ないで」「……（①　）ください」と、禁止・拒絶の言葉を用いて、作者が拒む生き方を述べている。

●各連の後半…「（②　）は……」と、自分のなりたいイメージを述べている。

3 詩の表現方法（　）に言葉を書き入れなさい。教p.200〜202

●（　）…「……のように」という比喩表現を用いて、自分が拒否したいものを表している。

●繰り返し…「わたしを……ないで」「……のように……ないでください」「わたしは……」という表現を、各連で繰り返し用いている。

4 構成のまとめ（　）に教科書の言葉を書き入れなさい。教p.200〜202

連	内容
一　植物のイメージ	●あらせいとうの花・白い葱（ねぎ）…束ねられるもの ●（①　）・見渡すかぎりの金色（こんじき）の（①）…豊かに実るもの
二　動物のイメージ	●標本箱の昆虫・高原からきた絵葉書（えはがき）…止められるもの ●羽撃（はばた）き・つばさの音…自由を求めて躍動するもの
三　液体のイメージ	●日常性に薄められた（②　）・ぬるい酒…刺激がなく、味気ないもの ●海・苦い潮（うしお）・ふちのない水…果てのないもの
四　女性のイメージ	●娘という名・妻という名・重々しい（③　）という名…世間や常識に束縛されるもの ●風…自由に行動することができるもの
五　文章のイメージ	●，（コンマ）や．（ピリオド）、段落・おしまいに「さようなら」があたりする手紙…区切り、評価を下すもの ●終（お）わりのない文章・拡（ひろ）がっていく一行の（④　）…活動し、発展していくもの

おさえよう

主題　「わたし」はあるがままの〔ア 自然　イ 子供〕のように、何ものにも〔ア 援助　イ 束縛〕されず、一人の人間として、力強く〔ア 伸びやか　イ 気楽〕に生きたい。

知識の泉　Q　一つだけ部首の違う漢字は？　ア＝雄　イ＝焦　ウ＝雇

わたしを束ねないで

30分

自分の得点まで色をぬろう！

100点　80　60　0

/100

解答　28ページ

次の詩を読んで、問題に答えなさい。

教 p.200〜202

わたしを束ねないで

新川(しんかわ)　和江(かずえ)

わたしを束ねないで
①あらせいとうの花のように
白い葱(ねぎ)のように
束ねないでください　わたしは稲穂
秋　大地が胸を焦がす
見渡すかぎりの金色(こんじき)の稲穂

わたしを止めないで
標本箱の昆虫のように
高原からきた絵葉書(えはがき)のように
止めないでください　わたしは羽撃(はばた)き
こやみなく空のひろさをかいさぐっている
目には見えないつばさの音

わたしを注(つ)がないで
日常性に薄められた牛乳のように
ぬるい酒のように
注がないでください　②わたしは海
夜　とほうもなく満ちてくる
苦い潮(うしお)　ふちのない水

わたしを名付けないで
③娘という名　妻という名
重々しい母という名でしつらえた座に
坐(すわ)りきりにさせないでください　④わたしは風
りんごの木と
泉のありかを知っている風

わたしを区切らないで
，(コンマ)や．(ピリオド)いくつかの段落
そしておしまいに「さようなら」があったりする手紙のようには
⑤こまめにけりをつけないでください　わたしは終(おわ)りのない文章
川と同じに
はてしなく流れていく　拡(ひろ)がっていく　一行の詩

1 ①あらせいとうの花のように／白い葱のように　とありますが、「あらせいとうの花」「白い葱」は、どのようなイメージをもつものとして挙げられていますか。次から一つ選び、記号で答えなさい。（10点）

ア 目立たなくても役に立つというイメージ。
イ 生き生きと大地で育ってきたというイメージ。
ウ 豊かな生命力が失われているというイメージ。
エ 身近にあって親しみやすいというイメージ。

（　　）

2 ②わたしは海　で用いられている表現方法を、次から二つ選び、記号で答えなさい。5点×2（10点）

ア 直喩　**イ** 隠喩　**ウ** 擬人法
エ 体言止め　**オ** 倒置

（　　）（　　）

攻略！ 「……のようだ」という言葉を用いない比喩になっている。

3 ③娘という名　妻という名／重々しい母という名　とありますが、「娘」「妻」「母」に共通するのは、どういうことですか。（　　）に当てはまる言葉を、考えて書きなさい。（15点）

どれも社会の中で（　　　　）が担(にな)っている役割であること。

4 **記述** ④わたしは風　とありますが、ここから作者がどのような生き方をしたいと考えていることがわかりますか。考えて書きなさい。（20点）

（　　　　）

---

5 ⑤こまめにけりをつけないでください　とありますが、手紙や文章にけりをつけるものとして、何が挙げられていますか。当てはまるものを、詩の中から全て抜き出しなさい。完答（15点）

（　　　　）

6 **よく出る** この詩では、作者がしてほしくないことが、各連の第一行に書かれています。どんなことを拒否しているのですか。後から一つずつ選び、記号で答えなさい。3点×5（15点）

① 第一連…束ねないで（　）
② 第二連…止めないで（　）
③ 第三連…注がないで（　）
④ 第四連…名付けないで（　）
⑤ 第五連…区切らないで（　）

ア 感受性や可能性を小さな器に入れられること。
イ 他のものとまとめられ、束縛されること。
ウ 一つ一つ評価されて、自分の可能性を限られること。
エ 世間が期待する役割を押しつけられること。
オ 動き回り成長することを外からの力で抑えられること。

7 **よく出る** この詩から、作者が何を大事にしたいと思っていることが伝わってきますか。次から一つ選び、記号で答えなさい。（15点）

ア 自分らしさ
イ 他人への思いやり
ウ 人のお手本になること
エ 自然との一体感

（　　）

知識の泉　Q「伝統」の対義語は？

確認のワーク ステージ1

高瀬舟

学習のねらい
●人生に対する喜助と庄兵衛の考え方の違いを読み取ろう。
●喜助に対する庄兵衛の心の動きを読み取ろう。

解答 29ページ 予想問題 144ページ

教科書の要点

1 登場人物 （　）に教科書の言葉を書き入れなさい。 教p.246〜247/253

●（①　　）…京都町奉行の配下にいる同心。
●（②　　）…三十歳くらいの住所不定の男。弟殺しの罪人として遠島を申し渡され、高瀬舟で護送されている。
●②の弟…（③　　）で働けなくなって、兄に養われていた。

2 あらすじ 正しい順番になるように、番号を書きなさい。 教p.246〜256

1 同心羽田庄兵衛は、高瀬舟で喜助の護送を命じられる。
（　）庄兵衛は、自らの暮らしと喜助の暮らしを比較する。
（　）庄兵衛は、喜助に何を思っているのかと尋ねる。
（　）庄兵衛は、喜助に人をあやめた事情を尋ねる。
（　）庄兵衛は、喜助が楽しそうなことを不思議に思う。
（　）喜助は、鳥目をもらったことがうれしいと話す。
（　）喜助は、弟を死なせたときの事情を話す。
（　）庄兵衛は、達観している喜助を驚異の目で見つめる。
9 庄兵衛は、喜助の行為は人殺しになるのかと疑う。

3 人物像 後の□から言葉を選び、（　）に書き入れなさい。 教p.249〜251

●庄兵衛
・下級官吏としての職務をこなし、家族七人を養う（①　　）な生活に（②　　）を覚えたことはない。
・普段は、幸いとも不幸とも（③　　）に過ごしている。
●喜助
・遠島を申し渡されても、鳥目二百文をもらったことに満足している（④　　）人間。
・仕事も財産も（⑤　　）もなく、失うものは何もない。

倹約　係累　満足　欲のない　感ぜず

二人の考え方は全く異なっているね。

知識の泉 A 革新。 文脈によっては,「革新⇔保守」ともなる。

4 構成のまとめ

（　）に教科書の言葉を書き入れなさい。教p.246〜256

場面	前書き 高瀬舟の紹介 教初め〜p.247・上④	発端 喜助の態度 p.247・上⑥〜249・上⑪	展開 喜助と庄兵衛との対比 p.249・上⑬〜252・⑯	クライマックス 喜助の告白と庄兵衛の疑念 p.252・⑱〜終わり
喜助の行動・心情	●高瀬舟…（①　）を申し渡された罪人が護送される舟。 ●護送の役をする同心…罪人の悲惨な境遇を知ることになる。	●弟殺しの罪人であるのに、いかにも（②　）な顔をしている。…額は晴れやか、目には輝き。	●島に落ち着いていることができること、（④　）の鳥目をいただいたことがありがたいと話す。	●弟をあやめた訳を話す。 病気で働けなくなった弟は、兄に（⑦　）と思って、自ら剃刀（かみそり）を喉に突き刺した。 ➡剃刀を抜けば「（⑧　）だろう」と弟に強く頼まれて、喉から剃刀を抜くと、弟は息が切れた。
庄兵衛の行動・心情	➡仲間では、不快な職務として嫌われていた。	▼喜助の様子を見て、（③　）に思う。 …「この男はどうしたのだろう。」とわからなくなる。	▼喜助と我が身との間に、大きな懸隔があると思う。 …喜助…欲がなく、（⑤　）を知っている。 我が身…生活に（⑥　）を覚えたことがない。 ▼今さらのように驚異の目をみはって喜助を見た。	▼これが果たして（⑨　）というものだろうかという疑いが生じる。 …お奉行様の判断に従うほかないと思うが、納得できない。

おさえよう

主題 今の生活に満足していない庄兵衛は、〔ア 欠くこと　イ 足ること〕を知っている喜助を見て驚き、敬意の念を抱く。喜助が、死のうとした弟を苦しみから救おうとした結果死なせたことを知り、その行為は人殺しといえるのだろうかと、庄兵衛は〔ア 納得した　イ 納得できなかった〕。

知識の泉 Q 次のうち和語はどっち？　ア＝野原　イ＝山脈

実力判定テストA ステージ2

高瀬舟

次の文章を読んで、問題に答えなさい。 教p.249・上⑬～250・下⑦

30分

自分の得点まで色をぬろう!

100点 80 60 0

/100

解答 29ページ

しばらくして、庄兵衛はこらえ切れなくなって呼びかけた。

「喜助。おまえ何を思っているのか。」

「はい。」と言って、辺りを見回した喜助は、何事をかお役人に見とがめられたのではないかと気遣うらしく、居ずまいを直して庄兵衛の気色をうかがった。

庄兵衛は、自分が突然問いを発した動機を明かして、役目を離れた応対を求める言い訳をしなくてはならぬように感じた。そこでこう言った。「いや。別に、訳があってきいたのではない。実はな、おれはさっきから①おまえの島へ行く心持ちがきいてみたかったのだ。おれはこれまで、この舟で大勢の人を島へ送った。それはずいぶんいろいろな身の上の人だったが、どれもどれも島へ行くのを悲しがって、見送りに来て、いっしょに舟に乗る親類の者と夜通し泣くに決まっていた。それに、おまえの様子を見れば、どうも島へ行くのを苦にしてはいないようだ。いったいおまえはどう思っているのだい。」

喜助はにっこり笑った。「御親切におっしゃってくだすって、ありがとうございます。なるほど島へ行くということは、ほかの人には悲しいことでございましょう。その心持ちは、私にも思いやってみることができます。しかしそれは、世間で楽をしていた人だからでございます。京都は結構な土地ではございますが、その結構な土地で、②これまで私のいたして参ったような苦しみは、どこへ参ってもなかろうと存じます。お上のお慈悲で、命を助けて島へやってくださいます。島は、よしやつらい所でも、鬼のすむ所ではございますまい。私はこれまで、どこといって自分のいていい所というものがございませんでした。今度お上で、島にいろとおっしゃってくださいます。そのいろとおっしゃる所に落ち着いていることができますのが、まず何よりもありがたいことでございます。それに私は、こんなにか弱い体ではございますが、ついぞ病気をいたしたことはございませんから、島へ行ってから、どんなつらい仕事をしたって、体を痛めるようなことはあるまいと存じます。それから今度、島へおやりくださるにつきまして、二百文の鳥目をいただきました。それをここに持っております。」

こう言いかけて、喜助は胸に手を当てた。遠島をおおせつけられる者には、鳥目二百銅を遣わすというのは、当時のおきてであった。

喜助は言葉を継いだ。「お恥ずかしいことを申しあげなくてはなりませぬが、私は今日まで、二百文というお足を、こうしてふところに入れて持っていたことはございませぬ。どこかで仕事に取りつきたいと思って、仕事を尋ねて歩きまして、それが見つかり次第、骨を惜しまずに働きました。そして、もらった銭は、い

知識の泉 A ア。「野原」はどちらも訓読み。「山脈」はどちらも音読み。

つも右から左へ人手に渡さなくてはなりませなんだ。それも、現金で物が買って食べられるときは、私の工面のいいときで、たいていは借りたものを返して、またあとを借りたのでございます。それが、お牢に入ってからは、仕事をせずに食べさせていただきます。私はそればかりでも、③お上に対してすまないことをいたしているようでなりませぬ。それに、お牢を出るときに、この二百文をいただきましたのでございます。こうして、相変わらずお上の物を食べていてみますれば、この二百文は私が使わずに持っていることができます。お足を自分の物にして持っているということは、私にとっては、これが初めでございます。島へ行ってみますまでは、どんな仕事ができるかわかりませんが、私は、この二百文を島でする仕事の元手にしようと楽しんでおります。」こう言って、喜助は口をつぐんだ。

〈森鷗外「高瀬舟」による〉

1 よく出る ①おまえの島へ行く心持ちがきいてみたかった について答えなさい。

(1) 庄兵衛がこう思ったのは、なぜですか。（15点）

(2) 庄兵衛にきかれた喜助は、その心持ちをどのようだと答えましたか。次から一つ選び、記号で答えなさい。（15点）

ア 島がつらい所だとしても、落ち着けるのはありがたい。
イ 島へ行くことはつらいが、希望を失わずにいたい。
ウ 島がつらい所のはずはなく、楽しみである。
エ 島はつらい所だと聞いているが、しかたがない。

2 よく出る ②これまで……苦しみ とありますが、喜助の苦しみを十五字程度で二つ書きなさい。 15点×2（30点）

3 ③お上に対してすまないことをいたしている とありますが、喜助はどのようなことをすまないと感じているのですか。（15点）

攻略！ これまで、何がなくて苦しんでいたのかを考えよう。

4 島での暮らしに希望をもっていることがわかる喜助の言葉を、文章中から一文で抜き出し、初めの五字を書きなさい。（10点）

5 喜助の人物像を次から一つ選び、記号で答えなさい。（15点）

ア 苦しみを苦しみとは感じない、楽観的な人物。
イ 不満ばかり抱いて、生きる気力を失った人物。
ウ 感謝の気持ちを忘れない、謙虚な人物。
エ 神経質で、不安を抱いている人物。

攻略！ 喜助の告白に表れている行動や考え方から捉えよう。

知識の泉 Q 「見る」の尊敬語は？ ご□になる

高瀬舟

次の文章を読んで、問題に答えなさい。

教 p.251・上⑨〜252・⑯

30分

自分の得点まで色をぬろう!
100点 80 60 0
/100

解答 29ページ

庄兵衛は今、喜助の話を聞いて、①喜助の身の上を我が身の上に引き比べてみた。喜助は仕事をして給料を取っても、右から左へ人手に渡してなくしてしまうと言った。いかにも哀れな、気の毒な境界である。しかし一転して我が身の上を顧みれば、彼と我との間に、果たしてどれほどの差があるか。自分も上からもらう扶持米を、右から左へ人手に渡して暮らしているにすぎぬではないか。彼と我との相違は、いわばそろばんの桁が違っているだけで、喜助のありがたがる二百文に相当する貯蓄だに、こっちはないのである。

さて②桁を違えて考えてみれば、鳥目二百文をでも、喜助がそれを貯蓄とみて喜んでいるのに無理はない。その心持ちは、こっちから察してやることができる。しかし、いかに桁を違えて考えてみても、不思議なのは喜助の欲のないこと、足ることを知っていることである。

喜助は世間で仕事を見つけるのに苦しんだ。それを見つけさえすれば、骨を惜しまずに働いて、ようよう口を糊することのできるだけで満足した。そこで牢に入ってからは、今まで得がたかった食が、ほとんど天から授けられるように、働かずに得られるのに驚いて、生まれてから知らぬ満足を覚えたのである。

庄兵衛はいかに桁を違えて考えてみても、ここに③彼と我との間に、大いなる懸隔のあることを知った。自分の扶持米で立ててゆく暮らしは、おりおり足らぬことがあるにしても、たいてい出納が合っている。手いっぱいの生活である。しかるに、そこに満足を覚えたことはほとんどない。常は幸いとも不幸とも感ぜずに過ごしている。しかし心の奥には、こうして暮らしていて、ふいとお役が御免になったらどうしよう、大病にでもなったらどうしようという疑懼が潜んでいて、おりおり妻が里方から金を取り出してきて穴埋めをしたことなどがわかると、この疑懼が意識の閾の上に頭をもたげてくるのである。

いったいこの懸隔はどうして生じてくるだろう。ただうわべだけを見て、それは喜助には身に係累がないのに、こっちにはあるからだといってしまえばそれまでである。しかし④それはうそである。よしや自分が独り者であったとしても、どうも喜助のような心持ちにはなられそうにない。この根底はもっと深いところにあるようだと、庄兵衛は思った。

庄兵衛はただ漠然と、人の一生というようなことを思ってみた。⑤人は身に病があると、この病がなかったらと思う。その日その日の食がないと、食ってゆかれたらと思う。万一のときに備える蓄えがないと、少しでも蓄えがあったらと思う。蓄えがあっても、また、その蓄えがもっと多かったらと思う。かくのごとくに先か

A 覧。 「見る」の謙譲語は「拝見する」。

ら先へと考えてみれば、人はどこまで行って踏み止まることができるものやらわからない。それを今、目の前で踏み止まって見せてくれるのがこの喜助だと、庄兵衛は気がついた。

庄兵衛は、今さらのように驚異の目をみはって喜助を見た。このとき庄兵衛は、⑥空を仰いでいる喜助の頭から毫光が差すように思った。

〈森鷗外「高瀬舟」による〉

1 よく出る ①喜助の身の上を我が身の上に引き比べてみたとありますが、その結果、庄兵衛はどのようなことに気づきましたか。次から一つ選び、記号で答えなさい。（10点）

ア 自分と喜助とは考え方がとても似通っているということ。
イ 自分の暮らしも哀れな喜助とたいして変わらないということ。
ウ 自分の暮らしは喜助とは桁違いに恵まれているということ。
エ 自分と喜助とは育った環境が全く違うということ。

（　）

2 ②桁を違えて考えてみればとは、どういう意味ですか。次から一つ選び、記号で答えなさい。（10点）

ア 喜助の二百文を二百両として考えてみれば
イ 喜助の金銭感覚が世間と違うことを考えてみれば
ウ 喜助にとっての二百文に当たる額を考えてみれば
エ 自分の生活状況を喜助と比べて考えてみれば

（　）

3 記述 ③彼と我との間に、大いなる懸隔のあることを知ったとありますが、喜助と庄兵衛との間の「大いなる懸隔」は、二人のどのような心境から生じているのですか。喜助と庄兵衛の心境を、それぞれ「満足」という言葉を使って書きなさい。20点×2（40点）

喜助……

庄兵衛……

4 ④それはうそであるとありますが、これはどういうことですか。（　）に当てはまる言葉を、文章中から抜き出しなさい。5点×2（10点）

自分と喜助との間の（　）は、（　）の有無で生じるのではないということ。

5 レベルUP ⑤人は身に病があると、この病がなかったらと思う。……もっと多かったらと思う。とありますが、これはどういうことの例ですか。（20点）

（　）

6 よく出る ⑥空を仰いでいる喜助の頭から毫光が差すように思ったとありますが、このときの喜助に対する庄兵衛の気持ちを次から一つ選び、記号で答えなさい。（10点）

ア 哀れみ
イ 共感
ウ 親近感
エ 敬意

（　）

知識の泉 Q「正念場」の意味は？

学習を広げる

確認のワーク ステージ1

二つの悲しみ

学習のねらい
● 二つの悲しみの内容を読み取ろう。
● 筆者が伝えようとしている事柄を読み取ろう。

解答 30ページ

教科書の要点

1 話題 （　）に教科書の言葉を書き入れなさい。 教p.259

● 時
（①　　　）が終わった後の、ある暑い日。

● 筆者の仕事
（②　　　）に就き、留守家族に肉親が（③　　　）したことを伝える仕事をしていた。

↓この文章は筆者が（④　　　）したことを基に書かれている。

2 内容理解 筆者は、自分が仕事で「人が死んだ」と言うことについて、どのように感じていますか。（　）に教科書の言葉を書き入れなさい。 教p.259

● いくら経験しても、また繰り返しても、（①　　　）ということはない。

● 言うことも、またそばで聞くことも、自分自身の内部に（②　　　）が走るものである。

3 構成のまとめ （　）に教科書の言葉を書き入れなさい。 教p.259〜262

まとまり／筆者の考え・体験

	前書き	二つの悲しみ 1	二つの悲しみ 2	後書き
筆者の考え・体験	● 私たちは、第二次世界大戦から二十年たった今、戦争で（①　　　）、その悲しみを、新しく考えることが必要。	立派な服装をした紳士 ・ニューギニアで（②　　　）が戦死したことを聞く。 ・階段の踊り場で、肩を震わせ、足元にはしたたり落ちた（③　　　）のたまり。 ↓悲しみをこらえる姿。	小学校二年生の少女 ・ルソン島で（④　　　）が戦死したことを筆者から聞く。 ・妹が二人いて、お母さんも死んだから、自分が（⑤　　　）しなくてはならない。 ↓泣くのを必死にこらえる姿。	● （⑥　　　）は、悲しみ以上の何か、かけがえのないものを奪った。私たちは何をすべきであろうか。

＊この文章が書かれたのは一九六五年頃である。

おさえよう

主題 戦争は、なくなった人と共に、その周囲にいる人々のその人らしい〔ア 生き方　イ 考え方〕を奪い、深い〔ア 驚き　イ 悲しみ〕をもたらす。私たちは、当事者であるなしを超えて、一人の〔ア 国民　イ 人間〕として戦争を見つめ、考えるときに来ている。

知識の泉 A 極めて大切な場面。〈例〉ここが試合の正念場だ。

★ 基本問題

次の文章を読んで、問題に答えなさい。 教p.259・上⑯〜260・上⑭

その人は、

「ニューギニアに行った、①私の息子は。」

と、名前を言って尋ねた。

友人は、帳簿をめくって、

「あなたの息子さんは、ニューギニアのホーランジヤで戦死されておられます。」

と答えた。

その人は、その瞬間、目をかっと開き、口をぴくっと震わして、黙って立っていたが、くるっと向きを変えて帰っていかれた。

人が死んだと言うことは、いくら経験しても、また繰り返しても、慣れるということはない。

言うことも、またそばで聞くことも、自分自身の内部に恐怖が走るものである。

それは、②意識以外の生理現象である。

友人は言った後、しばらくして、パタンと帳簿を閉じ、③頭を抱えた。

私は黙って便所に立った。

階段のところに来たとき、さっきの人が、階段の曲がり角の踊り場の隅の暗がりに、白いパナマの帽子を顔に当てて壁板にもたれるように立っていた。

瞬間、私は気分が悪いのかと思い、声をかけようとして足を一段階段に下ろした。そのとき、その人の肩が、ぶるぶる震え、足元に、したたり落ちた水滴のたまりがあるのに気づいた。

④その水滴は、パナマ帽からあふれ、したたり落ちていた。

〈杉山（すぎやま）龍丸（たつまる）「二つの悲しみ」による〉

1 ①私の息子は　とありますが、その人は何をききたかったのですか。五字以内で考えて書きなさい。

2 ②意識以外の生理現象　とは、どのようなことをしたときに起こるのですか。

攻略！ 「意識以外の生理現象」とは、自分の内部に恐怖が走ること。

3 ③頭を抱えた　とありますが、このときの友人の気持ちを次から一つ選び、記号で答えなさい。

ア　同じことの繰り返しで、単調な仕事に嫌気が差している。

イ　相手が泣きださなかったので、ほっと安心している。

ウ　つらいことを相手に伝えた苦しみにじっと耐えている。

エ　相手に間違いを伝えたのではないかと心配している。

（　　）

4 よく出る　④その水滴　とは、何だと考えられますか。漢字一字で書きなさい。

知識の泉　Q　次の四字熟語の□に当てはまる共通の漢字は？　四□八□

二つの悲しみ

30分

自分の得点まで色をぬろう！
100点 80 60 0
/100

解答 30ページ

★ 次の文章を読んで、問題に答えなさい。

教 p.261・上⑦〜262・下⑥

「あなたのお父さんは、戦死しておられるのです。」

と言って、声が続かなくなった。

瞬間、少女は、いっぱいに開いた目をさらにぱっと開き、そして、ワッと、べそをかきそうになった。

①涙が目いっぱいにあふれそうになるのを必死にこらえていた。それを見ているうちに、私の目に涙があふれて、ほほを伝わり始めた。

私のほうが声を上げて泣きたくなった。しかし、少女は、

「あたし、おじいちゃまから言われて来たの。お父ちゃまが、戦死していたら、係のおじちゃまに、お父ちゃまの戦死した所と、戦死した、②じょうきょう、じょうきょうですね、それを、書いてもらっておいで、と言われたの。」

私は黙ってうなずいて、紙を出して書こうとして、うつむいた瞬間、紙の上にぽた、ぽた、涙が落ちて、書けなくなった。

少女が、不思議そうに、私の顔を見つめていたのに困った。

やっと書き終わって、封筒に入れ、少女に渡すと、小さい手でポケットに大切にしまい込んで、腕で押さえて、うなだれた。

③涙一滴、落とさず、ひと声も声を上げなかった。

肩に手をやって、何か言おうと思い、顔をのぞき込むと、下唇を血が出るようにかみしめて、かっと目を開いて肩で息をしていた。

私は、④声をのんで、しばらくして、

「お一人で、帰れるの。」

ときいた。

少女は、私の顔を見つめて、

「あたし、おじいちゃまに、言われたの、泣いては、いけないって。おじいちゃまから、おばあちゃまから電車賃をもらって、電車を教えてもらったの。だから、行けるね、と何度も、何度も、言われたの。」

と、改めて、自分に言い聞かせるように、こっくりと、私にうなずいてみせた。

⑤私は、体中が熱くなってしまった。

帰る途中で、私に話した。

「あたし、妹が二人いるのよ。お母さんも、死んだの。だから、あたしが、しっかりしなくては、ならないんだって。あたしは、泣いてはいけないんだって。」

小さい手を引く私の頭の中を、その言葉だけが何度も何度もぐるぐる回っていた。

どうなるのであろうか、私はいったいなんなのか、何ができるのか。

戦争は、大きな、大きな、何かを奪った。

⑥悲しみ以上の何か、かけがえのないものを奪った。

私たちは、この二つのことから、この悲しみから、何を考える

知識の泉　A 苦。「四苦八苦」＝とても苦しむこと。

べきであろうか。
私たちは何をすべきであろうか。
声なき声は、そこにあると思う。

〈杉山(すぎやま)　龍丸(たつまる)「二つの悲しみ」による〉

1 ①涙が目いっぱいにあふれそうになるのを必死にこらえていた。とありますが、少女が涙をこらえている様子を表した別の部分を文章中から三十二字で抜き出し、初めと終わりの五字を書きなさい。

完答（15点）

〜

2 記述 ②じょうきょう と平仮名で書かれているのは、何のためだと考えられますか。「少女が」に続くように、「状況」という言葉を使って書きなさい。

（20点）

少女が

3 よく出る ③涙一滴、落とさず、ひと声も声を上げなかった。とありますが、少女が泣かなかったのは、なぜですか。

（20点）

4 ④声をのんで とありますが、このときの筆者の気持ちを次から一つ選び、記号で答えなさい。

（15点）

ア　少女が一人で帰れるかどうか心配している。
イ　少女が泣きださないようにと願っている。
ウ　少女に何と声をかけようかと迷っている。
エ　少女がつらさをこらえる様子に圧倒されている。

5 よく出る ⑤私は、体中が熱くなってしまった。とありますが、このときの筆者の気持ちを次から一つ選び、記号で答えなさい。

（15点）

ア　悲しみをこらえて自分の務めを果たそうとする少女を、いじらしくかわいそうに思っている。
イ　幼い少女に電車賃を持たせ、無理やり来させた少女の祖父母に対して、強い怒りを感じている。
ウ　こんなに幼い少女を残したまま、戦死した少女の父親の無念さを思いやっている。
エ　祖父の言いつけを守り、妹のことを優先して考える少女を不思議に思っている。

攻略！　筆者の行動は、直前の少女の発言に対してのものである。

6 ⑥悲しみ以上の何か、かけがえのないものを奪った。とありますが、少女が戦争によって奪われた、悲しみ以上のかけがえのないものとは何ですか。次から一つ選び、記号で答えなさい。（15点）

ア　父親がいたら当然できていたはずの、裕福な暮らし。
イ　少女が自分よりも大切にして守ってきた、二人の妹の命。
ウ　父母がいない中で少女を育ててくれた、祖父母とのきずな。
エ　父親の死を泣いて悲しむという、人間として自然な行動。

知識の泉　Q　「漢語＋外来語」になっているのはどっち？　ア＝窓ガラス　イ＝収納ケース

学習を広げる

確認のワーク ステージ1

アラスカとの出会い

学習のねらい
- 筆者が魅了されたアラスカの自然とはどのようなものかを捉えよう。
- 出会いや人生の分岐点について考えよう。

解答 31ページ

教科書の要点

1 **話題** （　）に教科書の言葉を書き入れなさい。 教p.263〜264

若い頃、偶然目にした（　　）が筆者をとらえ、その後の人生を動かしていくきっかけになった。

2 **文章の要素** （　）に教科書の言葉を書き入れなさい。

ジョージ・モーブリイ	教p.263	●自然・（①　　）・民族・歴史を扱う、アメリカで最も権威があり、カメラマンなら誰もが憧れる雑誌のスタッフ・フォトグラファー。
筆者の興味を引きつけた写真	p.264	●北極圏のあるイヌイットの村を空から撮った写真…灰色のベーリング海、どんよりと沈む空、ぽつんと点のようにたたずむイヌイットの（②　　）。
カメラマンとして体験したアラスカ	p.266〜267	●ブルックス山脈の未踏の山や谷、グレイシャーベイの氷河、北極海のセミクジラ、（③　　）の季節移動、クマの一年の生活、オーロラ、オオカミ、さまざまな人の暮らしを知った。

3 **内容理解** 筆者は、どのような偶然の出会いを経験しましたか。（　）に教科書の言葉を書き入れなさい。 教p.263〜268

- 東京、神田の洋書専門店で、一冊の（①　　）を見つけた。
- アラスカのシシュマレフ村のある家族から手紙の返事をもらい、村で過ごして、さまざまな（②　　）と出会った。
- 写真家としてアラスカに根を下ろそうとしている頃、自分の人生を動かすきっかけになる写真を撮ったカメラマンの（③　　）に会いに行くことになった。

4 **筆者の考え** 「人生はからくりに満ちている。」とは、どういうことですか。［　］から言葉を選び、（　）に書き入れなさい。 教p.268

「からくり」とは、ここでは、人には予測のできない偶然の（①　　）や出来事の因縁という意味で、筆者は、人と人とが擦れ違いながらも出会うことのないことに、根源的な（②　　）とかぎりない（③　　）を感じている。

［不思議さ　出会い　悲しみ］

知識の泉 **A イ。** 「窓」は和語。「収納」は漢語。「ガラス」「ケース」は外来語。

5 構成のまとめ

（　）に教科書の言葉を書き入れなさい。教p.263〜268

まとまり		出来事	筆者の行動・気持ち
1現在 一本の電話	教初め〜p.263・下②	●ジョージ・モーブリイという（①　）が情報を聞きたがっているという電話が入る。	▼カメラマンの名前が記憶の鐘をたたき始める。 ↓家の本棚にあった（②　）の中に、その名前があった。
2回想 アラスカとの出会い	p.263・下④〜265・⑥	●十代の頃…北海道の自然から、アラスカへと憧れが移る。 ●洋書専門店で、アラスカの写真集を見つけた。↓北極圏のある（③　）の村を空から撮った写真があった。	▼現実には何の手がかりもなく、気持ちが募るだけだった。 ▼どうしてもその集落の人々に出会いたい。
	p.265・⑦〜266・⑨	●写真に写っていたシシュマレフ村に（④　）を出した。 ↓返事は来なかった。 ●（⑤　）後、村のある家族から返事が来る。	▼たとえ届いたとしても、会ったこともない人間を世話してくれる者などいるはずがない。 ▼約半年の準備を経て、アラスカに向かった。
	p.266・⑩〜266・⑮	●（⑥　）の夏…シシュマレフ村で三か月を過ごす。 ↓初めてのクマ、アザラシ猟、トナカイ狩り、白夜（びゃくや）、さまざまな村人との出会いを体験。	▼強烈な体験として心の中に沈澱（ちんでん）していった。 ▼人の暮らしの（⑦　）にひかれていった。
3現在 アラスカとの出会いで変わった人生	p.266・⑰〜終わり	●七年ぶりにアラスカに戻ってきた。 ↓アラスカのさまざまな自然・動物・人々に触れた。 ●ホテルで、（⑧　）と会った。 ↓「私の写真が君の人生を変えてしまったんだね……。」	▼アラスカに根を下ろそうとしている。 ▼「大きなきっかけとなりました」 ↓人生は（⑨　）に満ちている。

おさえよう

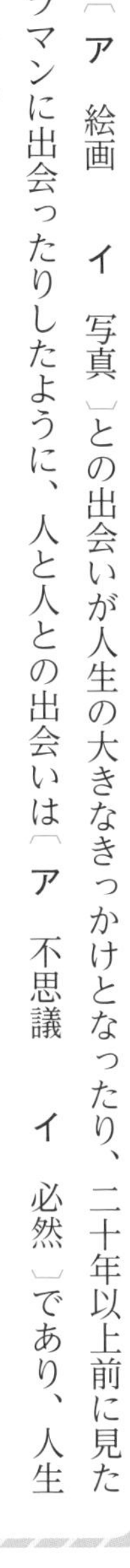

要旨 たった一枚の（ア 絵画　イ 写真）との出会いが人生の大きなきっかけとなったり、二十年以上前に見た写真を撮ったカメラマンに出会ったりしたように、人と人との出会いは（ア 不思議　イ 必然）であり、人生はからくりに満ちている。

Q ——線を正しく書き直すと？　先生，こちらでお待ちしてください。

アラスカとの出会い

30分

自分の得点まで色をぬろう!
100点 80 60 0
/100

解答 31ページ

★ 次の文章を読んで、問題に答えなさい。　教 p.263・下⑪〜266・⑨

ある日、東京、神田(かんだ)の古本屋街の洋書専門店で、一冊のアラスカの写真集を見つけた。①たくさんの洋書が並ぶ棚で、どうしてその本に目が留められたのだろう。まるで僕がやって来るのを待っていたかのように、目の前にあったのである。それからは、学校へ行くときも、どこへ出かけるときも、かばんの中にその写真集が入っていた。手あかにまみれるほど本を読むとは、ああいうことをいうのだろう。もっとも僕の場合は、ひたすら写真を見ていただけなのだが。

その中に、どうしても気になる一枚の写真があった。本を手にするたび、どうしてもそのページを開かないと気が済まないのだ。それは、北極圏のあるイヌイットの村を空から撮った写真だった。

灰色のベーリング海、どんよりと沈む空、雲間からすだれのように差し込む太陽、その中でぽつんと点のようにたたずむイヌイットの集落……。初めは、その写真のもつ光の不思議さにひきつけられたのかもしれない。そのうちに、②僕はだんだんその村が気にかかり始めていった。

なぜ、こんな地の果てのような場所に人が暮らさなければならないのか。それは、実に荒涼とした風景だった。人影はないが、一つ一つの家の形がはっきりと見える。いったいどんな人々が、何を考えて生きているのだろう。

昔、電車から夕暮れの町をぼんやり眺めているとき、開け放たれた家の窓から、夕食の時間なのか、ふっと家族の団欒(だんらん)が目に入ることがあった。そんなとき、窓の明かりが過ぎ去ってゆくまで見つめたものだった。そして、③胸が締めつけられるような思いが込み上げてくるのである。あれはいったい何だったのだろう。見知らぬ人々が、僕の知らない人生を送っている不思議さだったのかもしれない。同じ時代を生きながら、その人々と決して出会えない悲しさだったのかもしれない。

その集落の写真を見たときの気持ちは、それに似ていた。が、僕はどうしても、その人々と出会いたいと思ったのである。

写真のキャプションに、村の名前が書かれていた。シシュマレフ村……。④この村に手紙を出してみよう。でも誰に。住所は。辞書を開くと、村長に当たる英語が見つかった。住所は、村の名前にアラスカとアメリカを付け加えるしか方法がない。

「あなたの村の写真を本で見ました。訪ねてみたいと思っています。何でもしますので、誰か僕を世話してくれる人はいないでしょうか。……。」

手紙の内容は、それが正直な気持ちだった。初めて書いた英語の手紙は、どんなに拙い文章だったろう。

返事は来なかった。当然だった。宛名も住所も不確かなのだから。たとえ届いたとしても、会ったこともない人間を世話してくれる者などいるはずがない。

僕は、手紙を出したことも忘れていった。ところが、半年もたっ

A　**お待ちになって。**　「お〇〇になる」で尊敬語になる。

たある日、学校から帰ると、一通の外国郵便が届いていた。シシュマレフ村のある家族からの手紙だった。

「……。手紙を受け取りました。あなたが家に来ること、妻と相談しました……。夏はトナカイ狩りの季節です。人手も必要です。……⑤いつでも来なさい……。」

約半年の準備を経て、僕はアラスカに向かった。幾つもの小さな飛行機を乗り換え、ベーリング海に浮かぶ集落が見えてくると、本で見続けた写真と現実がオーバーラップし、僕はどうしていいかわからない思いで、⑥窓ガラスに顔を押しつけていた。

〈星野（ほしの）道夫（みちお）「アラスカとの出会い」による〉

1 ①たくさんの洋書が並ぶ棚で、……目の前にあったのである。とありますが、この表現に表れている筆者の気持ちを次から一つ選び、記号で答えなさい。（10点）

ア 写真集がなかなか見つからなかったことにいらだつ気持ち。

イ 写真集があっけなく見つかって、ぼう然とする気持ち。

ウ 写真集との運命的な出会いに強く感動する気持ち。

エ 写真集との出会いの不自然さを不審に思う気持ち。（　　）

2 よく出る ②僕はだんだんその村が気にかかり始めていったとありますが、どのようなことが気にかかり始めたのですか。文章中の言葉を使って二つ書きなさい。10点×2（20点）

（　　）

（　　）

3 ③胸が締めつけられるような思いとは、どのような思いですか。文章中から二つ抜き出しなさい。10点×2（20点）

（　　）

（　　）

4 よく出る ④この村に手紙を出してみよう。とありますが、筆者はなぜそう考えたのですか。文章中の言葉を使って書きなさい。（15点）

（　　）

5 記述 ⑤いつでも来なさい……。という手紙を受け取った筆者は、どのような気持ちだったと考えられますか。簡潔に書きなさい。（20点）

（　　）

攻略！ 手紙を出した半年後に希望をかなえる返事が届いたことを押さえる。

6 ⑥窓ガラスに顔を押しつけていたとありますが、筆者はこのときどのような気持ちでしたか。（　）に当てはまる言葉を、①・②は文章中から抜き出し、③は考えて書きなさい。5点×3（15点）

（①　　）と（②　　）が重なって、どうしていいかわからないほど（③　　）していた。

プラスワーク

聞き取り問題① 話し合い
新しい公園の名前を決めよう

解答 33ページ

/100

放送文は、上のQRコードから聞くことができます。

☆ 放送を聞いて、問題に答えなさい。

⬇ここより下は問題になります。放送の指示にしたがって答えましょう。

(1) (問題は放送されます。) (20点)

花村市に［　　］は何がよいかを考えて、各クラスから一つずつ案を出すこと。

(2) (問題は放送されます。) (20点)

［　　］

(3) (問題は放送されます。) (20点)

［　　］から名づけた点。

(4) (問題は放送されます。) (20点)

［　　］

(5) レベルUP (問題は放送されます。) (20点)

［　　］

▶文理ホームページからも放送文を聞くことができます。
https://www.kyokashowork.jp/ja11.html　アクセスコードを入力→C063692

プラスワーク

聞き取り問題② グループ・ディスカッション

ペットボトルを使うことに賛成か反対か

放送文は、上のQRコードから聞くことができます。

解答 34ページ

/100

☆ 放送を聞いて、問題に答えなさい。

メモ欄(らん) 放送の間は、問題に答えずメモを取りましょう。

発言者の立場と、その理由に注意して、メモを取ろう。

⬇ここより下は問題になります。放送の指示にしたがって答えましょう。

(1) (問題は放送されます。) 10点×2(20点)

立場

理由

(2) (問題は放送されます。) 10点×2(20点)

が問題になっているから。

(3) (問題は放送されます。) (20点)

(4) (問題は放送されます。) (20点)

プラスチックごみの処理を

(5) レベルUP (問題は放送されます。) (20点)

という問題点。

プラスワーク

日本文学史（江戸時代～昭和時代戦前）

文学史の要点

江戸時代

【町人文化の繁栄】 町人が経済力をもち、寺子屋の教育が広まるいっぽう、木版印刷の発達で文学の大衆化が進んだ。前期は上方文学、後期は江戸文学が栄えた。

俳諧

おくのほそ道　松尾芭蕉。奥羽・北陸の旅を俳句と文章でつづる紀行文。

おらが春　小林一茶。人情味あふれる俳諧俳文集。

浮世草子

日本永代蔵　井原西鶴。町人の生活を描いた小説。「世間胸算用」も有名。

浄瑠璃

曾根崎心中　近松門左衛門。身分の差による悲劇的な恋愛を描いた。

川柳・狂歌

世のありさまを、風刺とユーモアを込めて俳句や短歌の形式で描く庶民文学。

読本・滑稽本

東海道中膝栗毛　十返舎一九。弥次郎兵衛と喜多八の旅を描いた滑稽本。

南総里見八犬伝　曲亭馬琴。里見家の興亡を描いた長編の読本。

明治～昭和時代の作家と作品

近代化の中で、西洋の文化も流入し、さまざまなスタイルの作家が活躍した。

作家

森　鷗外（一八六二～一九二二）軍医としてドイツに留学。「舞姫」「高瀬舟」など。

夏目漱石（一八六七～一九一六）英語教師をしながら執筆。「吾輩は猫である」など。

芥川龍之介（一八九二～一九二七）「今昔物語集」を基にした短編小説「羅生門」など。

宮沢賢治（一八九六～一九三三）農学校の教師をするかたわら創作。「春と修羅」など。

太宰　治（一九〇九～一九四八）生きる苦悩や退廃的な美を描く。「人間失格」など。

川端康成（一八九九～一九七二）日本の美を描き、ノーベル文学賞受賞。「雪国」など。

歌人・俳人

正岡子規（一八六七～一九〇二）「万葉集」を尊重し、短歌・俳句の革新運動を行った。

石川啄木（一八八六～一九一二）三行書きの短歌を平易な言葉で歌った。「一握の砂」など。

基本問題

(1) 松尾芭蕉が奥羽・北陸の旅について書いた紀行文の作品名を答えなさい。（　　）

(2) 「日本永代蔵」の作者を答えなさい。（　　）

(3) 森鷗外の作品を次から選びなさい。
ア 「春と修羅」　イ 「人間失格」
ウ 「舞姫」　エ 「一握の砂」（　　）

(4) 「一握の砂」に収められているものを次から選びなさい。
ア 短歌　イ 物語
ウ 俳句　エ 説話（　　）

(5) 「羅生門」の作者を次から選びなさい。
ア 太宰治　イ 芥川龍之介
ウ 正岡子規　エ 宮沢賢治（　　）

解答　(1) おくのほそ道　(2) 井原西鶴　(3) ウ　(4) ア　(5) イ

覚えておきたい 慣用句

からだに関する慣用句

足を引っ張る　人の行いの邪魔をする。
頭を冷やす　興奮した気持ちを冷静にする。
腕を振るう　能力を十分に発揮する。
顔が広い　知り合いが多い。
肩を並べる　対等の位置に立って張り合う。
木で鼻をくくる　ひどく冷淡な態度をとる。
肝に銘ずる　心に刻みつけて、忘れない。
口をぬぐう　悪いことをしていながら、知らないふりをする。
首を長くする　期待して待ち遠しく思う。
腰をすえる　一つに集中して物事を行う。
腹を割る　本心を隠さずに打ち明ける。
眉唾もの　信用できず、あやしいもの。
身につまされる　他人の不幸などが自分のことのように思われる。
耳を澄ます　注意して聞こうとする。
胸をなでおろす　ほっとする。安心する。
目から鼻へ抜ける　頭の働きのよいさま。抜け目がない。

動物・植物に関する慣用句

青菜に塩　力なくしおれた様子。
雨後の筍　似たような物が次々と出てくるさま。
鵜のみにする　人の考えなどをよく理解せずに受けいれる。
馬が合う　よく気が合う。
閑古鳥が鳴く　訪れる人が少なく、ひっそりしている。商売のはやらないさま。
狐につままれる　意外なことが起こって、訳がわからなくなる。
木に竹をつぐ　調和せずつり合いがとれないこと。
犬猿の仲　仲の悪いこと。
すずめの涙　数量がとても少ないこと。
つるの一声　多くの人を否応なしに従わせる、権力者の一言。
虎の子　大切にとっておくもの。
梨のつぶて　便りや返事のないこと。
猫の額　場所が大変狭いこと。
根掘り葉掘り　しつこくこまごまと。
花を持たせる　人に手柄や勝利を譲る。
虫が知らせる　よくないことが起こりそうに感じること。
藪から棒　だしぬけに物事を行うこと。

色・数に関する慣用句

赤の他人　全く縁のない人。
朱を入れる　文章などに訂正や添削の書き込みを入れる。
白紙に戻す　何もなかった元の状態に返す。
色を失う　驚きや恐れなどで顔色が真っ青になる。
一目おく　自分よりも優れていると認める。
二の足を踏む　実行をためらう。
四の五の言う　あれこれと文句を言う。
九死に一生を得る　危ういところを、かろうじて助かる。

その他の慣用句

お茶を濁す　いいかげんに言って、その場をごまかす。
気がおけない　気をつかう必要がない。
しっぽを出す　隠していたことがばれる。
水をさす　うまくいっている仲や物事を、横から邪魔する。
らちがあかない　物事が進まず、決まらない。

覚えておきたい 俳句

松尾芭蕉

江戸時代前期の俳人。旅を続けながら俳諧を作り、俳諧を芸術の域にまで高めた。

古池や蛙飛びこむ水の音

静かな春の日、古池に蛙が飛び込み、静けさが破られた。しかし、その後すぐにもとの静寂に戻った。

五月雨をあつめて早し最上川

数々の山や川から五月雨を集めて増水し、すさまじい勢いで流れ下っているよ、最上川は。

おもしろうてやがてかなしき鵜舟かな

おもしろかった鵜飼いも終わると、にぎやかな楽しさの後のもの悲しさを感じる一夜であることよ。

名月や池をめぐりて夜もすがら

中秋の名月の美しさに引かれ、池の周りを歩いているうちに、夜を明かしてしまった。

初しぐれ猿も小蓑をほしげなり

山中で冷たい初しぐれに遭い、小蓑を着た。近くの木にいる猿も、寒くて小蓑を欲しそうだ。

旅に病んで夢は枯野をかけ廻る

旅先で病のために床に伏していても、夢の中で見るのは、枯れ野をかけめぐる自分の旅姿だ。

与謝蕪村

江戸中期の俳人。絵画的な作風で、芭蕉の没後に衰退していた俳諧を復興させた。

春の海終日のたりのたりかな

春の海は、陽光を浴びて、一日中、静かな波がのたりのたりとうねり続けているよ。

菜の花や月は東に日は西に

一面に広がる菜の花畑に、春の夕暮れがしのび寄る。東の空に月が出て、西の空に夕日が沈もうとしている。

山は暮れて野は黄昏の薄かな

日が暮れて、山々は暗い影になっているが、野にはまだ夕日が当たり、薄の穂が光っている。

小林一茶

江戸後期の俳人。弱者へのいたわりと人間味にあふれた、独特の俳諧を残した。

我と来て遊べや親のない雀

私のところに来て、一緒に遊ばないか、私と同じように親のない雀よ。

痩蛙まけるな一茶これにあり

やせた蛙よ負けるな、一茶がここについているぞ。
※春の産卵期に雌を巡って争う蛙の様子を見て。

名月を取ってくれろとなく子かな

あの丸い秋の月を取ってくれと泣いてせがむ我が子のあどけないことよ。

正岡子規

明治の俳人・歌人。自然をありのままに詠む写生俳句を唱え、俳句の革新を進めた。

柿食へば鐘が鳴るなり法隆寺

法隆寺の門前の茶店で柿を食べていると、寺の鐘が鳴った。秋の季節をしみじみと感じることだ。

赤蜻蛉筑波に雲もなかりけり

赤蜻蛉の群れが飛んでいる。雲ひとつなく澄んだ秋空の下に筑波山が見える。

いくたびも雪の深さを尋ねけり

幾度も外の雪の深さを家人に尋ねた。病床で寝たきりの身にも、雪の積もる気配は感じられてもどかしい。

種田山頭火

大正から昭和にかけての俳人。放浪の生活の中で、自由律俳句を詠んだ。

分け入っても分け入っても青い山

行っても行ってもただ青い山が続く。私の惑いと同じようだ。※出家して行脚する孤独な心情が表れている。

うしろ姿のしぐれてゆくか

冬の寒い日、しぐれの中を歩いていく自分の後ろ姿を見つめているもう一人の自分がいる。

夕立やお地蔵さんもわたしもずぶぬれ

夕立の中を歩いてずぶぬれになった。道端のお地蔵さんも私と同じようにずぶぬれだ。

定期テスト対策

得点アップ！ 予想問題

1 この「**予想問題**」で実力を確かめよう！

2 「**解答と解説**」で答え合わせをしよう！

3 わからなかった問題は戻って復習しよう！

スキマ時間で漢字と知識事項を確認！
別冊「**スピードチェック**」も使おう

●予想問題の構成

第1回 予想問題

世界はうつくしいと

次の詩を読んで、問題に答えなさい。

解答 36ページ　15分　●3問中　問

世界はうつくしいと

長田(おさだ)　弘(ひろし)

うつくしいものの話をしよう。
いつからだろう。ふと気がつくと、
うつくしいということばを、ためらわず
口にすることを、誰もしなくなった。
そうしてわたしたちの会話は貧しくなった。
うつくしいものをうつくしいと言おう。
風の匂いはうつくしいと。渓谷(けいこく)の
石を伝わってゆく流れはうつくしいと。
午後の草に落ちている雲の影はうつくしいと。
遠くの低い山並みの静けさはうつくしいと。
きらめく川辺の光はうつくしいと。
おおきな樹(き)のある街の通りはうつくしいと。
行き交(か)いの、なにげない挨拶はうつくしいと。
花々があって、奥行きのある路地はうつくしいと。
雨の日の、家々の屋根の色はうつくしいと。
太い枝を空いっぱいにひろげる
晩秋の古寺の、大銀杏(おおいちょう)はうつくしいと。
冬がくるまえの、曇(くも)り日の、
南天の、小さな朱(あか)い実はうつくしいと。
コムラサキの、実のむらさきはうつくしいと。
過ぎてゆく季節はうつくしいと。
さらりと老いてゆく人の姿はうつくしいと。
一体、ニュースとよばれる日々の破片が、
わたしたちの歴史と言うようなものだろうか。
あざやかな毎日こそ、わたしたちの価値だ。
うつくしいものをうつくしいと言おう。
幼い猫とあそぶ一刻はうつくしいと。
シュロの枝を燃やして、灰にして、撒(ま)く。
何ひとつ永遠なんてなく、いつか
すべて塵(ちり)にかえるのだから、世界はうつくしいと。

●　●　●

1 うつくしいもの　について答えなさい。

(1) どのようなものですか。□に当てはまる言葉を、五字以内で考えて書きなさい。

□に何気なくあるもの。

(2) 最後にはどうなるのですか。次から一つ選び、記号で答えなさい。

ア 一刻一刻と変化し、価値が最も高まる。
イ ずっとは存在せず、いつか消えてなくなる。
ウ 日々のニュースとして、広く認められる。
エ 跡形もなくなり、人々の記憶からも消える。

2 作者の最も伝えたいことが表されている一行を抜き出しなさい。

1	2
(1)	
(2)	

第2回 予想問題

握手

次の文章を読んで、問題に答えなさい。

解答 36ページ　15分　● 6問中　問

「ルロイ先生、死ぬのは怖くありませんか。わたしは怖くてしかたがありませんが。」

かつて、わたしたちがいたずらを見つかったときにしたように、ルロイ修道士は①少し赤くなって頭をかいた。

「天国へ行くのですから、そう怖くはありませんよ。」

「天国か。本当に天国がありますか。」

「②あると信じるほうが楽しいでしょうが。死ねば、何もないただむやみに寂しいところへ行くと思うよりも、にぎやかな天国へ行くと思うほうがよほど楽しい。そのために、この何十年間、神様を信じてきたのです。」

わかりましたと答える代わりに、わたしは③右の親指を立て、それからルロイ修道士の手をとって、しっかりと握った。それでも足りずに、腕を上下に激しく振った。

「痛いですよ。」

ルロイ修道士は顔をしかめてみせた。

上野（うえの）公園の葉桜が終わる頃、ルロイ修道士は仙台（せんだい）の修道院でなくなった。まもなく一周忌である。わたしたちに会って回っていた頃のルロイ修道士は、身体（からだ）中が悪い腫瘍の巣になっていたそうだ。葬式でそのことを聞いたとき、わたしは知らぬ間に、④両手の人さし指を交差させ、せわしく打ちつけていた。

〈井上（いのうえ）ひさし「握手」による〉

1　①少し赤くなって頭をかいた　とありますが、ルロイ修道士がこのようになったのは、なぜですか。簡潔に書きなさい。

2　②あると信じるほうが楽しいでしょうが。から、ルロイ修道士のどのような考え方がわかりますか。次から一つ選び、記号で答えなさい。

ア　良いことを信じて、前向きに生きようとする考え方。

イ　成り行きに身を任せ、楽に生きようとする考え方。

ウ　楽しくなければ生きている価値がないとする考え方。

エ　苦しみの後には必ず楽しみが訪れるという考え方。

3　③右の親指を立て、……激しく振った　ときの「わたし」の気持ちを次から二つ選び、記号で答えなさい。

ア　敬愛　イ　憤（いきどお）り　ウ　後悔　エ　賞賛　オ　惜別

4　④両手の人さし指を交差させ、せわしく打ちつけていた　とありますが、これは「お前は悪い子だ」という指言葉です。このとき、「わたし」の怒りややるせなさの対象となっているものを述べた次の文の［Ⅰ］・［Ⅱ］に当てはまる言葉を、文章中から抜き出しなさい。

・ルロイ修道士の身体に巣くった［Ⅰ］。

・身体が悪いのに、かつての園児たちに［Ⅱ］ルロイ修道士。

1	2	3	4
			Ⅰ
			Ⅱ

第3回 予想問題　学びて時に之を習ふ——「論語」から

次の文章を読んで、問題に答えなさい。

解答 36ページ　15分　●6問中　問

A 子曰はく、「学びて時に之を①習ふ、亦説ばしからずや。②朋遠方より来たる有り、亦楽しからずや。人知らずして慍みず、③亦君子ならずや。」と。

子曰、「学ビテ而時ニ習フ之ヲ、不ずや亦説バシカラ乎。有リ朋自リ遠方来タル、不亦楽シカラ乎。人不シテ知ラ而不慍ミ、不亦君子ナラ乎。」（学而）

B 子曰はく、「④故きを温めて新しきを知れば、⑤以て師たるべし。」と。

子曰、「温メテ故キヲ而知レバ新シキヲ、可シ以テ為ル師ト矣。」（為政）

C 子曰はく、「⑥之を知る者は、之を好む者に如かず。之を好む者は、之を楽しむ者に如かず。」と。

子曰ハク、「知ル之ヲ者ハ、不如カ好ム之ヲ者ニ。好ム之ヲ者ハ、不如カ楽シム之ヲ者ニ。」（雍也）

〈「学びて時に之を習ふ——『論語』から」による〉

1 ①習ふ とは、ここではどうすることですか。次から一つ選び、記号で答えなさい。

ア 研究すること　イ 習慣づけること
ウ 予習すること　エ 復習すること

2 ②朋遠方より来たる有り と読めるように、解答欄に返り点を付けなさい。

3 ③亦君子ならずや の意味を次から一つ選び、記号で答えなさい。

ア 君子としてなんと頼もしいことだろうか
イ それでこそ理想的な人格者といえるのではないだろうか
ウ それは理想的な人格者として取るべき態度ではないだろう
エ 君子の条件として必要不可欠な態度なのである

4 ④故きを温めて新しきを知れば を基にしてできた四字熟語を書きなさい。

5 ⑤以て師たるべし の意味を書きなさい。

6 ⑥之を知る者は、之を好む者に如かず。之を好む者は、之を楽しむ者に如かず。において、「知る者」「好む者」「楽しむ者」を、勝っている順に並べて書きなさい。

1	2	3	4	5	6
	有リ朋自リ遠方来タル				↓ ↓

第4回 予想問題 作られた「物語」を超えて

次の文章を読んで、問題に答えなさい。

解答 37ページ 15分 ●6問中 問

アフリカの森で暮らすゴリラの調査を通じて、私は①人間の、自然や動物、そして人間自身を見る目がいかに誤解に満ちているかを知ることができた。その誤解を解くためには、相手の立場に立って、一つ一つの行動にどんな意味があるかを考えることが必要である。人から伝え聞いた「物語」と実際に自分が向かい合っている ⓐゲンショウとを照らし合わせ、これまでの常識を疑ってみる態度も必要となる。②「物語」によって作られた常識の陰に、しいたげられている生き物や人間がいないか、意味を取り違えて排除していることがないか、思いをⓑメグらすことが大切だと思う。

ドラミングが戦いの宣言だという「物語」の誤解を超えた先には、「ゴリラが人間とは別の表現を用いて平和を保っている」という私にとって新しい価値をもつ豊かな世界が広がっていた。体の仕組みや能力の違う動物の視点に立つためには、その動物が暮らしている自然をよく知ることが必要になる。同じように、この地球に生きるさまざまな人々に起きている「物語」の真実を知るためには、その人々が暮らしている文化や社会をよく理解することが必要であろう。

〈山極（やまぎわ）寿一（じゅいち）「作られた『物語』を超えて」による〉

●　●　●

1 ══線ⓐ・ⓑを漢字に直して書きなさい。

2 ①人間の、自然や動物、そして人間自身を見る目がいかに誤解に満ちているか　とありますが、人間は、ゴリラについてどのような誤解をしていましたか。文章中から抜き出しなさい。

3 ②「物語」によって作られた常識　について答えなさい。

(1) 「『物語』によって作られた常識」は、どのような問題をもたらしますか。□に当てはまる言葉を、十五字以内で書きなさい。

一部の生き物や人間を□ことが起きる。

(2) 「『物語』によって作られた常識」が誤解であることに気づくと、人は何を知りますか。文章中から十三字で抜き出しなさい。

4 人間についての「物語」の真実を知るためには、どうすることが必要ですか。簡潔に書きなさい。

1		2	3		4
ⓐ	ⓑ		(1)	(2)	

第5回 予想問題　俳句の可能性／俳句を味わう

次の文章と俳句を読んで、問題に答えなさい。

解答 37ページ　15分　●8問中　問

A　どの子にも涼しく風の吹く日かな　　飯田龍太

この句には、「どの子」とは誰なのか、風の吹いている場所はどこなのか、現在のことなのか、過去のことなのか、時間は午前なのか午後なのか、そのような説明が何も書かれていない。わかっているのは、季節が夏であること、子供が複数いること、その子たちに涼しい風が分け隔てなく吹いているということだけである。

〈宇多喜代子「俳句の可能性」による〉

B　いくたびも雪の深さを尋ねけり　　正岡子規

C　分け入つても分け入つても青い山　　種田山頭火

D　萬緑の中や吾子の歯生え初むる　　中村草田男

E　冬菊のまとふはおのがひかりのみ　　水原秋櫻子

〈宇多喜代子「俳句の可能性」／「俳句を味わう」による〉

1　その子たちに涼しい風が分け隔てなく吹いている　とありますが、「分け隔てなく」ということは、どの言葉からわかりますか。俳句の中から抜き出しなさい。

2　Aの俳句のように季語を入れて、五・七・五の音数で表現する約束を何といいますか。漢字四字で書きなさい。

3　Bの俳句で、降る雪のことを全部言い尽くせないことを補うために使われている俳句の表現方法は、何ですか。

4　Cの俳句のように、形が五・七・五ではない俳句を何といいますか。「……俳句」につながるように、漢字三字で書きなさい。

5　Dの俳句の季語と季節を書きなさい。

6　Eの俳句の鑑賞文の［　］Ⅰ・Ⅱに当てはまる言葉を書きなさい。

寒さに耐えてりりしく咲く菊の花を、「［Ⅰ］をまとっている」と、人間にたとえて表す、［Ⅱ］の技法を用いて表現している。

1	3	5	6
		季語	Ⅰ
2	4	季節	Ⅱ
	俳句		

第6回 予想問題 故郷

次の文章を読んで、問題に答えなさい。

解答 37ページ　15分　7問中　問

私も横になって、船の底に水のぶつかる音を聞きながら、今、自分は、①自分の道を歩いているとわかった。思えば私とルントウとの②距離は全く遠くなったが、若い世代は今でも心が通い合い、現にホンルはシュイションのことを慕っている。せめて彼らだけは、私と違って、互いに隔絶することのないように……とはいっても、彼らが一つ心でいたいがために、私のように、むだの積み重ねで魂をすり減らす生活を共にすることは願わない。また、ルントウのように、打ちひしがれて心が麻痺(ひ)する生活を共にすることも願わない。また、他の人のように、やけを起こして野放図に走る生活を共にすることも願わない。希望をいえば、彼らは新しい生活をもたなくてはならない。私たちの経験しなかった新しい生活を。

③希望という考えが浮かんだので、私はどきっとした。たしかルントウが香炉と燭台(しょくだい)を所望したとき、私は、相変わらずの偶像ⓐスウハイだな、いつになったら忘れるつもりかと、心ひそかに彼のことを笑ったものだが、今私のいう希望も、やはり手製の偶像にすぎぬのではないか。ただ、彼の望むものはすぐ手に入り、私の望むものは手に入りにくいだけだ。

まどろみかけた私の目に、海辺の広い緑の砂地が浮かんでくる。その上のⓑコン碧(ぺき)の空には、金色の丸い月が懸かっている。思うに希望とは、もともとあるものともいえぬし、ないものともいえない。それは地上の道のようなものである。もともと地上には道はない。歩く人が多くなれば、それが道になるのだ。

〈魯迅(ろじん)(ルウシュン)／竹内好(たけうちよしみ)訳「故郷」による〉

1 ――線ⓐ・ⓑを漢字に直して書きなさい。

2 ①自分の道を歩いている とはどういうことですか。次から一つ選び、記号で答えなさい。

ア 今の社会とは異なる、理想の社会を作っているということ。

イ 自分は自分の信じた生き方で、楽しくやっているということ。

ウ 故郷を離れ、異郷の地で生きようとしているということ。

エ 希望のない険しい道をたった一人で進んでいるということ。

3 ②距離は全く遠くなった と同じ意味を表す言葉を、文章中から二字で抜き出しなさい。

4 ③希望 について答えなさい。

(1) 「私」の考える「希望」とは、どのようなことですか。［　］Ⅰ・Ⅱに当てはまる言葉を、それぞれ三字以上五字以内で抜き出しなさい。

［Ⅰ］が、自分たちとは違う［Ⅱ］をもつこと。

(2) 「私」は、「希望」の実現にはどのようなことが必要だと考えていますか。「人」という言葉を使って書きなさい。

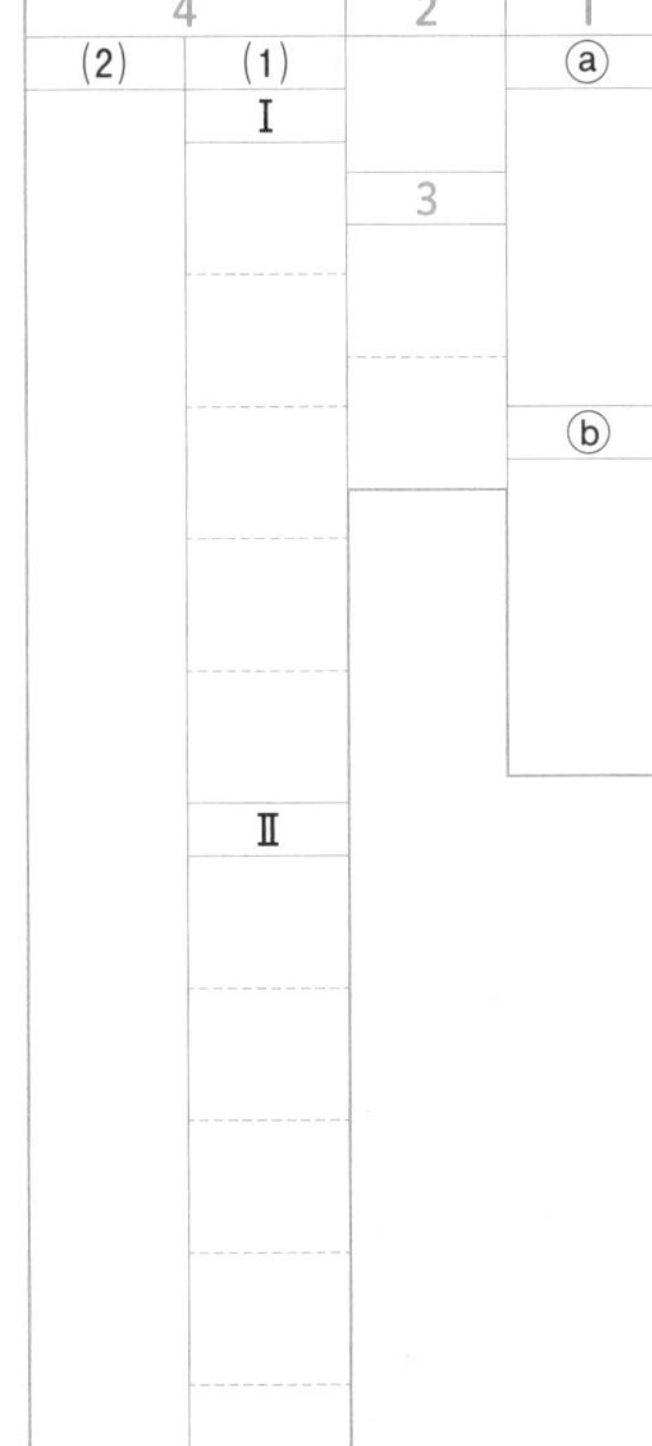

第7回 予想問題 人工知能との未来

次の文章を読んで、問題に答えなさい。

解答 38ページ　15分　●4問中　問

もう一つ、将棋ソフトを使う棋士の間でいわれるのは、人工知能には「恐怖心がない」ということです。人工知能はただただ過去のデータを基に次の一手を選ぶため、人間であれば危険を察知して不安や違和感を覚えるような手でも、平然と指してきます。私たち棋士は、そこに①恐怖を感じるのです。これを、例えば人工知能ロボットに置き換えてみると、どうでしょう。安心感や安定感など、人間が無意識に求める価値や倫理を共有していない相手と、②安心して社会生活を営めるものでしょうか。私には正直、確信がもてません。

膨大なデータと強大な計算力で最適解を導き出す人工知能。それに対し人間は、経験からつちかった「美意識」を働かせて物事を判断しているといえます。人工知能が社会のあらゆる場面で意思決定に関与するようになれば、③人間の「美意識」にはとても受け入れがたい判断をすることもあるでしょう。また、将棋ソフトの評価値が実はそうであるように、人工知能の判断が常に絶対的に正しいわけでもありません。つまり、私たち人間は、どこまで評価値の判断を参考にするかまで含めて、選択肢を考えていくことが必要になります。そして、このような判断力は、普段から自分で考えることでしか、養われないのです。

人工知能が浸透する社会であっても、むしろそのような社会だからこそ、私たちは今後も自分で④思考し、判断していく必要があるといえます。

〈羽生(はぶ)善治(よしはる)「人工知能との未来」による〉

1 ①恐怖を感じる　とありますが、何のどのようなところに対して恐怖を感じるのですか。具体的に書きなさい。

2 ②安心して社会生活を営めるものでしょうか。……確信がもてません。と筆者が感じるのは、なぜですか。簡潔に書きなさい。

3 ③人間の「美意識」にはとても受け入れがたい判断　とありますが、ここでの、人間にとって受け入れがたい判断に関わる要素として当てはまらないものを次から一つ選び、記号で答えなさい。

ア　主観的な要素を排除したもの。
イ　膨大なデータを基にしたもの。
ウ　察知した危険を考慮に入れたもの。
エ　素早い計算で導き出されたもの。

4 ④思考し、判断していく　とありますが、これと同じ意味を表している部分を文章中から九字で抜き出しなさい。

1	2	3
		4

第8回 予想問題　人間と人工知能と創造性

次の文章を読んで、問題に答えなさい。

解答▶38ページ　15分　●5問中　問

　また人間の思いつきは、自由に発想しようとしてもどうしても偏りが出る。もっている知識やそれまでの経験に影響を受けてしまうのだ。その点、コンピュータは偏りのないものをたくさん生み出すことが得意である。例えば数字をばらばらに書いていくという作業をさせると、①人間は偏りが生じて同じパターンに陥ってしまうが、コンピュータは各数字が等しい出現頻度になるように書き続けることができる。

　いっぽうで、コンピュータにとって難しいのは、たくさんの作品の中から優れたものを選ぶことである。人間の創造性について考えてみよう。多くの場合、新しく思いつくことのほとんどは使いものにならない。新しいつもりでも誰かが既にやっていたことであったり、全く意味のないことであったりする。人間は②それらの中から見込みがありそうなものだけを、おそらくは無意識のうちに選んでいるのである。たくさんの候補の中から見込みのありそうなものだけを選び出す作業のことを「評価」とよぶことにする。人間のすばらしい創造性は、この評価の部分に基づいている。何をよいとするか、おもしろいとはどういうことか。コンピュータにはこの評価が難しいのである。

　ここに、人間と人工知能の関係の中で③人間が果たすべき役割を考えるヒントがあると思う。人間とコンピュータは得意なことが異なる。したがって、④それぞれが得意なことを分担し、共同して物事に当たるのがよい。

〈松原(まつばら)　仁(ひとし)「人間と人工知能と創造性」による〉

1　①人間は偏りが生じて　とありますが、人間の思いつきに偏りが生じるのは、なぜですか。簡潔に書きなさい。

2　②それら　とは、どのようなことを指していますか。当てはまらないものを次から一つ選び、記号で答えなさい。

ア　誰かが既にやっていたこと。　イ　全く意味のないこと。
ウ　新しく思いつくこと。　エ　特に優れた作品のこと。

3　③人間が果たすべき役割を考えるヒント　は、どこにあるのですか。文章中から五字で抜き出しなさい。

4　④それぞれが得意なこと　についてまとめた次の文の［Ⅰ］・［Ⅱ］に当てはまる言葉を、文章中から抜き出しなさい。

コンピュータは［Ⅰ］ものをたくさん生み出すことを得意とし、人間はたくさんの候補の中から［Ⅱ］なものを選び出すことを得意とする。

1	2	3	4 Ⅰ	4 Ⅱ

第9回 予想問題

君待つと――万葉・古今・新古今

次の和歌を読んで、問題に答えなさい。

解答 38ページ　15分　●13問中　問

A
天地(あめつち)の　分かれし時ゆ①　神(かむ)さびて　高く貴(たふと)き　駿河(するが)なる
富士の高嶺(たかね)を　天(あま)の原　振り放(さ)け見れば　渡る日の　影も隠らひ
照る月の　光も見えず　白雲(しらくも)も　い行(ゆ)きはばかり　時じくぞ
雪は降りける　語り継ぎ　言ひ継ぎ行かむ　富士の高嶺は
山部赤人(やまべのあかひと)

B
田子(たご)の浦(うら)ゆ②うち出(い)でて見れば真白(ましろ)にぞ富士の高嶺に雪は降りける

C
人はいさ心も知らずふるさとは花ぞ昔の香ににほひける
紀貫之(きのつらゆき)

D
見わたせば花も紅葉(もみぢ)もなかりけり浦の苫屋(とまや)の秋の夕暮(ゆふぐれ)
藤原定家(ふぢはらのさだいへ)

E
東(ひむがし)の野に炎(かぎろひ)の立つ見えてかへり見すれば月傾(かたぶ)きぬ
柿本人麻呂(かきのもとのひとまろ)

F
秋来(き)ぬと目にはさやかに見えねども風の音にぞおどろかれぬる
藤原敏行(ふぢはらのとしゆき)

G
玉の緒よ絶えなば絶えねながらへば忍ぶることの弱りもぞする
式子内親王(しよくしないしんわう)

〈「君待つと――万葉・古今・新古今」による〉

1　Aのような形式の和歌を何といいますか。また、Aの後にくるBの短歌を何といいますか。

2　ゆ①と ゆ②の意味を次から一つずつ選び、記号で答えなさい。

ア　……を通って　イ　……において
ウ　……以来　エ　……まで行くと

3　Cの歌で、「人の心」と対比されているものは、何ですか。

4　Dの歌は何句切れですか。また、どのような表現技法が用いられていますか。

5　Eの歌の「炎」とは、何のことですか。

6　Fの歌は、体のどの感覚を使って季節を感じていますか。

7　Gの歌の「玉の緒」は、この場合どのような意味ですか。

8　B〜Gの歌を、①万葉集、②古今和歌集、③新古今和歌集に分類し、記号で答えなさい。

1		2		4		5	6	7	8
A		①		句切れ					①
B		②		表現技法					②
		3							③

第10回 予想問題　夏草――「おくのほそ道」から

次の文章を読んで、問題に答えなさい。

解答 39ページ

15分　●11問中　問

　月日は①百代の過客にして、行きかふ年もまた旅人なり。舟の上に生涯を浮かべ、馬の口とらへて老いをⓐ迎ふる者は、日々旅にして旅をすみかとす。②古人も多く旅に死せるあり。予もいづれの年よりか、片雲の風にさそはれて、③漂泊の思ひやまず、海浜にさすらへて、去年の秋、江上の破屋に蜘蛛の古巣をはらひて、やや年も暮れ、④春立てる霞の空に、白河の関越えむと、そぞろ神の物につきて心をくるはせ、ⓑ道祖神の招きにあひて、取るもの手につかず、股引の破れをつづり、笠の緒付けかへて、三里に灸すゆるより、松島の月まづ心にかかりて、⑤住めるかたは人に譲りて、杉風が別墅に移るに、

　⑥草の戸も住み替はる代ぞ雛の家

面八句を庵の柱に懸け置く。

〈「夏草――『おくのほそ道』から」による〉

●　●　●

1 ①百代の過客　の意味を書きなさい。

2 ＝＝線ⓐ・ⓑの言葉を現代仮名遣いに直し、全て平仮名で書きなさい。

3 ②古人　とは、「旅を愛した昔の文人」という意味ですが、具体的には誰を指していますか。当てはまらないものを次から一つ選び、記号で答えなさい。

ア 李白　**イ** 杜甫　**ウ** 西行　**エ** 与謝蕪村

4 ③漂泊の思ひ　の意味を書きなさい。

5 ④春立てる霞の空　に用いられている表現技法を、漢字二字で書きなさい。

6 ⑤住めるかたは人に譲りて、杉風が別墅に移る　とありますが、作者は旅に出るために、他にどのような準備をしましたか。それが描かれている部分を文章中から抜き出し、初めと終わりの三字を書きなさい。

7 ⑥草の戸も住み替はる代ぞ雛の家　について答えなさい。

(1) この俳句の季語と季節を書きなさい。

(2) 「草の戸」と同じ建物を表す言葉を、これより前の文章中から二つ抜き出しなさい。

1	2	4	5	6	7
	ⓐ			〜	(1) 季語
	ⓑ				季節
	3				(2)

第11回 予想問題

誰かの代わりに

次の文章を読んで、問題に答えなさい。

解答 39ページ　15分　● 4問中　問

人には、そして人の集まりには、いろいろな苦労や困難があります。①それらを避けたい、免除されたいという思いが働くのも無理はありません。けれども、免除されるということは、誰か他の人に、あるいは社会のある仕組みに、それとの格闘をお任せするということであって、そのことが、人を受け身で無力な存在にしてしまいます。

これに対して、私は「人生には超えてはならない、克服してはならない苦労がある。」と書いた一人の神学者の言葉を思い出します。②苦労を苦労としてそのまま引き受けることの中にこそ、人として生きることの意味が埋もれていると考えるのです。苦労はしばしば、独りで背負い切れるほど小さなものではありません。人と支え合うこと、人と応じ合うことがどうしても必要になります。冒頭に挙げた、「自分とは何か」という自分が存在することの意味への問いについても、自分の中ばかりを見ていてはその答えを探し出すことはできません。その答えは、他の人たちとの関わりの中でこそ、具体的に浮かび上がってくるものだからです。

他の人たちと関わり合い、弱さを補い合うからこそ、人は倒れずにいられます。そして、自分が存在することの意味を感じながら生きることができます。③「誰かの代わりに」という思いが、余力のあるときに、というのではなく、常に求められるものであることの理由は、ここにあります。

〈鷲田(わしだ)清一(きよかず)「誰かの代わりに」による〉

1 ①それらを避けたい、免除されたいという思い とありますが、苦労や困難を免除されたいという思いは、人をどのような存在にしますか。文章中から抜き出しなさい。

2 ②苦労を苦労としてそのまま引き受ける とありますが、そのためにはどのようなことが必要になりますか。文章中から十七字で抜き出しなさい。

3 ③「誰かの代わりに」という思いが、……常に求められる のは、なぜですか。［　］Ⅰ・Ⅱに当てはまる言葉を、文章中から抜き出しなさい。

人は自分一人では完結せず、他の人たちと［Ⅰ］、弱さを補い合うことでこそ、［Ⅱ］の意味を感じることができるものだから。

3		2	1
Ⅱ	Ⅰ		

第12回 予想問題

エルサルバドルの少女 ヘスース

次の文章を読んで、問題に答えなさい。

解答 39ページ　15分　5問中　問

式が終わった翌日、私はこれから新しい生活を始める二人に、①今まで聞いてみたかったことを質問することにした。「どうしていつも笑顔(えがお)だったの？」と切り出すと、ヘスースは「おじいちゃん、おばあちゃんが、さまざまな日雇いの仕事をして養ってくれた。キャンプの人にも本当に助けられた。だから、周りのみんながいい気持ちでいてくれるように、笑顔でいたかったの。」とほほえんだ。

「キャンプでの生活はつらかったよね？」と言うと、「大好きなチキンを食べられるのは年に一回、クリスマスのとき。やっと料理ができあがったときに、ドアを誰かがノックして、それが私たちより困っている人だとわかると、おばあちゃんが料理を全部あげてしまったことがあった。まだ幼かった私は、食べることが好きだったから、そんなときはつらく感じたわ。」とヘスースは言った。でも、彼女はそんなおばあちゃんの生き方から学んだことも多かったようだ。キャンプで身寄りのない人が死んだとき、みんなからカンパを集め、黒塗りの立派なひつぎを購入して死者を送り出したのは、ヘスースだった。キャンプの人々は、そうやって助け合って生きてきたのだろう。

彼女は「友達の中には、スラムのようなキャンプで暮らしていることが恥ずかしいと思って、人に言えない子もいるけれど、②私はここで育ったことに誇りをもっている。キャンプは、子ども時代の思い出がいっぱい詰まった『人生の宝箱』のようなものだから。」と続けた。私はその言葉に胸がいっぱいになった。ヘスースは、自分の人生をたった一つのかけがえのない大切なものとして生きてきた。

彼女の笑顔は、③そのあかしでもあったのだ。

〈長倉(ながくら)洋海(ひろみ)「エルサルバドルの少女 ヘスース」による〉

1 ①今まで聞いてみたかったこと とありますが、筆者が聞いてみたかったこととは、どのようなことですか。二つ書きなさい。

2 ②私はここで育ったことに誇りをもっている について答えなさい。

(1) キャンプで育ったことに誇りをもっているのは、ヘスースがキャンプでどのように生きてきたからだと筆者は考えていますか。

(2) キャンプのことを、ヘスースは何にたとえていますか。文章中から五字で抜き出しなさい。

3 ③そのあかし とは、何のあかしですか。「……あかし。」につながるように、文章中から抜き出しなさい。

1	1	2 (1)	2 (2)	3
				あかし。

第13回 予想問題　紛争地の看護師

次の文章を読んで、問題に答えなさい。

解答 40ページ　15分　6問中　問

海の向こう側には、①私たちが目を覆い、耳を塞ぎたくなるような現実がある。国境なき医師団に参加し始めた二〇一〇年以来、戦争の被害によって命の危機にさらされている人々を、何度も目にしてきた。

戦地では、病院が破壊されていたり、被害者と医療をつなぐアクセスが断たれてしまったりしていることが多い。危険が大きい場所ほど、たった一人の医師、一人の看護師、一つの病院の存在価値が高い。

戦地で親を殺されて泣いている子供たち。足を失って絶望に打ちひしがれている青年たち。そして家族を養うすべを失った一家の大黒柱である、大の男たちが怒りを秘め、泣いている。

行けば自分も危険にさらされるかもしれない。活動中の生活環境は厳しく、戦時下での医療がスムーズに行えるとも限らない。

苦しんでいる人たちがたくさんいるのに医療すら自由に施せない戦争とは本当に残酷なものである。

「なにもあなたが行くことはない。」

「日本でだって救える命はある。」

では、誰が彼らの命を救うのだろう。

彼らの悲しみと怒りに、誰が注目するのだろう。

医療に国境はない。私は本当にそう思っている。七歳の頃に「国境なき医師団」を初めて知ったときも、実際に活動を始めて八年が経過した今も②その思いは変わらない。

国、国籍、人種を超えた、同じ人間としての思い。報道にもならない場所で、医療を求めて（または医療が届かずに）泣いている人々の痛みや苦しみを見過ごすことは、やはり私にはできない。

〈白川（しらかわ）優子（ゆうこ）「紛争地の看護師」による〉

1　①私たちが目を覆い、耳を塞ぎたくなるような現実　とは、どのようなものですか。［　］Ⅰ〜Ⅲに当てはまる言葉を、文章中から指定の字数で抜き出しなさい。

［Ⅰ（五字）］によって［Ⅱ（四字）］にさらされている人々がたくさんいて苦しんでいるのに、［Ⅲ（二字）］すら自由に施せないという現実。

2　②その思い　とは、どのような思いですか。「……という思い。」につながるように、文章中から八字で抜き出しなさい。

3　筆者は、なぜ紛争地に行くのですか。「人間」という言葉を用いて説明しなさい。

4　この文章から、筆者のどのような思いが読み取れますか。次から一つ選び、記号で答えなさい。

ア　義務感　イ　達成感　ウ　使命感　エ　焦燥感

1			2	3	4
Ⅰ	Ⅱ	Ⅲ	という思い。		

第14回 予想問題 温かいスープ

次の文章を読んで、問題に答えなさい。

解答 40ページ　15分　●5問中　問

その後、何か月かたった二月の寒い季節、また貧しい夜がやって来た。花のパリというけれど、北緯五十度に位置するから、わりに寒い都で、九月半ばから暖房の入る所である。冬は底冷えがする。その夜は雹(ひょう)が降った。私は例によって無理に明るい顔をして①オムレツだけを注文して、待つ間、本を読み始めた。店には二組の客があったが、それぞれ大きな温かそうな肉料理を食べていた。そのときである。背のやや曲がったお母さんのほうが、湯気の立つスープを持って私のテーブルに近寄り、②震える手でそれを差し出しながら、小声で、「③お客様の注文を取り違えて、余ってしまいました。よろしかったら召しあがってくださいませんか。」と言い、優しい瞳でこちらを見ている。小さな店だから、今、お客の注文を間違えたのではないことぐらい、私にはよくわかる。

こうして、目の前に、どっしりしたオニオングラタンのスープが置かれた。寒くてひもじかった私に、それはどんなにありがたかったことか。涙がスープの中に落ちるのを気取られぬよう、一さじ一さじかむようにして味わった。フランスでもつらいめに遭ったことはあるが、この人たちのさりげない親切のゆえに、④私がフランスを嫌いになることはないだろう。いや、それぱかりではない、人類に絶望することはないと思う。

⑤国際性、国際性とやかましく言われているが、その基本は、流れるような外国語の能力やきらびやかな学芸の才気や事業のスケールの大きさなのではない。それは、相手の立場を思いやる優しさ、お互いが人類の仲間であるという自覚なのである。〈今道(いまみち)友信(とものぶ)「温かいスープ」による〉

---

1 ①オムレツだけを注文　とありますが、いちばん安いオムレツだけを注文するこのような晩を、筆者は何と表現していますか。文章中から四字で抜き出しなさい。

2 ②震える手でそれを差し出しながら　とありますが、このときの「お母さん」の気持ちを次から一つ選び、記号で答えなさい。

ア 喜び　イ ためらい　ウ 軽蔑　エ 恐れ

3 ③お客様の注文を取り違えて、余ってしまいました。とありますが、「お母さん」がこのように言ったのは、なぜですか。

4 ④私がフランスを嫌いになることはないだろう　とありますが、それはなぜですか。□に当てはまる言葉を、文章中から七字で抜き出しなさい。

フランスで□を受けたから。

5 ⑤国際性　の基本は何だと、筆者は述べていますか。文章中から抜き出しなさい。

1	2	3	4	5

第15回 予想問題　高瀬舟

次の文章を読んで、問題に答えなさい。

解答 40ページ　15分　●6問中　問

　喜助の話はよく条理が立っている。ほとんど条理が立ちすぎているといってもいいくらいである。これは半年ほどの間、当時のことを幾度も思い浮かべてみたのと、役場で問われ、町奉行所で調べられるその度ごとに、注意に注意を加えてさらってみさせられたのとのためである。

　庄兵衛はその場の様子を目のあたり見るような思いをして聞いていたが、①これが果たして弟殺しというものだろうか、人殺しというものだろうかという疑いが、話を半分聞いたときから起こってきて、聞いてしまっても、その疑いを解くことができなかった。弟は、剃刀を抜いてくれたら死なれるだろうから、抜いてくれと言った。それを抜いてやって死なせたのだ、殺したのだとは言われる。しかしそのままにしておいても、どうせ死ななくてはならぬ弟であったらしい。それが早く死にたいと言ったのは、苦しさにⓐタえなかったからである。喜助はその苦を見ているにⓑシノびなかった。苦から救ってやろうと思って命を絶った。それが罪であろうか。殺したのは罪に相違ない。しかしそれが苦から救うためであったと思うと、そこに疑いが生じて、どうしても解けぬのである。

　庄兵衛の心のうちには、いろいろに考えてみた末に、②自分より上のものの判断に任すほかないという念、オオトリテエに従うほかないという念が生じた。庄兵衛はお奉行様の判断を、そのまま自分の判断にしようと思ったのである。そうは思っても、庄兵衛は、まだどこやらに腑に落ちぬものが残っているので、なんだかお奉行様にきいてみたくてならなかった。

〈森鷗外「高瀬舟」による〉

1　══線ⓐ・ⓑを漢字に直して書きなさい。

2　①これが果たして弟殺しというものだろうか、人殺しというものだろうかという疑い について答えなさい。

(1)　「弟殺し」「人殺し」とは、具体的には、喜助がどうしたことですか。簡潔に説明しなさい。

(2)　庄兵衛は、なぜ疑っているのですか。［　］Ⅰ・Ⅱに当てはまる言葉を書きなさい。

・弟は、そのままにしておいても［Ⅰ］状態だったから。

・弟が苦しさに耐えられず、早く死にたいと言ったので、喜助は弟を［Ⅱ］と思って、命を絶ったから。

3　②自分より上のもの とありますが、具体的には誰ですか。文章中から抜き出しなさい。

1		2			3
ⓐ	ⓑ	(1)	(2) Ⅰ	(2) Ⅱ	

教科書ワーク 国語 特別ふろく①

無料アプリ どこでもワーク

こちらにアクセスして，ご利用ください。
https://portal.bunri.jp/app.html

スキマ時間で国語の知識問題に取り組めるよ！

A19. 【会意文字】
二つ以上の字を組み合わせて新しい意味を表す漢字。「看」は，「手」と「目」を組み合わせて作った会意文字。
「指」は形声文字（「扌」＋「旨」）。
「明」は会意文字（「日」＋「月」）。

丁寧な解説つき！

解答がすぐに確認できる！

間違えた問題は何度もやり直せるよ！

無料ダウンロード ホームページテスト

無料でダウンロードできます。
表紙カバーに掲載のアクセスコードを入力してご利用ください。
https://www.bunri.co.jp/infosrv/top.html

問題

▼解答

解答が同じ紙面にあるから採点しやすい

文法や古典など学習内容ごとにまとまっていて取り組みやすい！

解説も充実！

注意 ●アプリは無料ですが，別途各通信会社からの通信料がかかります。
● iPhone の方は Apple ID，Android の方は Google アカウントが必要です。対応 OS や対応機種については，各ストアでご確認ください。
●お客様のネット環境および携帯端末により，アプリをご利用いただけない場合，当社は責任を負いかねます。ご理解，ご了承いただきますよう，お願いいたします。

中学教科書ワーク 解答と解説

この「解答と解説」は、**取りはずして**使えます。

光村図書版 国語3年

世界はうつくしいと

2～3ページ ステージ1

教科書の要点

❶ イ・イ

❷ ①十六 ②言おう

❸ ①口にする ②匂い ③季節 ④老いてゆく ⑤あざやかな毎日 ⑥永遠

おさえよう 〔順に〕ア・イ

基本問題

1 言おう　2 ア

3 例永遠のものはなく、いつかすべて塵にかえるから。

解説

1 「うつくしいと」という言葉に注目すると、「うつくしいものをうつくしいと言おう。」という表現が二回出てくる。「言おう」を省略することで、余韻が生まれている。

2 「うつくしいもの」の例として、「風の匂い」「渓谷(けいこく)の／石を伝わってゆく流れ」「午後の草に落ちている雲の影」「遠くの低い山並みの静けさ」「なにげない挨拶」「さらりと老いてゆく人の姿」など、自然の風景や人の営みを挙げており、**これらは全てわたしたちの毎日の中に存在するもの**である。

3 **重要** 最後の二行に着目する。シュロの枝が灰になって撒(ま)かれるように、この世に永遠のものはない。だからこそ、うつくしいと感じたときにうつくしいと言葉にしようというのである。

握手

4～5ページ ステージ1

漢字と言葉

1 ❶せんたくば ❷しろもの ❸けいしゃ ❹かいこん ❺ていこく ❻どろ ❼さが ❽ぶんかつ ❾ゆいごん ❿せいめい ⓫いっしゅうき ⓬しゅよう

2 ❶傲慢 ❷冗談 ❸葬式 ❹監督 ❺爪 ❻穏

3 ❶ウ ❷ア ❸イ

教科書の要点

❶ ①わたし ②ルロイ(修道士)(別解ルロイ先生)

❷ 〔右から順に〕(1)・3・2・6・5・7・4・(8)

❸ ①さよなら ②万力 ③病人 ④人さし指 ⑤平手打ち ⑥一人前 ⑦天国 ⑧人さし指

おさえよう 〔順に〕ア・イ・ア

6～7ページ ステージ2

1 例故郷へ帰ることになったので、さよならを言うため。

2 ルロイ先生とうっかり握手をすべからず　3 ウ

4 Ⅰ…万力よりも強く・腕がしびれた
Ⅱ…病人の手でも握る

5 エ

6 例天使園の子供たちの食料を作るために、畑や鶏舎で精を出していたから。

✪解説

1 冒頭のルロイ修道士の言葉に着目する。

3 「無邪気」は、あどけないことという意味。「天使の十戒」は、「朝のうちに弁当を使うべからず」のように、天使園の生活の中で子供たちが考え出した、たわいない「べからず集」である。なお、「十戒」とは、旧約聖書にある、神が信徒に授けた十の戒めのこと。ここではユーモアを込めて用いられている。

4 かつての力強い握手と、現在の「実に穏やかな握手」とが対照的であることを読み取る。**この握手の変化は、ルロイ修道士の体調の悪化を示す伏線である。**

5 重要 ルロイ修道士が、天使園に収容されたばかりの「わたし」の不安を思いやり、力強い握手と温かい言葉で勇気づけようとしていたことを捉える。

6 記述対策

- **考え方**…ルロイ修道士は、たいていは畑や鶏舎にいて、子供たちの食料を作ることに精を出していた。そのため、てのひらが固くなっていたので、擦り合わせるとギチギチと音がしたのである。ルロイ修道士が子供たちを思いやり、熱心に農作業をしていたことを表している。
- **書き方**…「天使園の子供たちの食料を作ることに精を出していた」ことを、「……から。」などの文末でまとめる。

8〜9ページ ステージ3 (1)

✪

1 例（高校二年のクリスマスに、）無断で天使園を抜け出して東京へ行ったから。

2 (1)（両手の）人さし指・打ちつけている (2) ウ

3 イ

4 エ

5 ①例ちっとも食べない ②遺言

---

6 ③例1なんだか変だった 例2実に穏やかだった
例何かの病にかかり、かつての園児にこの世のいとまごいをするため。

✪解説

3 直前のルロイ修道士の様子から、「わたし」の気持ちを読み取る。ルロイ修道士は、「一度だけ、ぶたれました。」と「わたし」に言われて、「やはりぶちましたか。」と悲しそうな表情になった。それを見た「わたし」は、修道士の正当性を裏付けてなぐさめようとして、自分はぶたれて当然のことをしたと言ったのである。

4 重要 この指の動きは、「おまえは悪い子だ。」という意味の指言葉。修道士の顔が笑っていることから、正解はエ。

5 ①「わたし」は、「先生はどこかお悪いんですか。ちっとも召しあがりませんね。」と言っている。

② ルロイ修道士が「ルロイのこの言葉を忘れないでください。」と言うので、「わたし」は、「冗談じゃないぞ」「これでは、遺言を聞くために会ったようなものではないか。」と思ったのだ。

③「さっきの握手もなんだか変だった」とある。昔はこちらの手が痛くなるくらい強い力で握手していたのに、今は「実に穏やかな握手だった」からである。

6 最後の文に、「元園長は何かの病にかかり、……訪ねて歩いているのではないか。」とある。

10〜11ページ ステージ3 (2)

✪

1 天使園で育

2 例ルロイ修道士は重い病気にかかっていて、これはお別れの儀式なのではないかということ。

3 例捨て子だった上川君の姓名は、自分たち天使園の中学生や高校生が知恵を絞ってつけたから。

4 イ

5 例天使園で育った子が、自分の子供を天使園に預けに来るのを見るとき。
6 「幸運を祈る」「しっかりおやり」（という意味）
7 イ

解説

1 ルロイ修道士の言葉の中の「……ときがいっとう楽しい」という一文を抜き出す。教え子の成長を何よりも喜びとする、ルロイ修道士の生き方のわかる言葉である。

2 直前の「……ときこうとした」の部分から読み取る。

3 記述対策
- **考え方**…——線③以降を読み進めると、「だから、忘れるわけはない」とある。よって、「だから」の前に書かれていることが、「わたし」が上川(かみかわ)君を知っている理由だとわかる。
- **書き方**…上川君は天使園に捨てられていた子だったこと、捨て子はたいてい姓名がわからないので、天使園の中学生、高校生が知恵を絞って姓名をつけたことをまとめる。

4 重要 上川君が、親指を立てた合図をし、自分の仕事ぶりを見せてルロイ修道士を喜ばせようと思っていることを捉える。よって、ア・ウ・エが当てはまる。イの「決まりに縛られない自由な心」は、ルロイ修道士が羨ましく思うことではないので、当てはまらない。

5 ルロイ修道士の言葉に、「それを見るときがいっとう悲しい」とある。「それ」の指す内容を答える。

6 直後の文に注目する。「幸運を祈る」「しっかりおやり」の両方を答えること。

7 **ルロイ修道士の言葉に着目しよう。**ルロイ修道士は、「天使園で育った子供が世の中へ出て、一人前の働きをしているのを見るときがいっとう楽しい。」と答え、また、「天使園で育った子が、自分の子を、またもや天使園へ預けるために……やって来る。それを見るときがいっとう悲しい」と答えている。つまり、**天使園の子供たちの幸せを願っている、愛情あふれる人物**なのである。

学びて時に之(これ)を習ふ——「論語」から

12〜13ページ ステージ1

教科書の要点

❶ ①孔子 ②人間の生き方
❷ ①漢字 ②送り仮名 ③漢字仮名交じり
❸ ①右下 ②レ点 ③一・二点
❹ ①歳月人を待たず ②家書万金に抵る ③人に施すこと勿かれ
❺ ①人格 ②意義 ③学ぶ ④楽しむ

おさえよう 〔順に〕イ・イ

14〜15ページ ステージ2

❶
1 孔子
2 (1) 訓読文 (2) レ点 (3) 而 (4) エ
3 ア
4 (1) 一・二点、上・下点〔順不同〕 (2) 朋遠方より来たる有り (3) エ
5 例世の中の人に認められなくても不平不満をもたない（。）
6 エ
7 学ビテ而不レバレ思ハ則チ罔シ。
8 (1) 思ひて学ばざれば則ち殆し (2) 例自分の考え

❷
① 〔順に〕6・5・1・4・3・2・7
② 〔順に〕6・3・1・2・4・5・7

解説

❶ 1 「子」は男子への敬称で、「先生」という意味。「論語」の中では、

孔子(こうし)を指す。

2 (3)「而」のように訓読の際に読まない字を「置き字」という。

(4)「習ふ」は、「復習して体得する」という意味。

3 「……ずや」は、「……ではないか」という意味の反語表現。「説(よろこ)ばしい」は、「うれしい」という意味。

4 (2) 一・二点と上・下点の両方が用いられている場合は、先に一・二点を読んでから上・下点を読む。

5 「慍(うら)みず」は、「不平不満をもたない」という意味。——線②のような心持ちの人が「君子」(＝徳の高い人)なのである。

6 「故(ふる)き」は、過去の事柄や学説などを指す。「温める」は、習熟するまで学ぶこと。「新しき」は新しい意義や知識を指す。この文章が基になってできた「温故知新」という言葉は、「**昔のことを研究して、そこから新しい知識や考え方を見つけ出すこと**」という意味。

8 (2) **重要** ここでの「学ぶ」は「師や先人の教えを取り入れる」、「思ふ」は「自分で考える」という意味。**自分で考えるばかりで、他から学ぼうとしなければ、独断に陥る可能性があるから危険**だというのである。

情報整理のレッスン／文章の種類を選んで書こう

16～17ページ ステージ1

漢字

1 ❶とくめい

2 ❶匿名

教科書の要点 情報整理のレッスン

❶ ①事実 ②根拠 ③発信元

基本問題 情報整理のレッスン

1 ア

2 イ・オ

基本問題 文章の種類を選んで書こう

★ 1 ①特徴…ア 種類…報道文 ②特徴…ウ 種類…随筆

2 ①案内図 ②写真

3 例「はるかなる太古の世界へ」のほうが読み手の興味を引くと考えたから。

解説

基本問題 情報整理のレッスン

1 それぞれの**情報の発信元**を確認しよう。アは日本道路交通情報センターのホームページ、イはSNSにある個人の情報である。さらに「友達から……聞いた」とあり、自分で確認した情報ではないので、イは信頼性に欠けるといえる。

2 匿名の投稿や古い情報には、注意が必要である。**公共性の高い発信元の情報を確認するのが望ましい。**

基本問題 文章の種類を選んで書こう

★ 1 大石さんの文章は、「着いた」「ある」「目に飛び込んできた」と、**自分が見た事実だけを書いている。**このような文章を「**報道文**」という。一方、中島さんの文章は、「さぞかし無念だっただろう」「考えただけで、……苦しくなる。」「……改めて思った。」など、**自分が見たことと共に、感じたことや考えたことを書いている。**このような文章を「**随筆**」という。

2 ①「東大寺(とうだいじ)の境内をどのように回ったのか」は、案内図があるとよりわかりやすくなる。②「首塚(くびづか)の外観」は、写真があるとわかりやすい。

3 **見出しは、読み手を引きつけるものがよい。**「蘇我(そが)氏の首塚を見て」と、ただ事実を挙げるよりも、「はるかなる太古の世界へ」と、自分の思いを込めたほうが、読み手はどんな内容なのかが気になり、興味をもつと思われる。

漢字1 熟語の読み方 ほか

18〜19ページ ステージ1

漢字

1 ❶せいとん ❷はんぷ ❸ながそで ❹そとぼり ❺まくらもと ❻りょうわき ❼べつむね ❽きょうこく ❾にしきえ ❿ひとみ ⓫えっけん ⓬りゅうさん ⓭ほうしゅう ⓮きゃっか ⓯かんかつ ⓰こうとう ⓱しゃくりょう ⓲さた ⓳ろうでん ⓴そっこう

2 ❶枠内 ❷賠償金 ❸純粋 ❹患者 ❺洪水 ❻浅瀬

基本問題 漢字1

1 ①ケイ・コウ ②ワ・ダイ ③うち・がわ ④あさ・せ ⑤シ・ごと ⑥ジョウ・まえ ⑦に・モツ ⑧あま・グ

2 ①みやげ ②ことし

3 ①しきし・いろがみ〔順不同〕 ②うわて・かみて・じょうず〔順不同〕

4 ①B ②B ③D ④D ⑤A ⑥C ⑦D ⑧C ⑨B ⑩C ⑪D ⑫A

5 ①しもて ②したて（別解したで） ③へた ④ぶんべつ ⑤ふんべつ

6 ①ふぶき ②なだれ ③はたち ④いなか ⑤えがお ⑥おじ ⑦たち ⑧ここち ⑨おとめ ⑩しらが ⑪たび ⑫つゆ

解説

3 ①「しきし」は和歌や絵などをかく厚紙。「いろがみ」は色のついた紙。②「うわて」は他より優れていることなど。「かみて」は上（かみ）の方。「じょうず」は物事が巧みな様子。

4 それぞれの読みは、①なま・みず、②ひ・もの、③も・チュウ、④けし・イン、⑤リュウ・サン、⑥ミ・かた、⑦あい・ショウ、⑧ゴ・いし、⑨まど・わく、⑩ス・なお、⑪きっ・プ、⑫ハイ・エツ。

5 ①・②「しもて」は下（しも）の方。「したて」は相手に対してへりくだること。③「へたの横好き」はことわざ。④・⑤「ぶんべつ」は種類によって分けること。「ふんべつ」は道理をわきまえること。

6 ③・⑥・⑩・⑫は熟字訓でない読み方（③にじっさい、⑥しゅくふ、⑩はくはつ、⑫ばいう）をすることもあるので注意。⑥「叔父」は父母より年下の兄弟。年上の場合は「伯父」と書く。

作られた「物語」を超えて

20〜21ページ ステージ1

漢字と言葉

1 ❶きょうぼう ❷じゅう ❸ゆうそう ❹ひさん ❺おうべい ❻くさり ❼こちょう ❽ふんそう ❾めぐ ❿い・か

2 ❶誇張 ❷悲惨 ❸勇壮 ❹紛争 ❺巡 ❻鎖

3 ❶ウ ❷イ ❸ア

教科書の要点

❶ 誤解・都合がいい

❷ ①戦い・撃ち殺し ②暴力の権化 ③動物園・鎖

❸ ①物語 ②好戦的 ③人間 ④自己主張 ⑤悲惨な運命 ⑥誇張 ⑦悲劇 ⑧相手の立場（別解反対側） ⑨常識 ⑩文化や社会

おさえよう 〔順に〕イ・ア

22〜23ページ ステージ2

★ 1 (1) シルバーバック (2) 胸をたたき ～ 面をたたく (3) 相手に負けないことを示す自己主張

2 ・例「さあ、出発しよう。」とみんなに呼びかけるとき。
（別解ゴリラたちに、出発しようと呼びかけるとき。）
・例いがみ合っているゴリラたちを制止するとき。
（別解食べ物や休み場所を取り合ってけんかしているメスや子供たちを制止するとき。）〔順不同〕

3 人間…互いの気持ちを伝え合う
ゴリラ…自分の気持ちを表したり、相手に誘いかけたりする

4 ウ

解説

1 (1)・(2) ――線①の次の文に、「どちらの群れからもシルバーバックが出てきて胸をたたき、辺りの草を引きちぎり、小走りに突進して地面をたたく。」とある。
(3) 「このように」から始まる三つ目の段落に、ゴリラがドラミングをする理由がまとめられている。最初の「相手に負けないことを示す自己主張」が、二つの群れが出会ったときにシルバーバックが行うドラミングの意味である。

2 ――線②で始まる段落の内容に着目する。メスや子供たちがドラミングをすることもあるが、シルバーバックがドラミングをする場合は二つである。一つは、「雨があがって……とみんなに呼びかけているのだ。」、もう一つは、「また、ときどきメスや子供たちが……ゴリラたちを制止する。」とある。

3 重要 筆者は、ゴリラのドラミングは、「自己主張」「呼びかけ」「不満や誘いかけ」などの意味を表すと述べている。それは、「**互いの気持ちを伝え合う**」という点で、**人間の会話と同じであり、決して好戦的なものではない**。人間は、「距離を置いて声をかけ、互いの気持ちを伝え合」い、ゴリラは、「胸をたたいて自分の気持ちを表したり、相手に誘いかけたりする」のである。

4 最後の段落の内容を正しく読み取る。ア ハンターたちの標的になって、多くのゴリラが命を落とした。イ 子供を守ろうとした大人のゴリラたちは射殺された。ウ 「凶暴な性格をもつと思われたために、頑丈な檻（おり）の中に鎖でつながれることが多かった」とあるので、正解。エ 「絶滅しそうになった」とは書かれていない。

24〜25ページ ステージ3

1 ある印象を基に「物語」を作り、それを仲間に伝えたがる性質

2 ①脚色 ②誇張 ③社会の常識〔①・②は順不同〕

3 (1) 世界各地で争いや衝突が絶えない
(2) ・例互いに相手を悪として自分たちに都合のよい「物語」を作りあげ、それを世代間で継承し、果てしない戦いの心を抱き続けること。
・例どちらの民族も、自分たちの作った「物語」を真に受け、反対側に立って自分たちを眺めてみることをしないこと。〔順不同〕

4 相手の立場・常識・排除

5 例この地球に生きるさまざまな人々が暮らしている文化や社会をよく理解することが必要だ

解説

1 「性質」という言葉を手がかりに、――線①の直後の部分から抜き出す。

2 第一段落の「しかし一方で」から「……よくあるのだ」までで、言葉の発明が人間社会にもたらした問題について述べている。「実際には見ていないことを、あたかも体験したかのように」「**脚色したり誇張したり**」して語る→それが人の口から口へと広がる→「間違いに気がつかないうちに、**それが社会の常識になってしまう**」という流れを捉えよう。

3 (1) ――線③を含む段落の内容を捉えよう。筆者は、「言葉や文化の違う民族の間では、誤解が修復されないまま『物語』が独り歩きをして敵対意識を増幅しかねない」と述べ、「今でも世界各地で争いや衝突が絶えない」ことを大きな「悲劇」と表

現しているのである。

(2) 記述対策

・**考え方**…誤解に基づく「物語」が、言葉や文化の違う民族の意識にどのような影響を与えるかを読み取る。「今でも世界各地で争いや衝突が絶えないのは……からだ。」「どちらの側にいる人間も、……眺めてみることをしない。」と筆者の見解が示されている部分を基にしてまとめる。

・**書き方**…「自分たちに都合のよい『物語』を作って、継承し、戦いの心を抱き続けること」、「自分たちの作った『物語』を真に受け、反対側に立って自分たちを眺めてみることをしないこと」を答える。

4 「その誤解を解くためには」から続く三文から読み取る。

5 **重要** 最後の段落に着目して、筆者の意図を捉える。ゴリラのドラミングを戦いの宣言と見たのは、誤解が生み出した「物語」だった。その誤解を解くためには、「体の仕組みや能力の違う動物の視点」に立って、「その動物が暮らしている自然をよく知ること」が必要になる。これは、「この地球に生きるさまざまな人々に起きている『物語』」についても同様であり、「真実を知るためには、その人々が暮らしている文化や社会をよく理解することが必要」だと述べられている。

説得力のある構成を考えよう／リオの伝説のスピーチ ほか

26〜27ページ ステージ1

漢字

1 ❶ぼうしょ ❷あわだ ❸しんぼく ❹どうりょう ❺にお ❻すいそう ❼こんだん ❽はくらい ❾たんてい ❿そうりょ ⓫そうけ ⓬こくだか

2 ❶模倣 ❷貫徹 ❸倹約 ❹雑巾

教科書の要点 思考のレッスン

1 ①A ②B ③B ④A ⑤B

基本問題 思考のレッスン

☆ ア

教科書の要点 説得力のある構成を考えよう

1 ①信頼 ②感情 ③論理展開

☆ **基本問題** 説得力のある構成を考えよう

1 食品ロス

2 [1]…ウ [2]…エ [3]…ア [4]…イ

3 ア

4 イ・エ

解説

☆ **基本問題** 思考のレッスン

「つまり」の前までは、大会で一位になるために、彼女がどのようなことを頑張っているかの具体例である。これらをまとめると、「努力家」という言葉が当てはまる。具体から抽象への展開となっている。

☆ **基本問題** 説得力のある構成を考えよう

1 初めに問いかけの形で話題に触れ、聞き手の興味を引く工夫をしている。

2 [1]で年間六〇〇万トン以上ある食品ロスの現状を伝え、[2]で食品ロスの原因についての調査結果、[3]で「私たちにできること」という解決策を示し、[4]で主張を述べるという構成になっている。

3 問いかけにすると、聞き手の注意を引きやすい。

4 [1]や[2]で取り上げられているのは官庁の調査結果で、信頼性が高いといえる。ウの双括型の構成とは、初めと終わりの両方で主張を述べる文章の型。このスピーチで主張を述べているのは最後の段落のみで尾括型なので、ウは当てはまらない。

28〜29ページ ステージ2

☆

1 話し手…子供 聞き手…大人

2 例こんなに欲が深い

3 (1) イ (2) 私の頭を離れません

4 ア　5 ウ

6 ①未来　②貧しさと環境問題　③行動

✪解説

1 ２段落に「あなたたち大人」「私たち子供」という表現がある。

2 家のないストリートチルドレンは、自分が金持ちだったら、家のない子全てに、食べ物や着る物、薬や住む場所、優しさと愛情をあげると言った。自分の家すらない子供が、なお他人を思いやっていることを挙げた後で、全てを持っているのに、他人を思いやろうとしない自分たちを「欲が深い」と対比している。

3 (1) 「ショックを受ける」という率直な言葉で、**聞き手に強く訴えかけている**。

(2) 同じように「頭を離れません」にも、自分の感情を素直に示して聞き手を引きつける効果がある。

4 聞き手である大人が、子供にいつも言って聞かせていることを例に挙げて、大人がそれらを全く実行できていないという**問題点**を示している。

5 **ア** ストリートチルドレンの言葉が、具体的な事例。**イ** 「どうか、本当だということを行動で示してください」と、お願いする表現で主張を伝えている。**エ** 「……こんなに欲が深いのは、いったいどうしてなんでしょう」「ならばなぜ、あなたたちは、私たちにするなということをしているんですか。」など、問いかけを多用している。**ウ** 「データから数値を引用して」が当てはまらない。

6 **重要** ４段落で、「もしその言葉が本当なら……行動で示してください。」と訴えかけている。１～３段落から、話し手の主張は、言葉ばかりで、子供たちの未来のためになる行動を真剣にとらない大人たちが、態度を改め行動すべきだということであることを押さえる。

文法への扉1　すいかは幾つ必要?

30～31ページ　ステージ1

教科書の要点

❶ ①例大切にすることだ　②訴えたい

❷ ①田中さんは、鈴木さんと田村さんに映画の感想をきいた。

②田中さんは映画の感想を鈴木さんと田村さんにきいた。

（別解鈴木さんと田村さんに田中さんは映画の感想をきいた。）

❸ ①たとえ　②もし　③決して　④まるで　⑤なぜ　⑥たぶん

基本問題

1 ①私の夢は、小学校の先生になることです。

②例1僕には、この主人公が自分勝手だと思える。

例2僕には、この主人公が自分勝手だと思われる。

③試合に負けた原因は、チームプレーを忘れて、みんなが個人プレーに走ったことだ。

2 (1) ①私は、慌てて逃げる泥棒を追いかけた。

②逃げる泥棒を私は慌てて追いかけた。

（別解私は逃げる泥棒を慌てて追いかけた。）

（別解慌てて私は逃げる泥棒を追いかけた。）

(2) ①僕はお茶を飲みながら、本を読んでいる父に尋ねた。

②お茶を飲みながら本を読んでいる父に僕は尋ねた。

3 ①エ　②イ　③オ　④ア　⑤ウ

4 ①イ　②ウ　③ア

解説

1 ①・③ 主部「私の夢は」「試合に負けた原因は」に対応するように、述部を「……ことです（ことだ）」に変える。

② 主語「僕には」に対応するように、述語を「思える（思われる）」に変える。

2 (1) ①「慌てて」いるのが、「私」とも「泥棒」とも解釈できる。**重要**「私は」の後に読点を打つと、そこで意味が切れて、「慌てて逃げる泥棒」が一まとまりの意味をもつことになる。②「慌てて」が「逃げる」に係らないことをはっきりさせるように、文節の順序を入れ替える。

(2) お茶を飲んでいるのが、「僕」とも「父」とも解釈できる。①「僕はお茶を飲みながら」の後に読点を打つと、そこで意味が切れる。②主語「僕は」を、述語「尋ねた」の直前に置くと、主・述の関係がはっきりする。

3 ①・②は、仮定の語と対応する呼応の副詞。③は否定、④は疑問、⑤は希望の語と対応する呼応の副詞。

4 ①「を」は通過する場所、②「に」は限定された場所、③「へ」は向かう方向を表す助詞。

実用的な文章を読もう／報道文を比較して読もう

32〜33ページ ステージ1

漢字

1 ❶もよ ❷ひょうしょうしき ❸たき ❹じょうじゅん ❺すいせん ❻こうそく ❼たいぐうめん ❽じゅんきょうじゅ ❾こうけん ❿かいぎてき ⓫へいき

2 ❶貢献 ❷表彰式 ❸待遇面 ❹懐疑的 ❺上旬 ❻推薦 ❼拘束 ❽准教授 ❾併記

基本問題 実用的な文章を読もう

★ ①A ②B ③B ④A

基本問題 報道文を比較して読もう

★ 1 どこ…上野恩賜公園　何…花見

2 Aの記事…例花見を楽しんだ

Bの記事…ごみ・マナー

3 B　4 イ

解説

★ **基本問題** 報道文を比較して読もう

1 Aの記事には「上野恩賜（うえのおんし）公園には……にぎわった。」「上野恩賜公園の花見客は」とある。また、Bの記事も「上野恩賜公園の週末の花見客は」とあるので、話題は上野恩賜公園の花見である。

2 Bの記事では、前半は花見客が花見を楽しんでいたことが書かれているが、後半は「しかし、その後は……」と花見後のマナーについて書かれている。

3 Bの記事では花見客のマナーの悪さに焦点が当てられているため、読み手が花見のマナーについて考えるきっかけになる。

4 見出しには、**内容がひと目でわかり、なおかつ読み手の興味を引く**という役目がある。Bでは花見客のマナーの悪さについて伝えているので、イが適切である。

俳句の可能性／俳句を味わう

34〜35ページ ステージ1

漢字

1 ❶ひざ ❷かろ

教科書の要点

1 ①韻文 ②詩 ③随筆

2 ①定型 ②季語 ③歳時記 ④感動 ⑤自由律 ⑥無季

基本問題

★ (1) ①涼し（く） ②かな ③どの子にも ④ア

(2) ①雪 ②けり ③雪の深さ ④ア

(3) ①たんぽぽ ②けり ③ぽぽ ④イ

(4) ①イ ②ア ③分け入つても

解説

★ (1) ①・④「涼し」は夏の季語。

(2) ①「雪」は冬の季語。④「いくたびも」は、「何度も」という意味。

(3) ①「たんぽぽ」は春の季語。④「擬音語」は、物の音や動物の鳴き声をそれらしく表した言葉。「擬態語」は、物や人の様子や動きをそれらしく表した言葉。ここでは綿毛の様子を表す。

(4) ③「分け入つても」の繰り返しから、奥深い山の中を一人で歩き続ける旅人の情景が浮かんでくる。

36〜37ページ ステージ2

❶ 1 Ⅰ…涼し(く) Ⅱ…季語

2 どの子(にも)

3 ・例一句の柱となる言葉に「季語」を用いること。
・例五・七・五という「定型」で表現すること。〔順不同〕

4 省略されて〜いうところ

❷ 1 いくたびも　2 エ

3 例跳び箱に手を突いて空中に飛び上がった一瞬。

4 (1) 短い字数でいろいろなことが表現できるところ
(2) 例「一瞬」を「冬」という長い時間につなぐことで、初冬のきりっとした季節感を出すこと。

解説

❶ 3 一句に一つ季語を用いる(有季)、五・七・五の韻律(定型)という俳句の基本を押さえる。

❷ 1 作者は病床にいて外を見られない。だから、外の雪がどのくらい積もったかが気になって何度も尋ねてしまうのである。

2 重要「断念」とは、自分の希望していたことなどをやむを得ずきっぱり諦めること。「五・七・五」の定型の制約の中で、感動の大きさをこれ以上言葉で表現できないという場面で、「切れ字」が使われると筆者は述べている。

4 (1) ——線④の直前から読み取る。俳句は、「短い字数でいろいろなことが表現できるところ」に、大きな可能性があると筆者は考えている。

(2) 記述対策
・考え方…「『一瞬』を冬という長い時間につなぐ」ことで「初冬のきりっとした季節感を出すことに成功している」ことに着目する。
・書き方…「一瞬」と「冬」の結びつきが「季節感」を出していることを、「一瞬」「季節感」という指定語を使ってまとめる。

38〜39ページ ステージ3

✪ 1 A椿・春　B萬緑・夏　D露・秋　E冬菊・冬

2 D・F

3 Aけり　Bや　Cけり　Dや

4 Dイ　Eウ

5 (1) 字余り
(2) ①赤(い椿)　②白(い椿)　③例対照〔①・②は順不同〕

6 (1) 緑・白〔順不同〕
(2) 例草木・例歯が生え始めた

7 イ

8 露・金剛　9 ひかり

10 (1) 自由律俳句　(2) エ

解説

✪ 1 B「萬緑(ばんりょく)」は、見渡す限り草木が生い(お)茂っている様子を表す夏の季語。D「露」は秋の季語。

4 D「金剛(こんごう)の露」は、石の上の露を金剛(ダイヤモンド)の粒にたとえた隠喩表現。E冬に咲く菊の花の様子を、ひかりを身にまとっているかのようだと、人に見立てて表現している擬人法。

5 (1)「赤い椿」は六音で、定型の五音より一音多い。定型より多いことを「字余り」、少ないことを「字足らず」という。

6 (1)・(2) 重要「萬緑」と表現されている草木と、子供の歯は、共にたくましく成長していこうとするものである。草木の緑色と、子供の歯の白色が対照的に表現されている。

7 まだ釣り下げられているままの風鈴が、秋風によってわびしげに鳴る音を聞いて、作者は秋の訪れを感じ取ったのだ。

8 「露」はすぐに消えてしまうことから、はかないものの象徴とされる。

9 菊の花自身が光を放って輝いているように感じられたのである。

10 (1) 「五・七・五」の定型にとらわれない俳句を「自由律俳句」という。

(2) 咳(せき)をしても自分一人しかいない、その状況に孤独を痛感する作者の心境がうかがえる。

言葉を選ぼう／言葉1 和語・漢語・外来語

40～41ページ ステージ1

漢字

1 ❶よい ❷たき ❸そしょう ❹ねんぽう ❺はたん ❻いんぺい ❼しんちょく ❽おろしう

2 ❶債権 ❷侍 ❸桑畑

基本問題 言葉を選ぼう

★ ①時代 ②世代

教科書の要点 言葉1

1 ①和語 ②訓 ③漢語 ④音 ⑤外来語 ⑥外国

基本問題 言葉1

1 ①イ ②ウ ③ウ ④ア ⑤エ ⑥イ ⑦ア

2 ①ア ②エ ③イ ④ア ⑤ア ⑥エ ⑦イ ⑧ア ⑨ウ ⑩ア

3 ①和語＋外来語 ②漢語＋外来語 ③漢語＋和語 ④外来語＋漢語 ⑤外来語＋漢語

4 ①明らか ②購入する（別解 購買する） ③買い物 ④シンプル ⑤挑戦

解説

2 **基本問題** 言葉1

漢字を音読みする語は漢語、漢字を訓読みする語は和語である。

①「ふたり」は熟字訓なので和語。②「コンサート」（外来語）＋「会場」（漢語）の混種語。③・⑦「シュウヘン」「イジョウ」は音読みなので漢語。④・⑤・⑩「まつ」「ながい」「いでたち（出で立ち）」は訓読みなので和語。⑥「百」（漢語）＋「メートル」（外来語）の混種語。

3 片仮名で書かれるものは外来語であることが多い。①「生(なま)」は訓読み。②「行楽」は音読み。③「蒸し」は訓読み。④「てんぷら」はポルトガル語が基になっている外来語。片仮名表記ではないので注意する。「料理」は音読み。⑤「食品」は音読み。

4 ④「簡素」は飾りけがないさまを表す言葉で、外来語で言い換えると「シンプル」。

「私の一冊」を探しにいこう／羊と鋼の森

42～43ページ ステージ1

漢字と言葉

1 ❶はがね ❷くも ❸か ❹けんばん

2 ❶嵐 ❷渦

3 ❶イ ❷ウ ❸ア

教科書の要点 「私の一冊」を探しにいこう

1 ①書評 ②ポップ ③著者

教科書の要点 羊と鋼の森

1 ①外村 ②窪田 ③板鳥

2 ①体育館 ②調律（別解 点検） ③いいもの ④森

基本問題 羊と鋼の森

★ **1** この大きな黒い楽器 **2** もしもあの **3** ア **4** イ

解説

1 「それでも、この大きな黒い楽器を、初めて見た気がした。」という文に着目する。「僕」はピアノの音は以前から知っていたものの、ピアノという楽器にここまで注目したことがなかったので、「ピアノ」という言葉を使わずに、知らないもののように表現したのである。

2 ——線①を含む文から「……納得してしまえたのなら。」までは、現在の「僕」が思っていることである。「あのとき」というのは、この調律師が調律をしているときのこと。「僕」は「きいておけば」その後「答えを探し続ける必要はなかった」と思っている。

3・4 重要 ——線②の前後から、場面の様子を捉える。「羽を開いた内臓を見る」「そこから生まれる音が肌に触れる感触」「ピアノの音が少しずつ変わっていくのをそばで見ていた」から、「僕」**は調律されていくピアノの音に心を動かされて、その感覚を「森の匂いがした」**と表現していることがわかる。

挨拶——原爆の写真によせて

44〜45ページ ステージ1

言葉

❶ ❶ウ ❷ア ❸イ

教科書の要点

❶ ①七 ②口語自由

❷ イ

❸ ①原爆 ②此の世 ③すがすがしい ④りつぜん ⑤安らか ⑥目の前 ⑦油断

おさえよう 〔順に〕ア・イ

基本問題

1 すこやかな今日の顔・すがすがしい朝の顔 〔順不同〕

2 例写真の焼けただれた顔の人は、すでに此の世にいないということ。

3 例地球が原爆を数百個所持しているのに、私たちが安らかで美しい顔をしていること。

4 イ

5 ウ

解説

1 「焼けただれた顔」とは原爆でなくなった人の顔であり、それらと対照的なのは、現代の私たちの顔である。

3 「私」は、「地球が原爆を数百個所持して」いて、私たちが「生と死のきわどい淵（ふち）を歩」いているにもかかわらず、「安らか」で「美しい」顔をしていることに恐ろしさを感じている。

4 重要 「午前八時一五分」は、広島に原爆が落とされた時刻。それが「毎朝やってくる」とは、**再び原爆が落とされる危険があることをほのめかしている。**

5 平和に暮らす私たちは、自分たちにまさか原爆が落とされるとは考えていない。なくなった人々も同じだったことを指摘し、**油断してはいけないと警鐘を鳴らしている。**

故郷

46〜47ページ ステージ1

漢字と言葉

❶ ❶かん ❷こん ❸できあい ❹ゆ ❺ちくしょう ❻へい ❼さいふ ❽だちん ❾なごり ❿した ⓫ま ⓬すうはい

❷ ❶旦那 ❷塗 ❸雇 ❹艶

❸ ❶ウ ❷エ ❸オ ❹ア ❺イ

教科書の要点

❶ ①ルントウ（別解閏土） ②ホンル（別解宏児） ③シュイション（別解水生） ④ヤン（別解楊）

❷ 〔右から順に〕（1）・4・3・6・2・5・（7）

❸ ①心境 ②ひっそり閑 ③ルントウ（別解閏土） ④神秘 ⑤豆腐屋小町 ⑥コンパス ⑦旦那様 ⑧厚い壁 ⑨慕っている ⑩新しい生活 ⑪地上の道

おさえよう 〔順に〕イ・ア

48～49ページ ステージ2

1 (1) 例わびしく、いささかの活気もない様子。
(2) 寂寥の感

2 イ・オ

3 例故郷の古い家を他人に明け渡し、異郷の地へ引っ越すため。
（別解故郷に別れを告げるため。）

4 (1) 例家の持ち主である一族が落ちぶれてしまったこと。
(2) ウ

5 イ

解説

1 (1) 「私」が船の苫の隙間から見た村の様子が書かれている部分に着目する。

2 重要 「そこで私は、こう自分に言い聞かせた。」の直後の部分に着目する。イ「もともと故郷はこんなふうなのだ」と合っている。オ「そう（＝寂寥を）感じるのは、自分の心境が変わっただけだ。」と合っている。

4 (1) 記述対策
・**考え方**…——線④の前に、「屋根には一面に枯れ草のやれ茎が、折からの風になびいて」とあることに着目する。これは、家が手入れもされずに荒れ果てていることを表している。そこから、この家に住んでいた「私」の母や親戚一族が経済的に落ちぶれていることがわかる。
・**書き方**…一族が落ちぶれてしまったという内容を書き、文末は「……こと。」で結ぶ。

(2) 家を人に見立てて表現した擬人法である。

5 この後に、「すぐ引っ越しの話は持ち出さない」「とうとう引っ越しの話になった」とあるように、母がやるせない表情をしているのは、住み慣れた家を出ていかなければならないからである。

50～51ページ ステージ3 (1)

1 ①しわ ②松の幹

2 イ

3 喜び……例「私」と再会できた喜び。
寂しさ…例「私」との身分の差を感じ、対等になれない寂しさ。

4 イ

5 ウ

6 例1そっくりである
例2（とてもよく）似ている

7 例ルントウが幼なじみの「私」を「旦那様」と呼んでいること。

解説

1 記憶の中のルントウの様子からは、**その頃の暮らし向きが楽だったこと、健康だったこと**が読み取れる。現在のルントウの様子や服装からは、**厳しい労働に疲れていること、貧しい生活を送っていること**がわかる。

2 「私」はルントウに再会し、感激してさまざまな思い出が頭に浮かび、その話をしたかったが、ルントウの変わりように違和感を覚え、「何か」に言葉をせき止められたのである。

3 ルントウも「私」と同様に再会を喜んでいるのだが、**二人の間にある身分の差を意識して**、寂しさを感じているのである。

4 「身震いしたらしかった」は、他人の様子を推定する表現である。これは、そのとき自分が身震いしたかどうかもわからないほど驚いていたことを示している。

5 重要 二人の間を隔てている「壁」とは、**境遇や身分の違い**を表している。

7 ルントウが、「旦那様がお帰りになると聞きまして」と言っていることを指している。母が、「昔のように、シュンちゃん、でいいんだよ。」と言っていることにも着目する。

52〜53ページ ステージ3 (2)

1 慕っている・ルントウ・帰ってくる（別解 帰る）
2 エ
3 ・むだの積み重ねで魂をすり減らす生活
・打ちひしがれて心が麻痺する生活
・やけを起こして野放図に走る生活 〔順不同〕
4 ア
5 希望
6 例 多くなれば、その希望はやがて実現する

解説

1 小さい頃、「私」がルントウを慕っていたように、ホンルもまたシュイションを慕っている。しかし、家を明け渡して旅立つ「私たち」は、おそらく故郷に帰ってくることはない。ホンルはシュイションの家に遊びに行きたいと思っているが、おそらくその希望はかなわないので、「私」と母ははっと胸をつかれたのである。

2 故郷が、物理的にも精神的にも遠い存在になっていくのを感じ、沈んだ気持ちになっている。

3 「私たち」とは、「私」の世代という意味。「私」・ルントウ・他の人(故郷の人々)の送った三通りの生活が挙げられている。「私」はホンルたちに対し、これらとは別の「新しい生活」をもつことを希望している。

4 重要 「偶像」とは、信仰の対象となるような像のこと。「手製の偶像」とは、**自分で作り、自分だけが信じている像**である。

5 希望について考えていた「私」の目に映った情景であることから考える。

6 記述対策
・**考え方**…歩く人が多くなれば、人が歩いた跡が道になる。それと同じように、同じ希望をもつ人が多くなれば、その希望は実現できるということである。
・**書き方**…（同じ希望を抱く人が）多くなる→その希望はやがて実現する、という内容であれば正解とする。

聞き上手になろう／〔推敲〕論理の展開を整える

54〜55ページ ステージ1

基本問題 聞き上手になろう
1 イ・エ
2 私も、ピア
3 ア

基本問題 〔推敲〕論理の展開を整える
1 乱れの要因が若者言葉だと考える人が六割、新語・流行語の多用だと考える人が三割を超えている
2 二つ目は、
3 SNSの普
4 若者言葉や〜は思わない
5 例1 使っていくべきだと思う
例2 使っていくことが大切だと考える

解説

基本問題 聞き上手になろう

1 聞き手は、話し手だけではなく聴衆にも注意を向けなければならない。わかりにくい表現などを確認したり、言い換えたりするのは、自分のためだけでなく、聴衆のためでもある。また、聞き手が言い換えて確認することで、話し手は自分の話がきちんと伝わっているとわかり、安心する。

2 聞き手が、自分の体験と結び付けることで、話し手は自分の話が伝わっていると感じ、さらに同じ体験をした聞き手に親しみを

感じて、話しやすくなる。また、聴衆にも話の内容が伝わりやすくなる。

3 聞き手は、想定した展開のとおりに話が進まなくても、話し手が話したい内容で相手の内面に迫れるよう、流れの中で臨機応変に質問をして話を引き出していくことが大切である。

★ **基本問題** ［推敲］論理の展開を整える

1 「私は……乱れとは思わない」の部分は自分の考えなので、事実と考えを混同しないように注意する。

2 理由の二つ目から段落を分けたほうがわかりやすくなる。

3 [2]段落の後半では、言葉の流行があっても必要な言葉は残り続けることを説明しており、SNSと文字によるコミュニケーションはここでは関係のない話である。

4 最初と最後で自分の意見を述べるのが双括型である。

5 意見や考えを表す場合は、文末を「……と思う。」「……と考える。」などにする。

言葉2 慣用句・ことわざ・故事成語／漢字2 ほか

56〜57ページ **ステージ1**

漢字

1 ❶さる ❷こけつ ❸ごえつどうしゅう ❹けいやく ❺ゆうよ ❻のぼ ❼しょうもう（別解しょうこう） ❽こくめい ❾はなは ❿ふんがい ⓫ぼんよう ⓬ふしょうじ ⓭ぜんぞう ⓮きじょう ⓯かっとう ⓰しゅさい

2 ❶剛健 ❷天賦 ❸庶民 ❹逮捕 ❺廃棄物 ❻鎮圧 ❼中枢 ❽叙情

基本問題 言葉2

1 ①意味 ②教訓 ③言い伝え

2 ①舌 ②鼻 ③腹（別解胸） ④肩

3 イ

4 ①ウ ②イ ③ア ④エ

5 ①ア ②イ ③ウ ④オ ⑤エ

基本問題 漢字2

1 ①ア ②ウ ③イ

2 ①イ ②ウ ③ア

3 ①促 ②現 ③革 ④息

4 ①折衷 ②周到（別解万端・万全）

5 ①耳 ②泥

解説

基本問題 言葉2

2 意味を確認しよう。

①舌を巻く…非常に驚いたり感心したりする。

②鼻を明かす…相手を出し抜いて、あっと言わせる。

③腹を割る…思っていることを隠さずに言う。

④肩の荷が下りる…責任や義務を果たして楽になる。

3 「気が置けない」は、遠慮せずに心から打ち解けることができるという意味。アのような「油断ができない」という意味ではない。

4 意味を確認しよう。

①猫に小判…貴重なものの価値が分からないこと。

②転ばぬ先のつえ…失敗しないように前もって注意すること。

③猿も木から落ちる…その道の名人でも、ときには失敗するということ。

④弱り目にたたり目…ついていないときに、さらに災難に見舞われること。

基本問題 漢字2

2 ①「克明」は「細かなところもはっきりわかる様子」、②「平凡」は「ありふれていること」、③「放逐」は「人を追い出すこと」という意味。

4 ①「和洋折衷」は「和風のものと洋風のものを取り合わせること」、②「用意周到」は「準備が十分に調っていて、落ち度がないこと」という意味。

人工知能との未来／人間と人工知能と創造性

58〜59ページ ステージ1

漢字と言葉

❶ ①きし

❷ ①棋士

❸ ①ア ②ウ ③エ ④イ

教科書の要点

❶ 人工知能

❷ ①将棋 ②小説（別解文章）

❸ ①新たな思考 ②ものの見方 ③経験 ④知識 ⑤判断力

❹ ①人工知能 ②違和感 ③思考（別解意思決定） ④恐怖心 ⑤判断 ⑥ものの見方 ⑦学ぶ ⑧創造性 ⑨偏り ⑩評価 ⑪得意 ⑫共同 ⑬判断力

おさえよう ［順に］イ・イ・ア

60〜61ページ ステージ2

✪ 1 恐怖心・（危険を察知して）不安や違和感（別解違和感や不安）・平然

2 価値や倫理・社会生活を営める

3 人工知能…例膨大なデータと強大な計算力で最適解を導き出すこと。
人間…例経験からつちかった「美意識」を働かせること。

4 エ

5 人工知能か〜こうとする

6 ウ

✪ 解説

1 「人工知能はただただ過去のデータを基に次の一手を選ぶ」の部分は、「人工知能には『恐怖心がない』」に置き換えて読む。

2 筆者は、人工知能ロボットの例を挙げて、人間と価値や倫理を共有していない相手と、安心して社会生活を営めるかということに対して「確信がもて」ないと述べている。つまり、人工知能ロボットの例を挙げることで、**将棋ソフトの人工知能に対して恐怖を感じる**という筆者の気持ちを補足説明しているのである。

3 「判断」という言葉を手がかりに探す。二つ目の段落に「それに対し人間は、……判断しているといえます。」とあるので、これが人間の判断のしかたであり、「それ」が指す前の部分に人工知能の判断のしかたが書かれているとわかる。

4 人工知能は時として、人間が受け入れがたい判断をしたり、正しくない判断をしたりする。そのため、人間が人工知能の判断を参考にするのか、参考にする場合はどこまで参考にするのかと考える必要があることを、「選択肢を考えていくことが必要」と述べている。また、——線④の次の段落で、人工知能への違和感や不安を拭い去ることに注力するのではなく、「今後どのように対応するかを考えていくほうが現実的」と述べている。つまり、**人間が人工知能の判断にどう向き合い、どう対応して判断していくのかを検討することの必要性**を説いている。

5 ——線⑤を含む段落の内容を捉える。——線⑤の後で、「セカンドオピニオン」としての活用や「自分の思考の幅を広げていく」活用のしかたの例を挙げ、これらをまとめて「**人工知能から新たな思考やものの見方をつむいでいこうとする**」活用のしかたを勧めている。

6 **重要** 文末表現に注目。「私たちは今後も**自分で思考し、判断していく必要がある**といえます」「**人工知能から新たな思考やものの見方をつむいでいこうとする発想**のほうが、より建設的だと思います」「……新しい関係がそこにあるように思います」という部分で、筆者は考えを述べている。「そこ」とは、直前の「**人工知能が学習するいっぽうで、人間の側も人工知能から学ぶ**」を指している。これらをまとめると、ウの内容になる。

62～63ページ ステージ3

★

1 (1) 4

2 (1) ・例今までにないことを思いつく
・例偏りのないものを多く生み出す

(2) たくさんの～び出す作業 〔順不同〕

3 生産性・新しい価値

4 (1) 例人間が評価すべき候補を、コンピュータがよりたくさん作れるようになっていくだろうから。

(2) 経験・知識・判断力

5 ウ

★解説

1 直後の2段落に続けて、3段落の初めに「また」、4段落の初めに「いっぽうで」とあり、5段落では「ここに、……役割を考えるヒントがあると思う。」と筆者の意見を述べているので、**「わかってきたこと」という事実は4段落まで**とわかる。

2 (1) 2段落の「……コンピュータのほうが人間よりも得意である」、3段落の「コンピュータは偏りのないものをたくさん生み出すことが得意である」に着目して、それぞれ十五字以内にまとめる。

(2) 「いっぽうで、コンピュータにとって難しいのは」で始まる4段落に着目する。コンピュータにとって難しく、人間が得意なことは「評価」である。

3 ——線③の直後に「生産性が高くなるはず」「新しい価値を生み出すこともできるかもしれない」と筆者の考えが示されている。

4 (1) 記述対策

・**考え方**…直前の「だから」の前に理由が書かれているので、前の三つの文の内容をまとめればよい。

・**書き方**…「人間のほうが得意とすること」とは「評価」である。コンピュータがたくさんの候補を作れるようになることと、人間がその候補を評価していかなければならないことをまとめる。

5 (2) 直後の一文に注目する。

重要 筆者は、5段落で人間とコンピュータ（＝人工知能）の得意なことは異なるので、「それぞれが得意なことを分担し、共同して物事に当たるのがよい」と考えを示し、6段落で両者のこれからの関係の在り方を述べている。

多角的に分析して書こう ほか

64～65ページ ステージ1

漢字

1 ❶かっしょく ❷せきつい ❸あねったい ❹こうばい ❺さんろく ❻くはい ❼えいしょう ❽きょうしゅう ❾あいとう ❿たいだ ⓫せんりつ ⓬こも ⓭こわいろ ⓮いわむろ ⓯じびか ⓰めいろ

2 ❶山麓 ❷湖畔 ❸苦杯 ❹旋回 ❺褐色 ❻哀悼 ❼怠惰 ❽炎

教科書の要点 多角的に分析して書こう

❶ 価値・根拠・評価

❷ ①観点 ②根拠 ③表現 ④出典 ⑤かぎ ⑥論理

★基本問題 多角的に分析して書こう

1 一般論・新たな視点

2 イ・ウ

3 そのイメー

4 ウ・エ

★解説

1 2段落では、「学び」の一般的なイメージを述べている。そして、3段落で「そのイメージをもっと柔軟に、広く捉えてみてはどうか」「『勉強』に新しい視点を加えてみる」とある。つまり、「新しい視点」**を際立たせるために、2段落で一般論を述べている**のである。

2 ４段落では、「制作者は……商店街の一角を選んだ」「キャッチコピーにある『となりには先生がいっぱい』を象徴する存在として登場する」とあるように、「制作者の意図」と「キャッチコピー」という観点で広告を分析している。

3 「（制作者は）伝えようとしている」と似た「広告（＝制作者）は語りかけている」という言葉がある。

4 １段落で、「この広告がいちばん伝えたいことは何か。それは、『学び』の形の豊かさである。」と、自分の考えを簡潔に述べている。また、３段落で、「『学び』は……もっと身近で手の届くところにあるのだということであろう。」と、前の内容を言い換えて説明している。

〔議論〕話し合いを効果的に進める／合意形成に向けて話し合おう

66～67ページ ステージ1

★ **基本問題** 〔議論〕話し合いを効果的に進める

1 共通点…例自分たちで選んだ候補の曲の中から決める点。
相違点…例山下さんは過去五年間の優勝曲から選ぶという意見だが、森村さんは歌詞の内容で選ぶという意見である点。

（別解山下さんは歌いやすくて盛り上がる曲がよいと思っているが、森村さんは歌いやすさや盛り上がりだけで決めないほうがよいと思っている点。）

2 イ

3 ①具体的な ②後で

教科書の要点 合意形成に向けて話し合おう

1 エ

2 ①アイデア ②否定 ③根拠

★ **基本問題** 合意形成に向けて話し合おう

1 例みんなでいっしょに何かを行う（点）。

2 A・C

3 ①例準備 ②例後から読み返す

解説

★ **基本問題** 〔議論〕話し合いを効果的に進める

1 森村さんは、山下さんの「候補の曲も自分たちで選んで、その中から決め」ることに賛成したうえで、どのような観点で曲を選ぶかという点で異なる意見を述べている。

2 竹中さんは、「合唱祭の優勝曲から選ぶ」山下さんの案と、「歌詞の内容が心に響くかどうかで選ぶ」森村さんの案の二つを踏まえたうえで、「優勝曲の中から、私たちのクラスにぴったりな歌詞の内容の曲を選ぶ」という新たな提案をしている。

3 論点が複数ある場合は、大きな論点から先に話し合う。この場合、伴奏者は曲が決まってから決めればよいことである。

★ **基本問題** 合意形成に向けて話し合おう

1 合意形成に向けて、まず共通点から提案を分類・整理することが大切である。

2 Bのキーホルダーを渡す提案や、Dのおしゃべり会は「プレーの向上」には関係のない内容である。

3 「実現性はあるか」という観点でも検討し、複数の意見の長所を生かして、合意形成へと導いている。

音読を楽しもう 初恋

68～69ページ ステージ1

漢字

1 ①はつこい

教科書の要点

1 〔順に〕ア・ア

2 ①反復（別解繰り返し） ②薄紅

3 ①前髪 ②ためいき ③細道

おさえよう 〔順に〕ア・イ

☆基本問題

1 ウ
2 薄紅の秋の実
3 イ
4 (1) 林檎畠 〜 たみぞ
(2) エ

☆解説

1 花櫛は、造花で美しく飾った櫛のこと。「われ」は「君」をその花のように美しい人だと感じており、「花ある君」にはその気持ちが表されている。
2 「薄紅」は、林檎がまだ真っ赤に熟していない様子を表す。
3 **重要** 「たのしき恋の盃を／君が情に酌みしかな」は、君の愛情のおかげで、楽しい恋の酒を味わうことができるという意味。恋の喜びに酔いしれている様子を比喩（隠喩）で表している。
4 二人が通ううちに、林檎畠には細い道が自然にできていた。「君」は「われ」に、この細道は、誰が踏み始めて作ったのでしょうかという内容を尋ねている。わかっているはずなのに、二人の恋の跡を親しみを込めて尋ねる「君」を、「われ」はいとしいと感じている。

和歌の世界／古今和歌集 仮名序／君待つと——万葉・古今・新古今

70〜71ページ ステージ1

漢字
❶ ❶こきん ❷ころも ❸とうと（別解 たっと） ❹たま・お
❷ ❶緒

教科書の要点
❶ ①最古 ②後鳥羽 ③平安 ④鎌倉 ⑤素朴 ⑥技巧 ⑦象徴
❷ ①古今和歌集 ②仮名 ③和歌
❸ ①七 ②七 ③反歌 ④三十一
❹ ①五七 ②しない ③具体的 ④訳す ⑤同音
❺ ①ぞ ②係り ③強調
❻ ①恋しく ②子供 ③無事 ④よいこと

72〜73ページ ステージ2

❶
1 Ⅰ…古今和歌集 Ⅱ…紀貫之
2 ①やまとうた ②人の心
3 ウ 4 (1) 係り結び (2) ウ
5 ・例 力ひとつ入れずに天地の神々の心を動かす
・例 目に見えない精霊たちをしみじみとさせる
・例 男女の仲を親しいものとする
・例 勇猛な武人の心をも和らげる 〔順不同〕
6 (1) 力をも入れ
(2) 前半…イ 後半…ウ

❷ A オ B ア C ウ D エ E イ

解説

❶
2 **重要** 種が植物のもとになっているように、やまとうた（和歌）も人の心をもとにしてできているということ。
3 文頭の「世の中にある人」が主語。
4 (2) 係りの助詞「か」は、疑問・反語を表す。ここでは、「どれが歌を詠まないだろうか、いや、全てが詠むのだ」という反語の意味になる。
5 「力をも入れずして、……」の一文で、和歌の効用を挙げている。
6 前半の「やまとうたは、……」「世の中にある人、……」「花に鳴く鶯、……」の文は、和歌の本質を述べている。後半の「力をも入れずして、……」は、前半のようにして詠まれた和歌がもつ効用について説明している。

❷
A 「夏来るらし」「白たへの衣干したり」から、白い衣が干してある初夏の山の緑を捉える。 B 「君待つと」「すだれ動かし秋の風吹く」

に着目する。秋の風ですだれが動いたのを、恋人の訪れかと期待してしまったのである。　C「新しき年の初め」「今日降る雪」に着目する。「いやしけ」は、「もっと積もれ」という意味。雪が降り積もるように、めでたいことが重なってほしいと詠んでいる。　D「夢と知りせば覚めざらましを」は、「夢とわかっていたならば、覚めないでいたでしょうに」の意味。　E「しばしとてこそ立ちどまりつれ」は、「ほんのしばらくと思って、立ち止まったのだが（、あまりに涼しいので思わず時を過ごしてしまったことだ）」の意味。

74〜75ページ　ステージ3

❶ 1 Ⅰ…D　Ⅱ…A

2 例夏が来たらしい　3 例明け方

4 (1)長歌　(2)イ　(3)ウ

5 (1)反歌　(2)ア

❷ 1 ア

2 三（句切れ）　同じ句切れの歌…F・G

3 序詞

4 ①G　②E　③C　④F　⑤D　⑥B

5 Ⅰ…D　Ⅱ…A・C・F　Ⅲ…B・E・G

［Ⅱ・Ⅲは各順不同］

解説

❶ 3 「炎」は、明け方に東の方に見える光。東の野に明け方の光が見えるとき、振り返ると、西の空に月が沈もうとしているという、雄大な情景を詠んでいる。

4 (2)「神さびて」は、「神々しく」という意味。富士山の雄大で神々しい様子を詠んでいる。

5 (1) **重要** 長歌の後には、普通、反歌とよばれる短歌が添えられる。

(2) ここでの「ゆ」は、通過する場所を表し、「……を通って」「……から」という意味。

❷ 1 「人はいさ心も知らず」は、「人の心は、さあ、どう変わってしまったかわかりませんが」の意味。移り変わる人の心と変わらない花の香とを対比させている。

2 意味の切れ目として句点を入れられるところが句切れになる。

3 序詞は、ある語句を導く働きをする前置きの言葉。ここでは下の句にかかる「さらさらに」（さらにさらに）を導いている。

4 ①G「清水流るる柳かげ」「しばしとてこそ立ちどまりつれ」に着目する。作者は、「しばし」と思って立ち止まったのであるが、あまりに涼しかったので、つい長く休んでしまったのである。　②E「玉の緒」は「命」という意味。ここでは、「私の命」を表す。「私の命よ、絶えるならば絶えてしまえ。生きながらえていると、秘めている力が弱ってしまうかもしれないから。」という激しい恋の思いを詠んでいる。　③C「風の音にぞおどろかれぬる」に着目。「おどろかれぬる」は「はっと気づかされた」という意味。作者は風の音を聞いて、秋の訪れを感じたのである。　④F「思ひつつ寝ればや人の見えつらむ」は、「恋しく思い続けながら寝たので、あの方が現れたのでしょうか。」の意味。　⑤D「ここだ」は、「こんなに。たいへんに」という意味。「愛し」は、「かわいい。いとしい」という意味。現代語の「悲しい」と混同しないように注意する。　⑥B「花も紅葉もなかりけり」に着目する。花は春、紅葉は秋を代表する美しいものであるが、作者はそれらがない寂しい光景にかえって情緒を見いだしている。

夏草――「おくのほそ道」から

76〜77ページ　ステージ1

漢字

❶ ❶べっそう　❷かどで

教科書の要点

❶ ①松尾芭蕉　②江戸　③俳諧　④紀行文　⑤江戸（別解深川）

⑥大垣 ⑦百五十

❷ ①連歌 ②発句 ③季語

❸ ①五・七・五 ②季語 ③切れ字

❹ ①雛 ②春 ③那須 ④ほととぎす ⑤夏 ⑥平泉 ⑦夏草 ⑧夏 ⑨五月雨 ⑩夏 ⑪行く秋

❺ ①旅人 ②隅田川 ③面八句 ④栄華 ⑤草むら ⑥光堂 ⑦記念

おさえよう 〔順に〕イ・ア

78〜79ページ ステージ2

❶ 1 月日は百代　2 船頭・馬子〔順不同〕

3 エ　4 海浜にさすらへて

5 そぞろ〜つかず

6 例1 旅の途中で死ぬことも覚悟していたから。
例2 旅から帰ってこられないことを覚悟していたから。

7 (1) 季語…雛　季節…春　切れ字…ぞ
(2) ウ

❷ 1 例 切れ字（別解「や」を用いていること。）

2 閑かさ

3 ウ　4 例 きりぎりすが鳴く

5 ア　6 季語…天河　季節…秋

解説

❶ 1 **重要** 芭蕉は、**歳月を永遠の旅人になぞらえている。**

2 「舟の上に生涯を浮かべ」は船頭、「馬の口とらへて老いを迎ふる者」は馬子である。

3 「古人」とは、ここでは、人生の大半を旅に過ごし、その中で多くの詩歌を作った先人たち、**中国の李白や杜甫、日本の西行や宗祇など**を指している。

4 「海浜にさすらへて」は、「（あちこちの）海岸をさすらい歩いて（旅をした）」という意味。芭蕉は、「おくのほそ道」の旅をする前に、関西方面を旅して、「笈の小文」という紀行文を著している。

5 「そぞろ神の物につきて心をくるはせ」と「道祖神の招きにあひて、取るもの手につかず」が対句になっている。

6 **記述対策**
・**考え方**…「古人も多く旅に死せるあり」とあるように、芭蕉が旅の途中で死ぬことを覚悟していたことを捉える。
・**書き方**…「旅に出たら二度と家へは戻れない」と「覚悟していた」ことを、「……から。」などの文末でまとめる。

❷ 1 初句に「……や」と切れ字が用いられている。

2 切れ字が使われている「閑かさや」に感動の中心がある。

3 **蛤の貝が蓋と身に分かれるように、自分たちも二手に別れて、**自分は遠い伊勢の二見浦に向かっていくのだと、別れの寂しさを過ぎゆく秋の寂しさに重ねて表している。

4 「やな」は、「……だなあ」という意味の切れ字で、感動や詠嘆を表す。「甲」は、平家の武将で、老いを隠すために白髪を黒く染めて出陣し、戦死した斎藤実盛の遺品の兜。その兜があった辺りできりぎりすが鳴く声を聞いて、芭蕉は実盛をしのび、「いたわしいことだなあ」と感じている。「きりぎりす」は、今の「こおろぎ」のことで、秋の季語。

5・6 「五月雨」は、現在の暦では六月頃に降る雨で、梅雨を表す。「天河」は、秋の季語。どちらも、現代とは季節感がずれるので注意する。

80〜81ページ ステージ3

❶ 1 大門の跡は一里こなたにあり（。）

2 田野

3 北上川南部〜見えたり。（別解 と見えたり）

4 （源）義経

5 ウ

6 卯の花・白毛・兼房

❷
1 ⓐエ ⓑイ 2 三代 3 〔順に〕ア・イ
4 ウ・オ 5 例降り残したのだろうか

解説

❶
1 大門の跡が一里ほども手前にあるということから、居館の大きさがわかる。
3 ――線①の直後とその後の二文で、北上川、衣川、泰衡たちの旧跡、衣が関を眺めたことが書かれている。
4 義臣（忠義を尽くした家臣）をえりすぐって城に籠もったのは、源義経である。高館は義経の居館の跡。
5 「夏草や」は変わらない自然、「兵どもが夢の跡」ははかなく消えた義経とその家臣たちの営みを指す。**芭蕉は自然と人間の営みを対比させて無常を感じている。**
6 **重要** 卯の花の白い色から、曾良は、義経に従ってうち死にしたとされる武将・兼房の白髪を連想した。

❷
1 ⓐ「耳驚かす」は、「話に聞いて驚嘆する」という意味。ⓑ「開帳」は、貴重な仏像を収蔵した厨子やお堂の扉を開いて、中の秘仏を人々に公開すること。
2 「三将」は、奥州藤原氏の栄華を築いた清衡・基衡・秀衡の三人を指す。「三代」も同じ。「三尊」は、光堂に安置されている三体の仏像を指す。
3 「風雨を凌ぎ」とある。「しばらく」は、「当分は」という意味。
4 ウ「二堂」「三将」「七宝」「千歳」など、漢数字を含む言葉が多用されて、具体的なイメージが湧く文章になっている。オ「経堂は三将の像を残し」「光堂は三代の棺を納め」「三尊の仏を安置す」の部分と、「玉の扉風に破れ」「金の柱霜雪に朽ちて」の部分が、それぞれ対句になっている。対句は文章にリズムをもたらす。
5 「降り残してや」は、「降り残したのであろうか」という意味。建物を朽ち果てさせる五月雨もこの光堂には降らなかったのだろうかと詠むことで、**光堂が今も美しく輝いていることを表している。**

誰かの代わりに

82〜83ページ ステージ1

漢字と言葉
1 ❶あや
2 ❶ウ ❷ア ❸イ

教科書の要点
❶ 大きな自由
❷ 人の価値・自分で証明
❸ ①イ ②ウ ③ア
❹ イ・ウ
❺ 関わり合い
❻ ①自分とは何か ②受け身 ③独立 ④支え合い ⑤受け身 ⑥協同の感覚 ⑦免除 ⑧引き受ける ⑨自分 ⑩他の人たち ⑪知らない人たち

おさえよう 〔順に〕ア・イ・ア

84〜85ページ ステージ2

★
1 ・「あなたには何ができますか。」
・「あなたにしかできないことは何ですか。」〔順不同〕
2 イ
3 (1) 例1 いてもいなくても同じだと思われること。
例2 必要のない存在だと思われること。
(2) 「できる・できない」・このままの自分
4 ウ
5 例受け身な存在でいては、人生で見舞われる苦労や困難、社会で直面するさまざまな問題を何も解決することができないから。

解説

1 直後の文に着目する。「人は絶えず……と他から問われ」とある。「私には、他の人にはないどんな能力や才能があるのだろう。」は、自分自身に問うことなので、不適切。

2 直前の「こうした状況」の指す内容を、前の部分から読み取る。他から絶えず「あなたには何ができますか。」と問われ、「あなたの代わりはいくらでもいる。」「ここにいるのは、別にあなたでなくていい。」と言われないように、自分が代わりのきかない存在であること、つまり**他の人にはない能力や才能があることを、自分で証明しなければならないという状況**である。

3 (1)・(2) 重要 ——線③の後より、「無条件の肯定を求める」人が怖いと思う内容（＝自分が誰からも必要とされず、いてもいなくても同じ存在だと思われること）を捉える。また、「無条件の肯定を求める」とは、「このままの自分を肯定してほしい」と願うこと。言い換えれば、「『できる・できない』の条件を一切付けないで」自分の存在を認めてほしいと願うことである。

4 当てはまらないものを答えることに注意する。ウ「無気力な人間になってしまうから」は、本文に書かれていない。

5 「それら」が「人生で見舞われる……さまざまな問題」を指していることを捉える。受け身の存在でいては、それらを何も解決することができないから、引き受ける強さというものが必要である、という文脈になる。

86〜87ページ ステージ3

☆

1 相互に・依存

2 いざ病気や〜なったとき

3 例（困難な状況にある人を）自分が支える側に回る用意があるという意識。

4 エ

5 （苦労として）そのまま引き受ける・人として生きることの意味

6 他の人たちとの関わり

7 「誰かの代わりに」という思い

解説

1 直前に、「『依存』に『相互に』という意味の『インター』を付けた」とある。

3 記述対策
・**考え方**…「つまり」とあるので、——線③は、その直前の部分を言い換えている。「支える側に回る用意がないといけません」の部分をまとめる。
・**書き方**…文末を「……意識。」とし、それにつながるように書く。

4 「責任」という言葉は、英語では、「他人の訴えや呼びかけに、きちんと応える用意がある」という意味であり、日本語で使われる「責任」のように、「課せられたり、押しつけられたりするもの」（ア）や「最後まで独りで負わなければならないもの」（イ）、「何か失敗したときにばかり問われるもの」（ウ）ではない。筆者は「責任」を「訴えや呼びかけに応じ合うという、協同の感覚であるはずのもの」だと述べている。

5 重要 苦労を避けたい、免除されたいという思いは、「人を受け身で無力な存在」にする。また、苦労を苦労と思わなくなるのも誤りで、「**苦労を苦労としてそのまま引き受けること**」が大事だと筆者は述べている。それは、**苦労をそのまま引き受けることの中に**、「**人として生きることの意味**」があると考えているからである。

6 ——線⑥の後で、「その答えは、他の人たちとの関わりの中でこそ、具体的に浮かび上がってくるもの」と述べている。

7 最後の段落から読み取る。「『誰かの代わりに』という思い」があると「他の人たちと関わり合い、弱さを補い合う」行動につながる。

情報を読み取って文章を書こう／漢字3　ほか

88〜89ページ　ステージ1

漢字

1 ❶さんばし　❷しゅうわい　❸おんねん　❹いろう
❺せんさく　❻だんがい　❼たんこう　❽おそ　❾さかのぼ
❿きゅうじょう　⓫そち　⓬ざんてい　⓭せいふく　⓮ざぜん
⓯そぞう　⓰こんじゃく

2 ❶玩具　❷訃報　❸堕落　❹貪欲　❺犠牲　❻失墜　❼詐欺
❽垣根

教科書の要点　情報を読み取って文章を書こう

1 ①ア　②ウ　③イ　④エ

2 ①数値　②変化　③傾向

基本問題　情報を読み取って文章を書こう

★ **1** ⓐ四十（五）パーセント（別解四割）
ⓑ及ぶ
ⓒ新聞
ⓓ満たない

2 ウ

3 エ

解説

★ **1** 数値のいちばん大きい部分と小さい部分に着目している。

3 情報の発信元や信頼性に注意すべきなのは、インターネットの情報には信頼性に乏しいものがあるからである。小論文中の「一つの手段だけに頼りきりにならないこと」という内容に合うのは、エである。

文法への扉2　「ない」の違いがわからない？

90〜91ページ　ステージ1

教科書の要点

1 ①畑｜で／真っ赤な／トマト｜を／栽培する。
②新しい／ラケット｜を／使っ｜て／みる。
③サッカー部｜が／全国大会｜に／出場し｜た。

2 ①エ　②ウ　③ア　④イ

3 ①形容動詞　②名詞　③連体詞　④接続詞　⑤形容詞

4 ①上一段活用　②下一段活用

5 ①い　②な

6 ①助動詞　②助詞

7 否定（別解打ち消し）

基本問題

1 ①ウ　②エ　③ア　④イ　⑤エ　⑥ウ　⑦イ　⑧ア

2 ①イ　②ア　③エ　④ウ

解説

1 ①「おもしろく（は）ない」と「は」を入れられるので、補助形容詞。②「頼りない」という形容詞の一部。③「わからない」→「わからぬ」と言い換えられるので、助動詞。④在庫が存在しないという意味なので、形容詞。⑤「おさない」という形容詞の一部。⑥「若く（は）ない」と「は」を入れられるので、補助形容詞。⑦用事が存在しないという意味なので、形容詞。⑧「買わない」→「買わぬ」と言い換えられるので、助動詞。

2 ①接続助詞の「て」が濁音化したもの。②「ほうき」という体言（名詞）に付き、手段を表しているので、格助詞。③「教師だ」と言い換えられるので、助動詞「だ」の連用形。④「静かな」と言い換えられるので、形容動詞「静かだ」の活用語尾。

92〜93ページ ステージ2

❶ ①激しい／雨 が／一日中／降り続い て／いる。
②妹 は／朝 から／友達 と／遊び に／行っ た。

❷ ①エ ②イ ③ア ④ウ

❸ Ⅰ…ア・イ・ウ・エ・カ・ク・ケ Ⅱ…ウ・ケ・コ〔各順不同〕

❹ ①ク ②キ ③オ ④エ ⑤イ ⑥カ ⑦ウ ⑧ア

❺ (1)①イ ②ア (2)①ア ②イ (3)①イ ②ア

❻ ①Ⅰウ Ⅱⓑ ②Ⅰオ Ⅱⓐ ③Ⅰエ Ⅱⓓ

❼ ①爽やかな 活用形…連体形
②冷たく 活用形…連用形

❽ ①母のように、料理を上手に作れる人になりたいです。
②明日は雨らしいので、傘を持っていこう。
③演者が退場するまで拍手が鳴りやまなかったそうだ。

❾ ①ウ ②イ

❿ ①エ ②ウ ③ア

解説

❸ それぞれの品詞は、以下のとおり。ア接続詞 イ連体詞 ウ形容詞 エ名詞 オ助詞 カ名詞 キ助詞 ク副詞 ケ動詞 コ助動詞

❹ それぞれの品詞は、以下のとおり。①形容動詞 ②形容詞 ③接続詞 ④感動詞 ⑤連体詞 ⑥副詞 ⑦名詞 ⑧動詞

❺ (2) ①「安全な」は活用するが、②「安全」は活用しない。
(3) ①「おかしな」は活用しないが、②「おかしい」は活用する。

❻ ①「食べない」→「ない」の直前が「エ」段なので、下一段活用。
②「帰宅する」→「……する」という形はサ行変格活用。③「ので」に続くのは連体形。

❽ ①「上手に」の「に」は、「上手だ」という形容動詞の活用語尾であり、助詞ではない。

❾ ①ア「元気だ」という形容動詞の活用語尾。イ「のに」という接続助詞の一部。エ「すぐに」という副詞の一部。
②「勉強はできるが」の「が」は活用する語に付いているので、接続助詞。ア・ウは体言に付いているので、格助詞。エは接続詞。

❿ **重要** ①「問題だ」の「だ」は断定の助動詞。アは助動詞「そうだ」の一部。イは助動詞「た」が濁音化したもの。ウは「万全だ」という形容動詞の活用語尾。②「着られる」の「られる」は可能の意味。アは自発、イは受け身、エは尊敬。③「あるようだ」の「ようだ」は推定の意味。イ・エは例示、ウは比喩。

エルサルバドルの少女 ヘスース

94〜95ページ ステージ1

漢字と言葉

❶ ❶ぜせい ❷せいさん ❸いっちょうら ❹や ❺ほんろう

❷ ❶翻弄 ❷凄惨 ❸是正 ❹一張羅

❸ ❶カ ❷ウ ❸オ ❹ア ❺イ ❻エ

教科書の要点

❶ ①フォト・ジャーナリスト ②（避難民）キャンプ ③ジャクリーン ④フランシスコ

❷ ①四国 ②五百万 ③救世主 ④内戦（別解戦争）

❸ ①一九八二 ②ヘスース ③お父さん（別解父親） ④終結 ⑤赤ん坊（別解ジャクリーン・子（ども）） ⑥警官 ⑦結婚式 ⑧おばあちゃん（別解おばあさん） ⑨誇り

おさえよう 〔順に〕ア・ア

96〜97ページ ステージ2

★ 1 厳しい内戦下で「今日」を必死に生き抜く人々の姿を撮りたいと思ったから（だ。）

2 エ

3 ウ

4 ・例つらそうな子が多いのに、この子はどうしてこんなに明るい表情なのだろうと不思議に思う気持ち。

・例戦場の凄惨な現場を撮ってすさんだ気持ちが、しだいに和んでいくような気持ち。

5 父親（別解お父さん）・イエス 〔順不同〕

解説

1 直後に「市場や下町」に出向いた理由が述べられている。

2 第三～四段落で描かれている避難民キャンプの記述のしかたを捉える。**ア**…「千人ほどが暮らすキャンプ」とあるが、統計的なデータが引用されているわけではない。**イ**…筆者は、キャンプで顔を合わせた人々と挨拶をしている。**ウ**…ポリタンクを手に配水の順番を待つ人々の姿は書かれているが、走り回る子どもたちやかまどでパンを焼く女たちなど、普通と変わらない様子も書かれている。**エ**…筆者は、キャンプを歩き回って見たことをありのままに書いているので、これが正解。

3 **重要** 筆者は、偶然に見つけた女の子の様子を詳しく描き、その後で、それがヘスースで、最初の出会いだったと述べている。引用文中にはないが、文章の冒頭には十七歳になったヘスースのことが述べられている。筆者が出会った幼い少女が、これからどう筆者と関わり成長していくのか、読者は興味をもって読むことができる。

4 ――線④の直後の文章から、ヘスースだけが明るい表情をしていることを不思議に思ったこと、すさんだ気持ちがヘスースの笑顔によって和んだことを答える。

98～99ページ ステージ3

1 例自分を養ってくれたり、助けたりしてくれた周りのみんなに、いい気持ちでいてほしかったから。

2 (1) ウ (2) 例助け合って生きる

3 例1キャンプで育ったことは自分の誇りだという思い。
例2キャンプで育った子ども時代はかけがえのないものだという思い。

4 エ

5 例戦乱に人生を翻弄されながらも、懸命に生き抜いて、自らの手で新しい人生をつかみ取った。

解説

1 ――線①の後の「おじいちゃん、おばあちゃんが、……笑顔でいたかったの。」を基にして答える。

2 (1) ヘスースのおばあちゃんは、クリスマスにしか食べられない年に一回のチキン料理を、自分たちより困っている人に全部あげてしまったことがあった。このように、おばあちゃんは、**たとえ大事なものであっても、自分より困っている人を見つけたら惜しみなく分け与える人**だった。**イ**…「自分のことは全て犠牲にして」は、文章中からは読み取れない。

(2) ヘスースがカンパを集めてひつぎを購入し、キャンプの死者を送り出したことについて、筆者は「**キャンプの人々は、そうやって助け合って生きてきたのだろう。**」と述べている。

3 記述対策
・**考え方**…直前のヘスースの言葉に着目する。キャンプの暮らしを恥ずかしいと思っている子とは反対に、ヘスースはキャンプで育ったことを誇りに思っている。
・**書き方**…「キャンプで育ったことは自分の誇りだ」「キャンプで育った子ども時代はかけがえのないものだ」という内容であれば正解。「キャンプ」という語を必ず使用する。

4 **重要** 直後のフランシスコの言葉から気持ちを読み取る。「戦いの場に一度でも身を置いたものなら、二度とそこに戻りたいと思わないはずだよ」と言っている。過去に少年ゲリラ兵として戦場に出た経験から、銃を取って戦うことを嫌悪している。

5 最後の段落から読み取る。ヘスースとフランシスコは、共に「戦乱に人生を翻弄されながらも、懸命に生き抜いてきた」。その努力の結果、「自らの手で新しい人生をつかみ取り」、結婚式を挙げることができたのだと筆者は考えている。

紛争地の看護師

100～101ページ ステージ1

漢字と言葉

1 ❶ざんこく

2 ❶残酷

3 ❶エ ❷イ ❸ア ❹ウ ❺オ

教科書の要点

1 ①国境 ②看護師 ③（緊急）出発

2 ①命の危機 ②厳しく ③限らない ④医療

3 ①二〇一六 ②モスル ③説教 ④申し訳ない ⑤向かわなければ ⑥破壊 ⑦国境 ⑧見過ごす

おさえよう 〔順に〕ア・イ

102～103ページ ステージ2

1 (1) イラクのモスル
(2) 例爆音が鳴り響き、モスル奪還の戦闘が行われている。

2 イ

3 (1) ・例母親が仕事で不在だったから。
・例車の行き先を変更した理由を父に説明しなくてはいけなかったから。〔順不同〕
(2) ア

4 イ

5 父…動揺と不安
筆者…申し訳ない・向かわなければならない

解説

1 (2)「爆音と……モスル奪還の戦闘」の部分をまとめる。

2 筆者が出発する予定のイラクのモスルでは、父がテレビ越しに見ている光景のとおり、「モスル奪還の戦闘」が行われている。そんな場所に出発すると娘から言われたときの父の受ける衝撃を予想し、筆者は言い出せずにいるのである。

4 父は、心配でぼそぼそと説教を繰り返していたが、いくら自分が言ったところで、娘はモスルへ行ってしまうとわかっており、娘を心配する親としてやるせない気持ちになっていることを読み取る。

5 重要 続く部分から、父と娘の気持ちを読み取る。

温かいスープ

104～105ページ ステージ1

教科書の要点

1 ①第二次世界大戦 ②国際性

2 ①一九五七 ②料理店（別解レストラン） ③（非常勤）講師 ④娘（さん）

3 ①二人分 ②スープ

4 ①日本人 ②金詰まり ③底冷え

5 ①みじめな ②下宿（するの） ③月末 ④オムレツ ⑤二人分 ⑥心の温まる ⑦（オニオングラタンの）スープ ⑧涙 ⑨人類の仲間 ⑩隣人愛 ⑪日常

おさえよう 〔順に〕ア・ア・イ

106～107ページ ステージ2

1 イ 2 ウ

3 どんなにありがたかったことか

4 ・無償の愛
・求めるところのない隣人愛としての人類愛

5 エ

解説

1 「月給は安い」「金詰まりの状態」から、このときの筆者には他の料理を注文するだけのお金がなかったことがわかる。それを店の人に気づかれたくなくて、「今日は食欲がない。」と言ってごまかしたのである。

2 ――線②の前の段落に、「そういう注文が何回かあって気づいたのであろう、この若い外国生まれの学者は月末になると苦労しているのではなかろうか、と。」とある。

3 「寒くてひもじかった私に、それはどんなにありがたかったことか。」とある。感謝の気持ちでいっぱいで、涙がこぼれるほどだったのだ。

4 「さりげない親切」とは、貧しい青年であった筆者にパンやスープを差し出してくれたこと、また、客の注文を取り違えたからとうそを言って、**筆者が引け目を感じることのないように気を遣ってくれたこと**を指している。このような心遣いについて、筆者がまとめている最後の段落から読み取る。

5 **重要** 最後の段落で、「**一人一人の平凡な日常の中で、それ（＝国際性）は試されている**」と述べられている。ア・イ「その（＝国際性の）基本は、流れるような外国語の能力やきらびやかな学芸の才気や事業のスケールの大きさなのではない」とあるので合わない。ウ国際性は「容易に身につけることができるものだ」とは述べていない。

わたしを束ねないで　ほか

108～109ページ　ステージ1

漢字

1 ❶いなほ　❷こんちゅう

2 ❶昆虫　❷稲穂

基本問題 漢字に親しもう6

1 ①A冒　B侵　②A解　B快　③A喚起　B換気　④A周知　B羞恥

2 ①捕まえる　②怠る

3 ①ア　②ア

教科書の要点 わたしを束ねないで

❶ ①五　②六

❷ ①ないで　②わたし

❸ 直喩（別解 明喩）

❹ ①稲穂　②牛乳　③母　④詩

おさえよう ［順に］ア・イ・ア

解説

基本問題 漢字に親しもう6

1 ①A「冒険」、B「侵害」のように音読みの熟語に言い換えて考える。②A「任を解く」、B「快い調子」のように訓読みに言い換えて考える。④A「周知」は、広く知れ渡っていること、B「羞恥」は、恥ずかしいと思うこと、という意味。

110～111ページ　ステージ2

1 ウ　**2** イ・エ

3 例 女性（別解 女（の人））

4 例 何ものにも縛られず、一人の人間として自由に生きる生き方。

5 ，（コンマ）・．（ピリオド）・（いくつかの）段落・（「）さようなら（」）

6 ①イ　②オ　③ア　④エ　⑤ウ　**7** ア

解説

2 「とほうもなく満ちてくる」「ふちのない水」とあるように、「わたし」を、果てしなく広がる海にたとえている。「……のように」という言葉を使っていない比喩なので、隠喩である。「海のようだ」（直喩）とするよりも、「わたしは海」とするほうが強い響きをもつ。また、行末が体言で終わっていて、余韻を残している。

4 記述対策

- **考え方**…「坐りきり」でいるとは対照的な、常に軽やかで自在に動いていくものとしての風のイメージを捉える。
- **書き方**…「縛られない・束縛されない」「自由な」生き方を望んでいることをまとめる。

6 重要 各連の二〜三行目に取り上げているものから、「わたし」がどんなことを拒否しているのかを考える。
①第一連…花や葱のように束ねる→他のものとまとめられる。
②第二連…標本箱の昆虫や絵葉書のように止める→自由を奪われる。
③第三連…薄められた牛乳やぬるい酒のように（コップに）注ぐ→小さな器に入れられて味気なくなる。
④第四連…娘や妻、母という名で名付ける→女性に期待される役割を押しつけられる。
⑤第五連…，や．、段落、おしまいに「さようなら」があったりする手紙のように区切る→区切られ、評価される。

7 重要 作者は、あるがままの自然のように、**何ものにも束縛されずに、自分らしく自由に生きたいと願っている。**

高瀬舟

112〜113ページ ステージ1

教科書の要点

❶ ①（羽田）庄兵衛 ②喜助 ③病気

❷ 〔右から順に〕（1）・5・3・7・2・4・8・6・（9）

❸ ①倹約 ②満足 ③感ぜず ④欲のない ⑤係累

❹ ①遠島 ②楽しそう（別解 遊山船にでも乗ったよう） ③不思議 ④二百文 ⑤足ること ⑥満足 ⑦楽がさせたい ⑧死ねる ⑨人殺し（別解 弟殺し）

おさえよう 〔順に〕イ・イ

114〜115ページ ステージ2

★ 1 (1) 例 喜助が島へ行くのを苦にしていない様子だから。
(2) ア

2 ・例 自分がいていい所のない苦しみ。
・例 借金ばかりの経済的な苦しみ。 〔順不同〕

3 例 仕事をしないで食べさせてもらっていること。

4 島へ行って

5 ウ

★解説

1 (1) 庄兵衛は、喜助がこれまでの罪人と違って、島へ行くのを苦にしていないように見えることを不思議に思っている。
(2) お上が「いろとおっしゃる所に落ち着いていることができ」ることが、「何よりもありがたい」という喜助の言葉から読み取る。

2 重要 喜助は、「これまで、どこといって自分のいていい所というもの」がなかった。また、お金が手に入っても、「たいていは借りたものを返して、またあとを借り」るという、借金に追われる暮らしだった。

3 直前の「そればかりでも」の「それ」の指している内容を答える。

5 ア…喜助はこれまでの人生を「苦しみ」と捉えていた。イ…喜助は、遠島になることや二百文の鳥目をもらったことをむしろ喜んでいる。ウ…喜助は、牢に入ってからは、仕事をせずに食べさせてもらっていることをお上に感謝している。よって正解。エ…喜助は、二百文を元手に島で仕事をすることを楽しみに思っている。

116〜117ページ ステージ3

★ 1 イ 2 ウ

3 喜助…例 欲がなく、足ることを知っていて、今の境遇にも満足していること。
庄兵衛…例 出納の合った暮らしをしていても、生活に満足を覚えたことがほとんどないこと。

4 懸隔（別解 相違）・係累

5 例 人間の欲にはきりがないこと。

6 エ

解説

1 「彼と我との相違は、いわばそろばんの桁が違っているだけ」とあり、実質的には喜助と自分の身の上にはたいして変わりがないと庄兵衛は考えている。

2 庄兵衛と喜助の収入の桁（額）は違うが、喜助にとっての二百文に当たる額を、仮に自分が得たと考えてみれば、ということ。つまり、喜助の立場になって考えてみれば、ということである。

3 記述対策

・**考え方**…「懸隔」は、隔たりという意味。二人の隔たりが生じるのは、喜助が今の境遇に満足しているのに、庄兵衛は満足していないからである。

・**書き方**…喜助…「欲がなく、足ることを知っている」ことが書けていれば正解。庄兵衛…「暮らしに満足を覚えたことはほとんどない」ことが書けていれば正解。この違いを「満足」という言葉を使ってまとめる。文末は「……こと。」などとする。

5 **重要** ——線⑤は、「病があると、この病がなかったら」「食がないと、食ってゆかれたら」などと、**人生の中で人の望む欲は、どこまで行っても尽きることがないことを表している。**

6 「毫光」は、仏の眉間にある白い毛から出るといわれる光。「毫光が差す」は、庄兵衛が喜助を仏のように感じ、**敬意を感じずにいられなかったことを表している。**

二つの悲しみ

118～119ページ ステージ1

教科書の要点

❶ ①第二次大戦 ②復員の事務 ③戦死 ④経験

❷ ①慣れる ②恐怖

❸ ①失ったもの ②息子 ③水滴 ④お父さん（別解お父ちゃん・お父ちゃま） ⑤しっかり ⑥戦争

おさえよう 〔順に〕ア・イ・イ

基本問題

1 例息子の安否（別解息子の生死・息子の無事）

2 例人が死んだということを自分で言ったり、そばで聞いたりしたとき。

3 ウ　4 涙

解説

1 続く「あなたの息子さんは……戦死されておられます。」という部分から、その人が、戦争に行ったまま帰らない息子が生きているのかどうか尋ねに来た場面であることを捉える。

120～121ページ ステージ2

1 下唇を血が～をしていた

2 例まだ幼く、「状況」という言葉の意味を理解していないことを表すため。

3 例おじいちゃまに泣いてはいけないと言われていたから。

4 エ

5 ア

6 エ

解説

1 「うつむいた瞬間、紙の上にぽた、ぽた、涙が落ちて」は筆者の様子を表した部分である。「涙一滴、落とさず、ひと声も声を上げなかった。」は、涙をこらえている様子ではない。

2 記述対策

・**考え方**…「じょうきょう」が、少女の言葉の中にあることに着目する。少女は、おじいちゃまから言われた「じょうきょう」という言葉の意味を理解していなかったのであり、それは少女がまだ幼いからということを押さえる。

・**書き方**…「少女が」に続く形で書き、何のためかと問われているので、文末は「……ため。」などとする。

3 少女の言葉に着目する。おじいちゃまに「泣いては、いけない」「しっかりしなくては、ならない」と言われて、少女はその言いつけを守ろうとしているのである。

4 「私」が「声をのん」だのは、「下唇を血が出るようにかみしめて、かっと目を開いて肩で息をしていた」少女の様子に圧倒されたからである。

5 重要 「私」は、少女の「おじいちゃまに、言われたの、泣いては、いけないって」という言葉を聞き、**少女が懸命に悲しみをこらえておじいちゃまに頼まれた務めを果たそうとしていることに、胸を痛めた**のである。

6 父親の死を知ったら泣いて悲しむのが自然なはずの、まだ幼い少女が悲しみをこらえている状況を見て、筆者は「悲しみ以上の何か、かけがえのないものを奪った。」と表現している。

アラスカとの出会い

122〜123ページ ステージ1

教科書の要点

❶ 一枚の写真（別解 一冊の写真集・一冊のアラスカの写真集）
❷ ①地理 ②集落 ③カリブー
❸ ①アラスカの写真集 ②村人 ③ジョージ・モーブリイ
❹ ①出会い ②悲しみ ③不思議さ
❺ ①カメラマン（別解 スタッフ・フォトグラファー） ②（一冊の）写真集 ③イヌイット ④手紙 ⑤半年 ⑥十九歳 ⑦多様性 ⑧ジョージ・モーブリイ ⑨からくり

おさえよう ［順に］イ・ア

124〜125ページ ステージ2

★
1 ウ
2 ・例 なぜ、こんな地の果てのような場所に人が暮らさなければならないのかということ。
・例 いったいどんな人々が、何を考えて生きているのかということ。 ［順不同］
3 ・見知らぬ人々が、僕の知らない人生を送っている不思議さ
・同じ時代を生きながら、その人々と決して出会えない悲しさ ［順不同］
4 例 シシュマレフ村で暮らす人々とどうしても出会いたかったから。
5 例1 思いがけず夢がかなうというううれしさで興奮する気持ち。
例2 会ったこともない人間を世話してくれる人がいたことへの驚きと、夢がかなうことへの喜び。
6 ①本で見続けた写真 ②現実 ③例 感動（別解 興奮） ［①・②は順不同］

★解説

1 重要 「どうしてその本に目が留められたのだろう」「まるで僕がやって来るのを待っていたかのように」に着目する。自分の人生を変える大きなきっかけになる本との出会いを不思議に思いつつも、強く感動している筆者の気持ちを捉える。

2 ——線②の次の段落に、筆者の気にかかったことが二つ、疑問を表す形で書かれている。

3 筆者が「胸が締めつけられるような思い」を抱いたのは、昔、電車から夕暮れの町をぼんやり眺めていて、開け放たれた家の窓から家族の団欒（だんらん）が目に入ったときである。——線③の後で、筆者は「……だったのかもしれない。」と続けて考えている。

4 ——線④の前の段落に着目する。筆者はシシュマレフ村の集落

の写真を見て、「僕はどうしても、その人々と出会いたい」という強い気持ちをもったのである。

5

記述対策

・**考え方**…「半年もたったある日」とあることに着目する。手紙を出したことすら忘れかけていたところに、思いがけなく「いつでも来なさい」という返事が来たのである。夢がかなえられることになり、興奮する筆者の気持ちを捉える。

・**書き方**…夢（希望）がかなうとわかったこと、驚きと喜びが入り混じって興奮した気持ちになったことをまとめる。

6 ベーリング海に浮かぶ集落を見て、本で見続けた写真と現実がオーバーラップし（二重写しになり）、筆者はあまりに感動して、「どうしていいかわからない思い」だったのである。

プラスワーク　聞き取り問題①　話し合い

126ページ

〔解答の漢字や片仮名の部分は、平仮名で書いてもかまわない。〕

(1) 例新しくできる公園の名前
(2) 例公園を利用するのは主に子供たちだから。
(3) 例地元で親しまれている場所
(4) 例少し堅い印象。
(5) イ

解説

(3) **全員の提案が出された後で、司会が内容を整理している言葉に注意する。**

(4) 丸山さんは、「花山神社公園」という名前について、「少し堅い印象の名前だと思いました」と、自分が感じたことを述べている。

(5) 丸山さんは「**田中さんの案にある、『ふれあい』という言葉はとてもよい**」と述べているので、イが正解。アは「別の案を出している」が、ウは「事実と異なると反論している」が、エは「自分も案を挙げている」がそれぞれ誤り。

放送文

それでは、聞き取り問題を始めます。

これから、グループでの話し合いの内容と、それについての問題を五問、放送します。放送は一回だけ行います。聞きながら、メモを取ってもかまいません。それでは、始めます。

司　会　これから、「新しくできる公園の名前」について話し合います。私たちの住む花村市では、今年新しくできる公園の名前を募集しています。校長先生の呼びかけで、各クラス、一つずつ案を出すことになりました。皆さん、順番に発表してください。まずは田中さんからどうぞ。

田中さん　田中です。私は、「ふれあいわんぱく公園」という名前を提案します。公園を利用するのは主に子供たちなので、子供たちにわかりやすい名前がよいと思ったからです。

司　会　では次に、林さんお願いします。

林さん　林です。私は「花山神社公園」という名前を提案します。公園の隣の花山神社は、地元ではよく知られています。名前を聞いただけで公園の場所がわかるのがよいと思います。

司　会　最後に、丸山さんどうぞ。

丸山さん　丸山です。私は「けやきの丘公園」という名前を提案します。公園ができる丘には、美しいけやき並木があり、市民に親しまれています。並木の風景は公園の特徴にもなると思います。

司　会　それでは、出された提案を整理したいと思います。田中さんは「ふれあいわんぱく公園」という案でした。子供たちにわかりやすい名前がよいという理由です。林さんは「花山神社公園」、丸山さんは「けやきの丘公園」という案ですね。どちらも地元で親しまれている場所から名づけています。田中さんの提案は、子供たちにわかりやすい名前、という点でほかの二つと異なります。皆さん、何か意見はありますか。はい、林さん。

林さん　田中さんの「ふれあいわんぱく公園」の案についてですが、公園を利用するのは主に子供たちだという点に疑問があります。私は毎朝家の近くの公園でジョギングをしていますが、大人の人をたくさん見かけます。公園は、幅広い世代が利用するのではないでしょうか。田中さん、どうですか。

田中さん　確かに林さんの言うとおりですね。いろいろな世代の人が親しみを感じる名前のほうがよいかもしれません。

司　会　丸山さんは、何か意見がありますか。

丸山さん　林さんの「花山神社公園」は、少し堅い印象の名前だと思いました。中学生の私たちが考えるのだから、もう少し親しみやすい名前がよいのではないでしょうか。林さん、どう思いますか。

林さん　堅い印象、と言われると、確かにそうかもしれません。
司　会　丸山さん、もう少し親しみやすい名前がよいということですが、ほかに名前の案はありますか。
丸山さん　はい。田中さんの案にある、「ふれあい」という言葉はとてもよいと思います。私と田中さんの案を合わせて「けやきの丘ふれあい公園」はどうですか。
林さん　うん、よい響きだと思います。私は賛成です。
田中さん　田中です。私も賛成です。

問題文

以上で、話し合いは終わりです。それでは、問題です。

(1) 校長先生の呼びかけとは、どのような内容でしたか。解答欄に当てはまる言葉を書きなさい。
解答文 花村市に□は何がよいかを考えて、各クラスから一つずつ案を出すこと。
(2) 田中さんが「子供たちにわかりやすい名前」がよいと思ったのは、なぜですか。
(3) 司会が話していた、林さんと丸山さんの提案の共通点を、解答欄に当てはまるように書きなさい。
解答文 □から名づけた点。
(4) 丸山さんは、林さんの「花山神社公園」という名前の案に対して、どのような印象だと述べていましたか。
(5) この話し合いの内容として当てはまるものを、次の**ア・イ・ウ・エ**から一つ選び、記号で答えなさい。
ア 田中さんは林さんの意見を受けて、別の案を出している。
イ 丸山さんは、田中さんの案のよいところを指摘している。
ウ 丸山さんは林さんの意見に対して、事実と異なると反論している。
エ 司会は全員の提案がそろった後に、自分も案を挙げている。

これで、聞き取り問題を終わります。

プラスワーク 聞き取り問題② グループ・ディスカッション

127ページ

〔解答の漢字や片仮名の部分は、平仮名で書いてもかまわない。〕

(1) 立場……反対
理由……例プラスチックのごみによる環境破壊
(2) 例軽くて（お年寄りや子供でも）持ち運びしやすいこと。
例一度開けてもふたを閉めることができること。〔順不同〕
(3) 例落ちても割れにくい点。
(4) 例1外国に頼っている
例2国内で完全にリサイクルできていない
(5) ウ

解説

(4) 和田さんは、プラスチックごみの処理が国内では完全にできないため、外国にごみを輸出していると述べている。
(5) 和田さんは小川さんの意見に対して、「確かに……」と認めているので**ウ**が正解。**ア**は「議論に偏りが出ないよう呼びかけている」が、**イ**は「インターネットで調べて」が、**エ**は「あくまでも受け入れていない」がそれぞれ誤り。

放送文

それでは、聞き取り問題を始めます。
これから、グループ・ディスカッションの内容と、それについての問題を五問、放送します。放送は一回だけ行います。聞きながら、メモを取ってもかまいません。それでは、始めます。

司　会　これから「ペットボトルを使うことに賛成か反対か」について話し合いたいと思います。発言する人は、最初に自分の立場を明らかにしてから意見を述べてください。はい、和田さん。
和田さん　私は、ペットボトルの使用に反対です。なぜなら、今、世界的にプラスチックのごみによる環境破壊が問題になっているからです。みんながペットボトルを使うのをやめれば、プラスチックのごみが減らせると思います。

司　会　では次に、村上さん、お願いします。

村上さん　はい。私は、ペットボトルは使用してよいと思います。なぜなら、ペットボトルは軽くてお年寄りや子供でも持ち運びしやすいからです。また、一度開けてもふたを閉めることができるのも便利です。

司　会　ほかに意見のある人はいますか。はい、小川さん。

小川さん　私も、ペットボトルの使用に賛成です。理由は、ペットボトルは災害に備えての保管に向いていることです。例えば、地震が起こった場合、ガラス瓶だと割れる危険がありますが、ペットボトルなら落ちても割れにくいので安心です。一人一人がきちんとリサイクルごみに出せば、環境への負担も少ないのではないでしょうか。

司　会　なるほど。防災の観点でもペットボトルは活用しやすいということですね。その点について、和田さんはどう思いますか。

和田さん　はい。確かに小川さんの意見のとおり、災害に備えての保管にはペットボトルが適していると思いました。しかし、私は普段の生活ではペットボトルの使用をやめるべきだと思います。新聞で読んだのですが、現在国内ではプラスチックのリサイクルが完全にできておらず、処理できないプラスチックごみは外国に輸出しているそうです。自分たちが出したごみの処理を外国に頼るというのは、おかしいのではないでしょうか。

司　会　ペットボトルを使うことに賛成の人は、これについてどう思いますか。はい、村上さん。

村上さん　私は和田さんの話を聞くまで、国内で完全にリサイクルできているものだとばかり思っていました。確かに、これは問題ですね。

和田さん　はい。レジ袋も、今では多くのお店で有料となり、その結果マイバッグを持つ人が増えました。このように社会全体が取り組めば、人々の意識も変わっていくのではないでしょうか。

問題文

以上で、グループ・ディスカッションは終わりです。
それでは、問題です。

(1) 和田さんは、ペットボトルの使用について賛成、反対、どちらの立場でしたか。また、その理由としてどのようなことを挙げていましたか。解答欄に当てはまる言葉を書きなさい。

解答文 □が問題になっているから。

(2) 村上さんは、ペットボトルのよい点としてどのようなことを挙げていますか。二つ書きなさい。

(3) 小川さんは、ペットボトルのどのような点が防災に向いていると言っていましたか。

(4) 和田さんは、プラスチックのリサイクルについて、どのような問題点を挙げていますか。解答欄に当てはまる言葉を書きなさい。

解答文 プラスチックごみの処理を□という問題点。

(5) このグループ・ディスカッションの内容として当てはまるものを、次の**ア・イ・ウ・エ**から一つ選び、記号で答えなさい。

ア　司会は、賛成の人が多いことで議論に偏りが出ないよう呼びかけている。

イ　和田さんは、リサイクルについてインターネットで調べてわかった事実を述べている。

ウ　小川さんの、災害に備えての保管にペットボトルが適しているという意見に和田さんは同意している。

エ　村上さんは、リサイクルについて自分の考えと異なる事実を知っても、あくまでも受け入れていない。

これで、聞き取り問題を終わります。

定期テスト対策 得点アップ！予想問題

1 世界はうつくしいと　130ページ

1 (1) 例1日々の生活　例2身の回り
(2) イ
2 うつくしいものをうつくしいと言おう。

解説

1 (1) 「うつくしいもの」として挙げられているのは、「風の匂い」「雨の日の、家々の屋根の色」「過ぎてゆく季節」など、**わたしたちの日々の生活の中にあるもの**である。
(2) 最後の二行に「何ひとつ永遠なんてなく、いつか／すべて塵（ちり）にかえるのだから、世界はうつくしいと。」とある。作者は、あざやかな毎日の中にあるさまざまなうつくしいものは、永遠に存在するものではなく、**最後にはすべてなくなる**と捉えている。だからこそ、今うつくしいと言うことが大切だと呼びかけている。
2 作者は「うつくしいものをうつくしいと言おう。」と二度繰り返している。また、この詩の題名が「世界はうつくしいと」であることから考える。

2 握手　131ページ

1 例死が近いことを隠して、教え子に別れを告げる旅をしていることに気づかれたと思ったから。
2 ア
3 ア・オ
4 Ⅰ…（悪い）腫瘍　Ⅱ…会って回っていた

解説

1 「いたずらを見つかったときにしたように」や、直後のルロイ修道士の言葉「天国へ行くのですから、そう怖くはありませんよ。」から考える。ルロイ修道士は、**自分が重い病をわずらっていて、もう死が近いことを、「わたし」に気づかれてしまったと思ったのである。**
2 ルロイ修道士は、死後に人は「にぎやかな天国へ行くと思うほうがよほど楽しい」と言っている。これは、**物事を良い方向に考えようとする態度**である。
3 「わたし」は、ルロイ修道士と会うのはこれが最後になるかもしれないと感じていた。それで、**ルロイ修道士との別れを惜しむ気持ちと敬愛の気持ちを込めて**、強い握手をしたのである。
4 敬愛するルロイ修道士の葬式に出たときの「わたし」の気持ちを捉える。「わたし」は、ルロイ修道士が悪い腫瘍に冒されていたことを聞き、その体で自分たちと最後の別れをして回っていたのだと、胸を突かれる思いがしたのである。

3 学びて時に之（これ）を習ふ——「論語」から　132ページ

1 エ
2 有リ下 朋 自リ二 遠 方一 来タル上
3 イ
4 温故知新
5 例師となる資格があるものだ。
6 楽しむ者→好む者→知る者

解説

1 ここでの「習ふ」は、「復習する」という意味。
3 「亦（また）……ずや」は、「なんと……ではないか」という意味。「……ずや」は反語を表す。ここでは、君子にふさわしいことを強調する働きをしている。「**君子**」は、**徳の高い理想的な人格者を表す**。

4 「温故知新」は、「昔のことを研究して、そこから新しい知識や考え方を見つけ出すこと」という意味の故事成語。
5 「以て……為るべし」は、「……となる資格がある」という意味。

4 作られた「物語」を超えて　133ページ

1 ⓐ現象　ⓑ巡
2 ドラミングが戦いの宣言だ（という「物語」の誤解）
3 ⑴ 例しいたげたり排除したりする
⑵ 新しい価値をもつ豊かな世界
4 例この地球に生きるさまざまな人々が暮らしている文化や社会をよく理解すること。

解説

2 二つ目の段落の初めに、「ドラミングが戦いの宣言だという『物語』の誤解」とある。
3 ⑴ 「『物語』によって作られた常識の陰」には、「しいたげられている生き物や人間」がいたり、「意味を取り違えて排除していること」があったりする。
⑵ 「『物語』によって作られた常識」が誤解であることに気づくとは、ゴリラの例でいえば、「ドラミングが戦いの宣言だという『物語』の誤解を超えた先」を知ることである。そのとき、人は、「新しい価値をもつ豊かな世界」を知るのだ。
4 最後の一文に、「その人々が暮らしている文化や社会をよく理解することが必要であろう」とある。

5 俳句の可能性／俳句を味わう　134ページ

1 どの子にも
2 有季定型
3 切れ字
4 自由律
5 季語…萬緑　季節…夏
6 Ⅰ…（おのが）ひかり　Ⅱ…擬人法

解説

1 「どの子にも」という言葉に、全ての子供に同じように風が吹いていることが表されている。
2 季語を入れるのが「有季」、五・七・五の音数で表現するのが「定型」。
3 「けり・かな・や」などを「切れ字」といい、感動の中心を表す。
4 五・七・五の定型ではない、自由な音律の俳句を「自由律俳句」という。
5 「萬緑」は、見渡す限り緑の草木が生い茂った様子で、夏の季語。
6 「まとふはおのがひかりのみ」は、菊の花が光をまとっているようだという表現で、菊を人に見立てた擬人法。

6 故郷　135ページ

1 ⓐ崇拝　ⓑ紺
2 ウ　3 隔絶
4 ⑴ Ⅰ…若い世代　Ⅱ…新しい生活
⑵ 例同じ希望をもつ人が多くなること。

解説

2 帰郷によって、故郷の現実やかつて親しかったルントウとの隔たりを感じ絶望した「私」は、自分の人生の道は故郷にはないのだということを認識したのである。
3 「隔絶」とは、関係が絶たれ、遠く離れてしまうこと。
4 ⑴ 「希望をいえば、彼らは新しい生活をもたなくてはならない。」とある。「彼ら」とは、ホンルやシュイションら「若い世代」のこと。
⑵ 「私」は、希望を道にたとえて、「歩く人が多くなれば、それが道になるのだ。」と述べている。つまり、同じ希望をもつ人が多くなれば、希望が実現すると考えているのである。

7 人工知能との未来　136ページ

1 例人工知能の、人間であれば危険を察知して不安や違和感を覚えるような手でも、平然と指してくるところ。
2 例人工知能ロボットとは、人間が無意識に求める価値や倫理を共有していないから。
3 ウ
4 選択肢を考えていく

解説

1 「そこに恐怖を感じるのです」の「そこ」の指す内容を前の部分から捉える。
2 筆者は、人間と価値や倫理を共有していない相手とは、安心して社会生活が営めないと述べている。
3 最初の段落に「人間であれば危険を察知して不安や違和感を覚える」とあるので、ウの「察知した危険を考慮に入れたもの。」は、人間が受け入れがたい判断に関わる要素ではない。
4 一つ前の段落に、「このような判断力は」とあり、「このような」が指す内容を直前から探すと、「どこまで評価値の判断を参考にするかまで含めて、選択肢を考えていく」ことだとわかる。

8 人間と人工知能と創造性　137ページ

1 例もっている知識やそれまでの経験に影響を受けるから。
2 エ
3 評価の部分
4 Ⅰ…偏りのない
Ⅱ…見込みのありそう

解説

1 初めの文「また人間の思いつきは、……どうしても偏りが出る。」の後で、「もっている知識や……受けてしまうのだ。」と理由を述べている。
3 コンピュータには「評価」が難しいが、人間は「評価」が得意である。だから、筆者は、この評価の部分に人間が果たすべき役割を考えるヒントがあるのではないかと述べている。
4 コンピュータが得意とすることは第一段落に、人間が得意とすることは第二段落に詳しく書かれている。人間は「たくさんの候補の中から見込みのありそうなものだけを選び出す作業」（＝「評価」）を得意としている。

9 君待つと――万葉・古今・新古今　138ページ

1 A長歌　B反歌
2 ①ウ　②ア
3 例花の香り。
4 句切れ…三句切れ　表現技法…体言止め
5 例あけぼのの光。
6 聴覚（別解耳）
7 例（私の）命
8 ①B・E　②C・F　③D・G　〔各順不同〕

解説

1 A 「長歌」は五音・七音を繰り返し、最後を多くは七・七音で結ぶ。
B 長歌の後に添えられる短歌を「反歌（はんか）」という。
2 格助詞「ゆ」は、①起点「……以来」、②通過点「……を通って」などの意味を表す。
3 歌の意味は、「人の心は、さあ、どう変わってしまったかわかりませんが、昔なじみのなつかしい土地では、花が昔のままに香っていることですよ」。変わるもの＝「人の心」と、変わらないもの＝「花の香り」が対比されている。
4 「花も紅葉（もみぢ）もなかりけり」は、「花も紅葉もないことだ」という意味で、ここで意味が切れる。
5 「炎（かぎろひ）」は、明け方に東の方に見える太陽の光のこと。

6 「風の音にぞおどろかれぬる」は、風の音にはっと気づいて、秋が来たことを知ったという意味なので、聴覚が使われている。
7 「玉の緒」は命を表す。ここでは、作者自身の命を指している。

10 夏草――「おくのほそ道」から　139ページ

1 例永遠に旅を続ける旅人。
2 ⓐむこうる（別解むかうる）　ⓑどうそじん
3 エ
4 例あてのない旅に出たい気持ち。
5 掛詞
6 股引の～すゆる
7 (1) 季語…雛　季節…春
(2) （江上の）破屋・住めるかた〔順不同〕

解説

1 「百代」は永遠、「過客」は旅人という意味。唐の詩人李白の詩を基にした言葉。
3 芭蕉は、旅の中で多くの優れた詩歌を残した李白、杜甫、西行、宗祇の影響を受けている。エ与謝蕪村は、江戸時代中期の俳人。
4 「漂泊」は、さまよい歩くこと。
5 「立てる」という言葉に、「春が立つ（立春）」と「霞が立ちこめる」という二つの意味を掛けている。
6 股引の破れを繕い、笠のひもを付け替え、膝下の三里に灸を据えて足を丈夫にして、準備をした。
7 (2) 「江上」は川のほとりという意味で、ここでは隅田川を指す。「破屋」は破れかかったあばらやで、芭蕉の住居である芭蕉庵のこと。また、「住めるかた」は今までは住んでいた庵という意味。問いに「これより前の文章中から」とあるので、「雛の家」は不適切。

11 誰かの代わりに　140ページ

1 受け身で無力な存在
2 人と支え合うこと、人と応じ合うこと
3 Ⅰ…関わり（合い）
Ⅱ…自分が存在すること（別解人として生きること）

解説

1 苦労や困難を免除されるということは、「誰か他の人」や「社会のある仕組み」に、苦労や困難との「格闘をお任せするということ」である。そのことが人を「受け身で無力な存在」にしてしまうと述べている。
2 苦労はしばしば、「独りで背負い切れるほど小さなもの」ではない。だから、苦労を引き受けようとすると、人は、「人と支え合うこと、人と応じ合うこと」が必要になる。ここに、「人として生きることの意味」があるから、苦労を引き受けることは大切だと、筆者は考えている。
3 常に「誰かの代わりに」という思いをもち、「他の人たちと関わり合い、弱さを補い合う」ことによって、人は「自分が存在することの意味」を常に感じて生きることができるというのが筆者の考えである。

12 エルサルバドルの少女 ヘスース　141ページ

1 ・例どうしていつも笑顔だったのかということ。
・例キャンプでの生活はつらかったかということ。〔順不同〕
2 (1) 例キャンプの人々と助け合って生きてきたから。
(2) 人生の宝箱
3 自分の人生をたった一つのかけがえのない大切なものとして生きてきた

解説

1 「どうしていつも笑顔だったの？」「キャンプでの生活はつらかったよね？」が筆者の質問。

2 ⑴「キャンプの人々は、そうやって助け合って生きてきたのだろう。」とある。「そう」は、祖母が自分たちより困っている人に料理をあげたことや、身寄りのない人が死んだときにヘスースがカンパを集めて立派なひつぎを購入したことを指している。

⑵ ヘスースは、キャンプのことを、「子ども時代の思い出がいっぱい詰まった『人生の宝箱』のようなもの」だと話している。

3 「あかし」は、「確かなこと。証拠」という意味。「その」は直前の一文を指している。

13 紛争地の看護師 142ページ

1 Ⅰ…戦争の被害　Ⅱ…命の危機　Ⅲ…医療

2 医療に国境はない

3 例同じ人間として、医療を求めている人々の痛みや苦しみを見過ごすことはできないから。

4 ウ

解説

1 第一～五段落に書かれている、戦地の様子から解答を導く。

2 「その思い」＝私が「本当にそう思っている」こと。そこで、「私は本当にそう思っている。」の「そう」の指す内容を直前から捉える。

3 最後の段落に着目。「同じ人間としての思い」から、苦しむ人々を見過ごせないのである。

4 「では、誰が彼らの命を救うのだろう。」などからわかるように、筆者は戦地で苦しんでいる人たちを助けることに自分が参加しなければならないと、強い使命感をもっている。

14 温かいスープ 143ページ

1 貧しい夜

2 イ

3 例「私」によけいな気を遣わせたくないから。

4 さりげない親切

5 相手の立場を思いやる優しさ、お互いが人類の仲間であるという自覚

解説

2 頼まれてもいないのにこんなことをしていいのかという、ためらいがあったと思われる。

3・4 わざわざ作ったとなると、かえって筆者が負担に思うかもしれないので、このように「余ってしまいました」と言ったのである。押しつけがましくない、「さりげない親切」である。

5 最後の段落に国際性とは何か、という筆者の主張が書かれている。

15 高瀬舟（たかせぶね） 144ページ

1 ⓐ耐　ⓑ忍

2 ⑴ 例弟から剃刀を抜いてくれと言われて、抜いてやって死なせたこと。

⑵ Ⅰ…例（どうせ）死ななくてはならない

Ⅱ…例苦しみから救ってやろう

3 （お）奉行（様）

解説

2 ⑴「弟は、剃刀（かみそり）を抜いてくれたら死なれるだろうから、抜いてくれと言った。それを抜いてやって死なせたのだ、殺したのだ」の部分を基にまとめる。

⑵ Ⅰ「そのままにしておいても、どうせ死ななくてはならぬ弟であったらしい」とある。

Ⅱ「早く死にたいと言ったのは、苦しさに耐えなかったから」「苦から救ってやろうと思って命を絶った。」とある。

3 「お奉行様の判断を、そのまま自分の判断にしようと思った」とある。

教科書ワーク 国語 特別ふろく②

定期テスト対策に！

聞き取り問題

こちらにアクセスして，ご利用ください。
https://www.kyokashowork.jp/ja11.html

★自宅学習でも取り組みやすいよう，放送文を簡単に聞くことができます。

★学年ごとに最適な学習内容を厳選しました。

（1年：スピーチ・会話／2年：プレゼンテーション・ディスカッション／3年：話し合い・ディスカッション）

★聞き取り問題を解くうえで気をつけたいポイント解説も充実。

放送文の内容もすべて掲載で確かめやすい！

▼解答解説

放送文を聞きながら書き込めるメモ欄

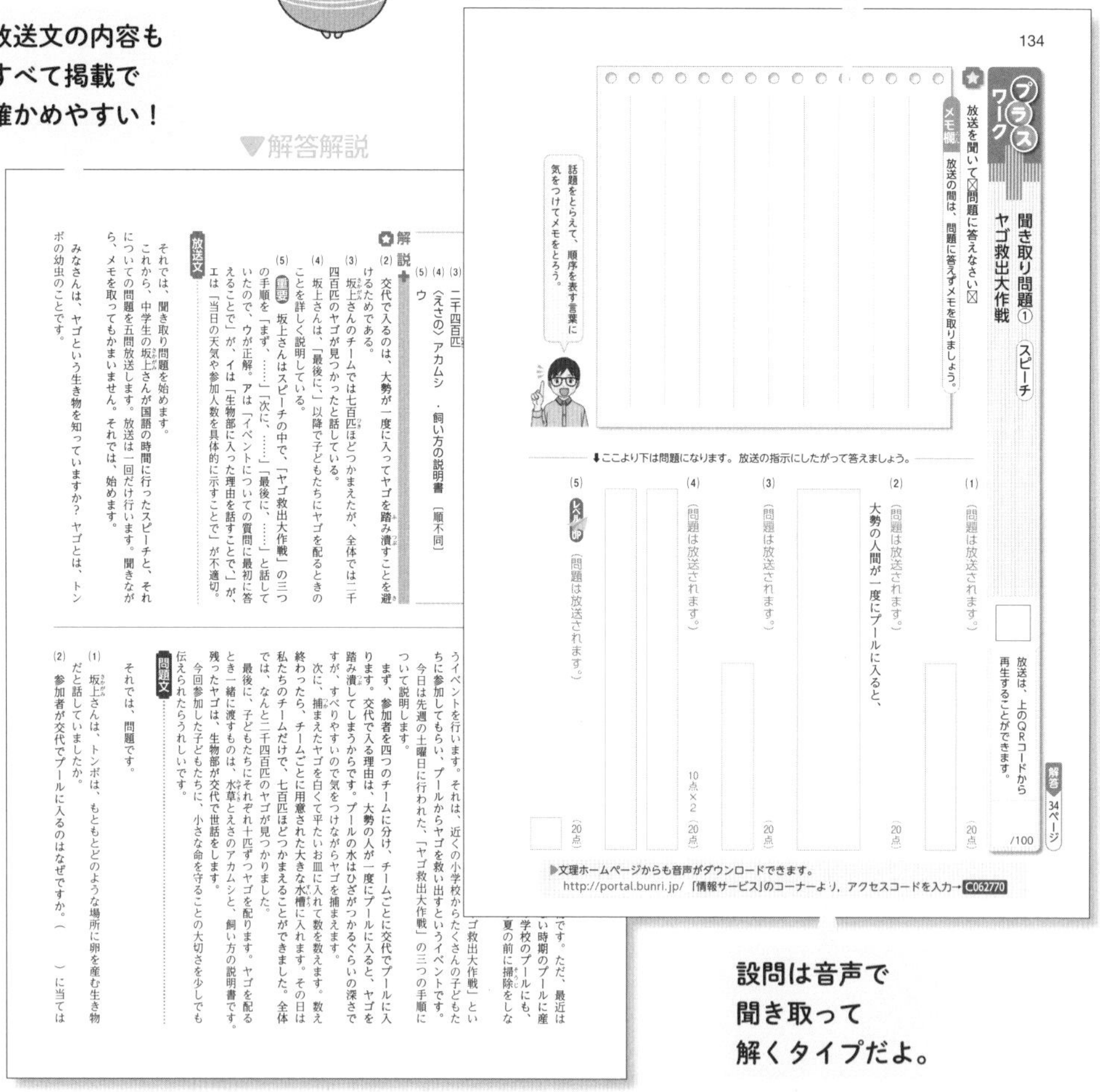

▼本冊

設問は音声で聞き取って解くタイプだよ。